시인들의 언어로 본 예수

지은이	김대식
초판발행	2022년 9월 21일
펴낸이	배용하
책임편집	박민서
등록	제364-2008-000013호
펴낸 곳	도서출판 대장간
	www.daejanggan.org
등록한 곳	충청남도 논산시 가야곡면 매죽헌로1176번길 8-54
편집부	전화 (041) 742-1424
영업부	전화 (041) 742-1424 · 전송 0303 0959-1424
ISBN	978-89-7071-592-6 03230
분류	기독교문학	신앙에세이	묵상

 값 18,000원

성서 에세이

시인들의 언어로 본 예수

함석헌평화연구소 김대식

차례

"종이는 사람보다 참을성이 많다."

안네 프랑크의 일기 중에서

"늘 생각하지만 글 쓰는 사람들은 절대 자기 만족을 위해서만 쓸 수 없다. 봐주는 사람, 인정해주는 사람, 아니 그 어떤 직업보다도 '사랑받는 것'을 필요로하는 못 말리게 자기중심적인 애정결핍증을 가진 사람들이라고 생각한다"『나라는 여자』, 마음산책, 2013년. 작가 임경선의 말입니다. 정말 공감이 되는 말입니다. 독자의 사랑을 먹고 글을 써왔던 필자도 매번 독자의 변함없는 성원이 그리울 때가있습니다. 세월이 흐르고 시대의 문화나 문명이 변하더라도 책을 손에 쥐고 사유하려는 사람들의 마음은 한결 같기를 바라는 것입니다. 하지만 그 바람이 점점흐릿해지고 있습니다. 독자를 향한 외쪽사랑을 하고 있어서 일까요? 글자가 살아 있는 시간이 애달파집니다. 그럼에도 절필하지 못하는 것은 삶에 대한 사랑과신앙의 순수성을 톺아봐야 한다는 어떤 사명감 때문입니다.

이 글은 오랫동안 인류의 고전 자리를 차지했던 『성서』조차도 외면을 당하는시대의 끝물, 그 언저리에서 보편적인 삶의 이야기를 품고 있다는 것을 문학적인언어에 기대어 말하고자 했던 결과물입니다. 누군가에 의해서 읽히고 한번쯤 진지하게 생각해봤으면 하는 조각글 속으로 들어가면 필자의 마음과 성서의 세계가 교차되는 지점에서 어떤 초월의 정신을 만날 수 있을 것입니다. 성서를 단지진리체계니 구원의 방식이니 하는 식으로만 접근하면, 아마도 그것은 부담스러운 강요나 강제처럼 들릴 것입니다. 풀이를 한 필자의 목소리도 그리 들리지 않기를 바랄 뿐입니다.

언어에 앉아 한번쯤 사색해보고 동감이 가는 문장에는 줄을 긋다보면 손가락 사이로 빠져 나가려는 생각과 언어를 필자가 어떻게 잡으려 했는가를 알게 될 것입니다. 그럼으로써 독자들이 성서를 이렇게 볼 수도 있겠구나, 하는 해석학적 의미를 발견하게 된다면 좋겠습니다. 알았던 곳에서 살며, 깨우친 곳에서 고개 돌리지 않고, 말 속에서 자신의 얼굴을 볼 수 있다면 성서의 언어적 사건과 계시는 몫을 다한 것이겠지요. 이미 어떤 경로를 통해서 절대자의 모습이 선연히 비친 것이니까요. 그러자고 우리가 성서를 읽는 것이 아닐까요?

오랜 인고의 시간 동안 필자를 신뢰하고 기다려주신 배용하 목사님께 감사합니다. 이 자본주의 사회에서 이문이 남지 않는 필자의 글에 수고로이 손을 대서 이토록 멋들어진 책을 만들어 주시니 그분의 마음이 하해와도 같습니다. 필자가 독자들에게 제발 이 책을 읽어주십시오, 하고 애걸하는 것도 '대장간'에서 벼리는 모든 언어기구, 정신도구가 하나 같이 소중하고 좋기 때문입니다.

오롯이 글쟁이는 아니지만 신학에서 종교학, 종교학에서 철학, 철학에서 문학으로 섣핏한 자리를 기웃거리며 삶의 구원을 모색하는 필자를 하릴없이 바라보는 안식구 고운과 아들 김지원에게 고마움을 표합니다. 그리고 이 지면에 성함을 소환하여 다 나열한다고 해도 사의로는 부족하다 싶은 분들을 거명해야 할 것 같습니다. 전헌호 신부님전 대구가톨릭대학교 교수, 김광명 교수님전 숭실대학교 철학과 교수, 김선욱 교수님, 백도형 교수님, 박준상 교수님이상 숭실대학교 철학과 교수, 조은식 교수님숭실대학교 베어드학부대학 교수, 정은희 박사님미학 전공, 박정환 박사님포항바다장

로교회 담임목사, 황보윤식 선생님함석헌평화연구소 소장, 박동신 주교님대한성공회 부산교구 교구장, 채창완 신부님, 이호재 선생님한늘선당대표, 박요섭 목사님, 서울신학대학교의 이길용 교수님과 박영식 교수님, 막역지우 신성대 목사, 박광수 목사, 옥광석 목사, 유인성 박사, 후배 박태홍 목사칼 바르트 연구자, 이찬옥 권사님, 그리고 학문의 결실을 위해 고군분투하시는 대구가톨릭대학교 대학원 종교학과 박사과정 도반님들, 그리고 익명의 독자님들. 모든 분들에게 감사합니다.

프랑스 철학자 리쾨르를 사사했던 작가 키냐르Pascal Quignard는 살기 위해서 글을 쓴다고 말한 적이 있습니다. 그러면서 자신의 글을 읽을 단 한 사람의 눈동자를 생각하며 쓴다고 그랬습니다. 이처럼 속내의 싸릿문을 살짝 열어 '문학이 나를 구원할 것이다'라는 믿음을 더 강하게 각인시켜주는 임경선의 문장 하나를 인용하고 인사를 마칠까 합니다.

"나는 시간과 노력을 들여 성실하고 정중하게 내 일을 하고, 독자는 내 책이 나오는 것을 인내심 있게 기다리다 돈이 아깝지 않다고 생각하며 책을 사주는 것, 그리고 그 신뢰는 내가 계속 글을 쓰도록 지탱해줄 것이다."

2022년 9월
가을 문턱에서 독자들의 눈동자를 생각하며
녹산麓山 김대식 書.

자서전이 시작되던 날

누가복음 2:8-21

삶의 드라마가 연출되는 순간에 인간의 모든 이야기들은 국어학에서 말하는 기승전결이 어떻게 전개될지 아무도 모릅니다. 그래서 사람들은 태어난 아이들의 운명을 미리 점쳐 볼 요량으로 돌잔치상에는 온갖 운명을 가늠케 하는 물건들을 올려놓기도 합니다. 그런다고 운명이 달라질까 싶을까마는 그렇게라도 해야 안심이 되는 모양입니다. 사실 모든 인간들의 욕망의 투사나 다름이 없습니다. 제임스 프레이저James G. Frazer라는 인류학자는 그것을 두고 '감염주술'이라고 하였는데, 물건을 만지는 순간 그 물건이 상징하는 바와 유사한 인생이 펼쳐진다는 신앙과도 같은 것입니다. 예수에게는 그와 같은 주술이 있거나 한 것은 아니었습니다. 양을 치는 목자들이 등장하여 그의 탄생을 확인하는 역할을 떠맡는다는 것은 어찌 보면 환영받지 못하는 존재로 태어나는 것과 같은 인상을 받습니다. 보잘 것 없는 목자와 예수 탄생의 연관성을 짓는다는 것이 무슨 낭만을 생각하기 쉬우나 실상은 그렇지 않습니다.

강정이라는 시인의 「봄눈사람」을 읽어보면 봄과 눈사람의 상관성을 역설적으로 틀어 하나하나 글을 쌓아 올린 것처럼 보입니다.

다리 사이 불이 꺼지고 난 뒤/ 눈사람이 되었다/ 봄이 되어도 녹지 않는다/ 물의 옷을 입은/ 흙의 죽음/ 녹아 흐르던 것에서/ 일어서 굳는 것으로/ 절멸하던 것에서/ 영원의 화석으로/ 서서 운다/ 소리 없이/ 눈썹 아래/ 돌 떨구며/ 입에서 꽃이 핀다/ 내 입에서 난 것들을/ 나는 먹을 수 없다/ 향기는 봉오리보다/ 멀고/ 색채는 해의 이빨 틈새에서/ 십만분의 일초대로/ 분열 중/ 가랑이 사이로 고개를 박고/ 꽃의 그림자를 핥는다/ 먼 땅끝이 오금에 닿아/ 무릎 뒤에서 누가 말을 한다/ 해가 하얗다/ 꽃은 하양을 삼킨 모든 빛 시집 〈귀신〉 수록

왜 목자에게 먼저 수태고지가 이루어졌을까요? 목자는 보호와 인도의 상징입니다. 그들은 자연의 옷을 입고 흙밭에서 풀을 먹는 동물들의 수호자요 안내자입니다. 작가 강정이 "물의 옷을 입은 흙의 죽음"으로 표현하고 있듯이, 목자는 생명의 옷을 입은 존재, 풀과 맞닿아 있고 풀내음에 익숙한 사람입니다. 그들은 자연을 닮은 사람들입니다. 자연 안에 겸손함이 있습니다. 그들은 풀사람, 바람사람, 하늘사람입니다. 그들에게 예수의 수태가 고지되었다고 하는 것은 도시의 삭막함과 같은 속성이 아니라 평화와 안정, 보호와 겸손 속에서 성실한 목자가 될 것임을 알리는 상징이기도 합니다. 신분상으로는 보잘 것 없는 존재이지만 아무런 거칠 것이 없이 자신의 안위보다는 타자를 향해서 시선을 두어야 하는 풀사람, 바람사람, 하늘사람이 될 것을 나타내주고 있는 것입니다. 그처럼 예수는 목자의 입에서 탄생이 알려집니다. 목자의 입에서 예수가 피어오르는 것입니다. 놀라운 일입니다. 도시의 세련된 존재자에 의해서도 아니요 권력자나 세력가, 부유한 귀족층에 의해서 피어난 꽃이 아닙니다.

목자의 입에서 난 자는 목자가 될 수밖에 없는 운명입니다. 목자에 의해서 존재 확인이 되고 목자의 발걸음에 의해서 존재의 숨결이 명확해졌다는 것은 그는 더 이상 죽어 있는 고정적·정주적인 존재가 아니라 유랑과 나그네의 삶을 살아

야 함을 의미합니다. 목자는 나그네요 유랑자이기에 자신의 흔적을 풀과 물과 바람과 하늘에만 남길 뿐입니다. 예수는 그래서 화석이 아닙니다. 정지된 진리가 아니라 흐르고 변화하는 진리[法]입니다. 예수의 수태는 기적적이다, 특이하다, 라고 하는 것을 말하는 것이 아니라, 수태부터가 세상의 누워버린 민중의 풀들을 바로 세우겠다는 의지와 뜻을 담고 있음을 말해주고 있습니다.

굳어버리고 잊혀버릴 수 있는 탄생은 목자의 입을 통해서 생명을 얻습니다. 목자의 입술은 천하지 않습니다. 목자의 입술은 거룩합니다. 목자의 입술은 한 아기를 구원자로 등극시킵니다. 사람들은 목자의 입술이 한갓 양떼나 부르고 이리를 쫓는 소리 내는 기관에 불과하다고 치부할지 몰라도, 하나님은 그들의 입술에서 한 사람의 위대한 탄생을 알리는 나팔수가 되게 하신 것입니다. 그렇게 입술은 성이 되기도 하고 속이 되기도 합니다. 목자의 입술처럼 우리도 사람을 사람으로, 신을 신으로, 진리를 진리로 말할 수 없을까요? 목자의 입술처럼 세상의 구원이 꽃을 피울 수 있도록 말할 수는 없는 것일까요? 입에서 생명이, 입에서 구원이, 입에서 희망이, 입에서 해방이, 입에서 겸손이 되는 날이 하나의 생명이 새롭게 탄생하는 날입니다. 우리의 입에서 나오는 것들이 그렇게 새로운 탄생을 알리는 것들인지 생각해봐야 합니다. 왜 하필 목자일까? 하는 의문은 왜 하필 목자가 아니면 안 되는 것일까? 하는 부정의문문으로 바꿔서 물어야 합니다. 목자의 입술은 단순하고 소박하기 때문입니다. 그렇다고 부박한 말을 내뱉는 것이 아닙니다. 목자의 입술은 가볍지 않고 진중하며 바람과 물과 하늘과 들풀과 함께 해야 할 숙명입니다. 그의 입술로 양떼들이 밥을 먹습니다. 그의 입술의 무게에 따라 생사가 갈립니다. 그러므로 그의 입술에서 흐르는 말의 소중함과 경중을 헤아릴 줄 아는 하나님께서 예수의 무게와 예수의 존재에 옷을 입히는 영원한 울림으로 선택했던 것입니다. 간혹 우리의 입술이 지나치게 가볍거나 도시민의 세련됨과 가식, 그리고 형식적인 말을 내뱉음으로써 관계나 사회에서 아무런 생명의 배태나 삶의 새로운 탄생을 가져오지 못하는 것을 보게 됩니다. 그것은 목자처럼 우리의 입술이 질박하거나 소박하거나 단순함에 있지 않기 때문입니다. 그런 입술로는 무엇을 말한다 해도 꽃이 피고 열매를 맺을 수 없습니다. 목자의 입술이 세상의 죄를 핥을 수 있는 존재, 곧 예수를 알린 것처럼, 종교인의 입술 또한 세상의 스러진 풀을 핥고 물을 핥고 바람을 핥고 하늘을 핥을 수 있어야 합니다. 목자의 밤에 갑작스럽게 일어난 사건은 자신의 입술이 어떤 입술이 되어야 하는가를 깨닫는, 자신의 입술이 가닿은 곳이 예수의 입술의 가장자리요 끝이요 갓 닿고 곧 닿아야 할 것이라는 눈떠서 확인한 시간이었습니다.

예수의 이름은 태어나기도 전에 호명되었습니다. 그의 이름에 결이 생긴 것입니다. 세상을 어떤 결에 따라서 살아야 하는지, 그리고 세상을 어떤 결에 따라서 변혁을 시켜야 하는지 운명적으로 결정지어졌다는 편이 나을 것입니다. 이름은 부르기만 해도 부르는 사람에게 특별한 인상을 남깁니다. 불림을 받은 사람은 자신의 정체성을 알게 되지만, 부르는 사람에게도 각인이 되어 그의 마음결에 그 정체성에 따른 변화들, 공감들이 생기게 마련입니다. 이름은 그래서 자신의 인생을 핥는 동시에 세상을 핥게 됩니다. 가톨릭이나 정교회 등의 전통을 중요하게 생각하는 종단이나 스님들의 경우에 부모가 지어준 이름이 아니라 종단에 입회하면서 지어준 이름을 본명으로 삼는 것은 바로 새로운 삶의 시작이 그 이름에서 비롯된다는 것을 의미합니다. 그 이름으로 자신을 모방하고 그 모방으로 선대의 삶 혹은 그 이름의 뜻이 품고 있는 생의 결을 핥으면서 바람결, 물결, 하늘결에 따라 살게 됩니다. 우리는 오늘도 예수라는 이름을 입에 올립니다. 임마누엘이라는 이름도 올립니다. 그 이름을 이름답게 살다간 예수의 마음결을 닮겠다는 그리스도인의 의지가 아니라면 그와 같은 호명은 신중을 기해야 합니다. 이름에서 읽어내는 신앙의 미로, 신앙의 수수께끼를 그분을 통해서 풀겠다는 각오가 아니라면 호명은 아무런 의미가 없기 때문입니다. 호명을 가볍게 여기는 성직자들, 그 호명에 책임을 지지 못하는 성직자들과 신자들 모두가 오늘날의 종교를 바닥으로 추락하게 합니다. 태어나기 이전, 운명처럼 세상을 향해서 정해진 삶을 살아야 한다는 의지가 반영된 호명이 주는 무게를 발언만으로는 감당하기 힘든 강한 지문과도 같은 것임을 깨닫지 않는다면 예수라는 호명은 그저 되풀이 되는 목소리에 불과할 뿐입니다. 입술에 올려진 목자의 탄생 소식이나 우리에 의해서 매일 불려지는 호명, 예수가 가치가 있으려면 그 이름이 갖고 있는 무게감을 깊이 있게 사유하지 않으면 안 됩니다. 사유하지 않는 신앙인의 예수 탄생 전례의 반복과 사유하지 않는 신앙인의 예수호명은 한낱 공기의 파장만을 뒤흔드는 공간과 아무짝에도 쓸모없는 공간을 점유하고 있는 자신과의 뜻없는 거래에 불과할 것이기 때문입니다. 그의 이름을 호명하는 사람은 그의 본질과 본래성을 멀리 전달할 뿐만 아니라 깊이 사유하면서 그와 대화해야 할 것입니다. 그는 한 권의 책으로서 이 세상의 생명의 결, 삶의 결, 신앙의 결, 종교 변혁의 결을 새롭게 하겠다는 의지로 세상과 거래를 한 이름이기에 더욱 그렇습니다.

거슬리는 말, 그러나 하늘 구름의 소리

김재석의 시, 「구름의 파업」은 이렇게 시작됩니다.

구름의 귀는 얇은 것인가/ 누가 구름에게 거슬리는 소리를 하였기
에/ 누가 구름에게 거슬리는 소리를/ 구름에게 고자질해/ 구름은 배
가 난 것인가/ … 구름은 변덕이 심해 믿을 놈이 못 된다고/ 누군가가
뱉은 말을/ 사람들 전부의 말로 알아들은 말인가/ 자신의 귀에 거슬
리는 말을 우연히 듣고/ 배가 단단히 난 구름이/ 못 들은 척 시치미를
떼는 것인가

시인은 구름이 파업을 하였다고 의인화하고 있습니다. 구름은 온갖 소리를
흡입하는 모양을 갖고 있지만 실상은 그 모습은 변덕스럽기 짝이 없습니다. 어
느 때는 이 모양, 또 어느 때는 저 모양으로 사람의 마음을 뒤흔들기도 합니다.
그러나 정작 알고 보면 구름이 그렇게 보이는 것은 사람의 마음에서 비롯된 것
입니다. 소리를 빨아들이고 무엇인지는 모르나 거슬리는 소리로 인해서 구름
이란 것이 화가 났다는 시인의 발상은 참 재미있습니다. 세상에는 온갖 거슬리
는 소리들이 난무합니다. 아름다운 소리를 내는 것도 모자라 듣기 싫은 소리, 험

담, 꾸중, 폭력, 고성, 신경질, 분노의 소리 등이 공간의 파장을 불러일으키고 아마도 공중의 구름에게까지 전달이 된 것인 줄 모릅니다.

예수의 세례 이야기는 소리가 위에서 아래로 내려왔다고 말합니다. 그의 물로 인한 정화의식은 세례자 요한이 세계를 향해서 내뱉는 소리, 불의에 저항하는 소리, 평화를 외치는 소리, 마음을 정결하게 하라는 소리 등 인간 삶 전체에 대한 새로운 참여, 즉 앙가주망에 대한 적극적 동참을 나타내는 징표였습니다. 예수 자신의 소리도 세례자 요한과 같이 세계를 변혁하고 민족을 새롭게 변화시키는 소리라는 것을 상징적으로 보여준 것입니다. 세례는 단순히 내가 그리스도인이다, 혹은 나의 죄를 회개한다는 의례만이 아닙니다. 그것은 당시의 세계의 정의와 사랑, 그리고 평화 등을 외치는 일종의 결단식과도 같은 것입니다. 다시 말해서 그것은 세계에 대해서 거슬리는 소리를 내겠다는 마음의 표현이요 결연한 의지입니다. 세례를 받았다고 해서 구원을 보장받는다거나 교회 공동체의 회원이 된다거나 예수와 일치된 존재라는 단순한 신학적 도식으로 그친다면 세례성사, 세례라고 하는 의례를 간과하고 있는 것입니다. 세례는 곧 하늘로부터 나에게 들려주는 거슬리는 소리를 듣고 세계를 거스르는 소리를 내겠다는 것에 대한 분명하고도 확신에 찬 행위입니다. 하늘의 소리가 반갑지만은 않은 것은 그것이 나의 맘을 뒤흔들고 세계에 대해서 책임 있는 자세로 살라는 명령으로 들리기 때문입니다. 그 소리는 나로 하여금 세계에 대해서는 거슬리는 말을 하도록 종용합니다. 그렇듯 하늘은 인간의 모든 소리를 빨아들이고 인간에게는 삶의 새로운 모습을 만들라는 소리를 내뱉습니다.

하늘의 귀는 그래서 작지 않습니다. 하늘의 귀는 세계의 소리를 다 들을 수 있을 만큼의 큰 귀를 가지고 있습니다. 그렇기 때문에 하늘은 사람들의 시시콜콜한 소리에도 섬세하고 세심하게 반응합니다. 세례를 받고 올라 온 예수를 향해 "이는 내 사랑하는 아들, 내 마음에 드는 아들이다."라고 말한 것은 예수에 대한 하늘의 소리만이 아닙니다. 오늘을 살아가는 우리에게 들리는 소리입니다. 세계를 향해서 새로운 소리를 내고 그 소리로 인해서 이방인으로 살아갈 수밖에 없는 존재에게 하늘은 일찌감치 그 소리를 자신의 소리로 알고 따르려는 자를 결단코 이방인으로 내버려 두지 않겠다는 뜻입니다. 분명히 하늘의 소리를 이 땅에 유포하는 존재는 땅으로부터 외면당하거나 소외당할 수 있습니다. 역사적으로 보면 하늘의 소리를 현실로 당겨서 전했던 사람들의 운명은 늘 그래 왔습니다. 그들은 모두 이방인 취급을 당했습니다. 땅에 있는 사람들은 그 소리에 대해서 불편함을 감추지 못하고 하늘의 소리를 내는 존재들을 제거하였습니다. 이렇듯 하늘의 소리는 나의 마음에 거슬리는 소리입니다. 그렇지만 그것을 따르는 존재에게는 미지의 안정감과 평화를 약속하는 소리가 될 것입니다. 세례가 그리스도인에게 막중한 의례인 것은 그 때문입니다. 하늘의 소리를 거스르지 않고 나도 예수와 똑같은 소리를 내면서 세상의 정의, 평화, 사랑을 위해서 세상의 논리를 거스르는 소리를 내는 존재로 살아가겠노라는 정결례는 나의 정결례인 동시에 세상의 정결례인 셈입니다.

하늘의 소리가 나에게 균열을 일으키는 것처럼 나도 세상의 소리가 되어 균열을 일으키는 존재로 살아가야 합니다. 균열을 내는 존재, 미지의 소리가 되어 점점 하늘의 소리를 유포하는 존재는 물속에서 나는 소리와 구름에서 나는 소리를 분리하지 않습니다. 물리적인 순환 관계에 있는 물과 구름 사이의 연속성은 형이상학적이면서 초월적인 상징성을 갖고 있습니다. 물의 소리, 물의 감각은 단순히 H_2O라고 하는 분자식을 나타내는 것 이상의 의미를 갖고 있습니다. 그것은 상승을 하면 구름이 되지만 하강을 하면 물이 됩니다. 생명을 잉태하는 물과 구름은 태곳적의 소리를 품고 하늘의 소리를 전달하는 매체가 됩니다. 세례라는 의례를 통해서 물의 감각을 느낄 때 우리는 초월자의 감각을 느끼듯이 받아들여야 하는 이유가 여기에 있습니다. 물의 의례를 통하여 너는 구름처럼 살아라, 물의 의례를 통하여 너는 하늘의 소리를 듣고 그것을 따르는 존재로 살아라, 하는 상승과 하강을 반복하면서 하늘과 땅의 소리를 조화시키려는 평화의 존재가 되어야 한다는 것을 드러내고 있습니다.

김재석 시인의 시를 조금 더 음미해보겠습니다.

> 구름꽃 피는 언덕에서라는, / 오색구름이 꽃을 피우며라는 가사를 / 구름은 들어봤을 것이 틀림없는데 / 자신을 귀히 여기는 말에는 귀를 닫고 / 거슬리는 말에만 / 귀를 연 구름은 결벽증 환자인가 / 구름은 배가 나면 오히려 냉정하니 / 구름이 배를 돋우어 / 이성을 잃고 난장을 피우기도 해야, / 순한 짐승들이 목마름을 해소하지 / 구름의 귀는 두꺼운 것인가 시집, 『구름에 관한 몽상』, 작가세계, 2015 수록

하늘의 소리, 곧 구름은 세계의 수많은 소리를 낱낱이 들으면서 화가 날 대로 화가 났다는 것을 결벽증 환자로 묘사하고 있습니다. 하늘은 결벽증 환자입니다. 정확하게는 하나님은 결벽증 환자와도 같습니다. 하늘을 향해서 좋은 말보다는 나쁜 말, 오물과도 같은 말은 잘도 들으시면서 칭찬의 말은 흘려버리는 듯합니다. 하지만 가만히 곱씹어 보면 세계에 흩어진 온갖 부정적인 삶에서 배태된 언어들에서 파생된 삶의 고충들만을 잘 알아듣는 귀를 갖고 있다는 것을 알수 있습니다. 하늘은 그렇게 백성들의 아픔에 공감하는 것입니다. 하늘은 자신을 좋아하는 말, 자신을 존경하는 말, 자신을 추켜세우는 말보다 땅에서 살고 있는 사람들의 삶의 비통함, 비참함에 귀를 열고 있습니다. 그래서 그는 세계를 향해서 거슬리는 말을 쏟아놓는 것입니다. 하늘의 소리를 들을 수 있는 모든 사람들은 그 거슬리는 말을 자신이 세계를 향해서 말해야 하는 소리로 알아들어야 합니다. 하늘은 이 땅에 있는 모든 사람들이 평화, 사랑, 정의로운 소리를 낼 때까지 온갖 부정적이고 더러운 소리를 들을 수 있는 각오가 되어 있습니다. 이 세

상이 평화, 사랑, 정의라고 하는 현실이 되기를 바라는, 또 그래야만 한다는 결벽증이 완전히 실현될 때까지 자신은 수많은 부정적인 소리를 받아들일 마음이 되어 있습니다.

그렇다면 우리는 그 결벽증을 갖고 있는 하늘의 소리를 수많은 긍정적인 삶의 소리로 바꿀 수 있는 존재가 되어야 합니다. 구름의 변화무쌍한 존재 변형은 긍정적인 삶의 가능성을 가리킵니다. 아름다운 미학적 변형들 속에서 감탄과 신비를 자아내는 광경을 쳐다보고 느끼는 감각이 단순히 미적 황홀경으로만 끝나는 것이 아니라 위에서 아래로의 소리를 사방으로 외치라는 암시로 받아들여야 합니다. 세례를 받고 세례를 갱신할 때 우리는 그렇게 구름, 즉 하늘의 목소리를 들으며 동시에 하늘의 초월적 존재의 현존을 체험하면서 세계를 향한 단호한 목소리를 내겠다는 각오를 다지는 것이 되지 않으면 안 됩니다. 내가 물의 감각을 애타게 기다리는 것은 단지 그리스도인으로서의 자격 조건을 취득하는 것이 아닙니다. 하늘로부터 내려오는 나에 대한 호명을 충실히 이행하겠다는 신앙적 직관과도 같은 것입니다. 세례라고 하는 의례를 통해서 구름과 물의 감각을 그렇게 전이시킬 수 없다면 아무런 의미가 없습니다. 물과 구름은 그리스도인의 무한한 신앙적 실천의 가능성을 함축하고 있음을 잊어서는 안 될 것입니다. 그런 의미에서 물과 구름을 결코 파업을 하도록 만드는 일이 없도록 해야 할 것입니다. 그 파업은 결국 신의 파업이요 하늘의 파업이며 땅의 연쇄적 파업 혹은 파국이 될 것이기 때문입니다. 필립 라킨의 시, "물"Waters은 이렇게 시작이 됩니다.

> 내가 소명을 받아/ 종교 하나를 일으켜야 한다면/ 물을 사용해야만
> 하리.

존재의 발자국

요한복음 1:29-42

예수의 발자국이 서서히 드러나는 세례의 사건은 그분이 어떤 분이 될 것인가에 대한 나타남과 드러남이라고 말할 수 있습니다. 세례자 요한은 그를 언급할 때에 두 번이나 "몰랐다"는 표현을 쓰고 있습니다. 하지만 세례를 통해서 존재가 드러나고 나타났다는 것을 강조하고 있습니다. 어쩌면 세례는 그분이 세상을 향해서 하나님의 일을 하기 위해서 발자국을 뗀 것인지도 모릅니다. 하나님의 일을 하기 위한 첫 발자국, 그것이 세례인 것입니다. 박성우 시인의 「노루 발자국」이라는 시를 보면 이렇습니다.

> 사흘 눈발이 푹푹 빠져 지나갔으나/ 산마을 길에 찍힌 것, 노루 발자국이다/ 노루 발자국 따라 산에 올라갔으나/ 산마루에서 만난 건, 산마을이다/ 아랫녘 산마을로 곧장 내려왔으나/ 산마을에 먼저 당도한 건, 산이다/ 먼 산을 가만가만 바라보았으나/ 손가락이 가리킨 건, 초저녁별이다/ 초저녁별이 성큼성큼 다가왔으나/ 밤하늘에 찍힌 건, 노루 발자국이다. 시집 『자두나무 정류장』에 수록

세례는 그리스도인의 신앙 발자국과도 같습니다. 그것도 첫 발자국입니다.

발자국은 자신의 자취를 남기기 위한 목적이 아닙니다. 그 발자국은 결국 일정한 목적지를 향해 가고 있음을 알리는 흔적입니다. 시인이 노루 발자국을 따라 갔더니 만난 것은 산마을이었다고 말하고 있듯이 세례는 하나님을 향한 발자국입니다. 세례가 하나님을 향해서 난 발자국이 아니라면 그저 교회에서의 정식 교인이 되기 위한 하나의 통과의례에 지나지 않을 것입니다. 또한 세례는 하나님을 향한 발자국이자 하나님의 마음이 읽혀지는 세상을 향한 발자국을 동시에 나타내고 있어야 합니다. 세례를 받는 즉시 교회의 일원이 되었다가 아니라 세상을 위해서 그리스도인으로서 해야 할 책임과 몫이 많아졌다는 것으로 받아들여져야 합니다. 마치 예수가 세례를 통해서 존재를 드러낸 것처럼, 자신의 존재를 나타내었던 것처럼 세상을 향한 그리스도인으로서의 존재를 드러내는 신앙의 발자국의 첫 발을 떼는 의례로 봐야 할 것입니다. 세례는 그리스도인으로서의 자격 조건을 갖추는 의례나 그리스도인입네 하고 신앙인의 시늉을 하는 무슨 절차도 아닙니다. 세례를 성사sacramentum 혹은 신비mysterion라고 하는 것이 교회의 의례를 통해서 신앙인이다, 그리스도인이다, 라는 것을 나타내 보여주는 시늉이라고 생각한다면 세례는 의미가 없습니다.

세례는 나타남과 동시에 드러남입니다. 세례를 통하여 예수의 예수다움과 자신의 존재를 나타내고 동시에 드러내었던 것처럼 그리스도인도 세례를 통하여 자신의 그리스도인다움과 그리스도인으로서의 정체성을 나타내어야 합니다. 다시 말해서 하나님께 가닿음입니다. 물로 세례를 받음은 하나님께 가닿았다, 평생 하나님께 가닿는 삶을 살겠다는 징표입니다. 그런 마음가짐과 태도가 있어야 세례를 받을 때 그리스도가 나타나고 드러나는 것입니다. 성령이 내려왔다는 의미가 바로 그것입니다. 단순한 세례라 할지라도 그 행위에는 하나님 자신을 드러내는 사건이고, 이제는 하나님의 아들이 되었다는 거룩한 상징으로서 하나님의 성스러운 발자국이 각인이 되는 순간이 됩니다. 신의 발자국에 가닿는 것은 내가 가닿는 것이 아니라 당신이 친히 내려와 닿는다는 것이 중요한 의미가 있습니다. 세례는, 능동적인 의사 표시로는 앞으로 신의 발자국, 신의 마음을 향해서 가닿는 삶을 살겠다는 행위이지만, 수동적인 표시로는 신의 발자국이 나를 향해서 닿는 사건입니다. 신의 발자국이 내려와 나를 자신의 아들로 인정하는 건드림과 닿음이 경험되는 것입니다. 다시 말해서 세례는 신의 발자국의 현존이요 현현입니다. 단지 물이라고 생각하지 말아야 합니다. 물은 태초의 자신의 존재를 드러내었던 거울이었고 자신의 존재를 알아차렸던 피조세계의 매체였습니다. 물은 이렇듯 신을 드러내는 방편이었고 신의 존재를 결코 가벼운 대상으로 인식하지 않도록 하는 가장 근원적인 물질이었습니다.

신의 발자국을 닮겠다는 의례는 그렇게 물을 통해서 직접적으로 매개됩니다. 신을 드러내고 나타나게 했던 물세례의 사건은 분명 신앙의 발자국으로서 또 다른 사람들이 자신의 발자국을 따르도록 만듭니다. 세례의 공동체성이라는 표현을 쓸 수 있다면, 세례를 통하여 우리는 각기 공동체 구성원들에게 발자국으로서 신의 모습을 따르도록 만드는 자극제가 되어야 마땅합니다. 세례를 받은 사람들 속에서 신의 발자국을 보고 그 존재의 현현을 통하여 신앙을 닮으려고 하는 공동체 신앙의 기초는 세례라고 하는 의례로 말미암아 인식하게 됩니다. 세례를 받는 사람을 바라본다는 것은 그 사람에게 닿는 하나님을 보는 것이요, 먼저 세례를 받았던 사람들의 마음속에 동일하게 가닿은 하나님을 동일하게 느끼는 체험의 사건입니다. 그래서 세례를 받은 사람은 이미 그리스도교 공동체 구성원이 되었던 사람과 함께 신의 발자국을 따르는 사람이 됩니다. 세례를 받은 사람의 신앙의 지표는 예수를 가리키는 존재가 되느냐 마느냐에 달려 있습니다. 세례 받은 나는 예수를 가리키는 지표인가, 시인의 표현 방식처럼 신의 발자국을 가리키는 존재인가, 하는 것입니다. 신의 발자국을 향한 방향성을 지시하고 있는 신자를 찾기 어려운 시대에 살고 있습니다. 세례를 받았다고는 하지만 신의 드러남과 나타남 속에 들어있지 않다면 그 세례를 과연 성사라 할 수 있을지 의문입니다.

세례는 하나님 안에 들어 있다는 표지입니다. 아무리 발버둥을 쳐서라도 노루의 발자국을 좇아간들 산 안에 있는 것이요, 아무리 산마을을 내려와 가닿는다고 하여도 역시 산이 먼저 와 닿아 있는 것이나 마찬가지입니다. 신의 발자국이 각인되어 있는 내가 정작 가닿을 수 있는 곳은 하나님밖에 없다는 사실을 고백하지 않을 수가 없습니다. 눈이 녹으면 발자국이 사라지지만 우리는 신에게 가닿아 있으니 걱정할 일도 아닙니다. 세례를 받은 우리가 그리스도인의 정체성을 가지고 신의 발자국을 따라가고, 눈이 다 녹기 전에 자신의 신앙 발자국을 남기면서 신에게 가닿겠다는 의지가 있다면 눈이 녹을 것을 염려하지 않아도 됩니다. 신앙생활을 하다보면 눈 속에 발이 푹푹 빠질 때가 한두 번이 아닙니다. 그러나 걷고 또 걷다보면 저 밑에 희미한 산마을이 눈에 들어올 것입니다. 산마을에 당도하고 난 후에 초저녁별을 보며 깨달은 것은 내가 좇았던 존재가 하늘에 있었다는 사실입니다. 메시아의 현존은 그의 첫 발자국인 세례 사건에서 비롯되었습니다. 우리는 그의 발자국을 매일 쳐다봅니다. 아니 찾아 헤매고 다닙니다. 드러나고 나타난 세례의 실존에 대해서는 까마득하게 잊은 채 말입니다.

세례의 실존에 그리스도의 존재가 드러납니다. 세례의 실존 속에서 예수의 존재가 나타납니다. 거기에 신의 발자국이 각인되어 있다는 것을 잊지 말아야 합니다. 신의 발자국이 자신에게 각인이 되어 있는데 멀리서 그의 발자국을 찾으려고 하고 있는 게 우리의 모습입니다. 세례의 실존을 경험하는 순간 신의 발자국에 가닿은 것이고 메시아의 현존을 느끼게 되는 것입니다. 신의 발자국과 메시아의 현존이 따로 있는 것이 아닙니다. 세례의 실존은 한 번의 사건으로 그치지만 그것의 확인은 매일 이루어져야 하는 과제입니다. 세례의 실존의 시공간은 예수의 시공간과 일치하게 되어 있습니다. 세례 받은 이의 실존은 그러한 시공간을 잃어버리지 않으려고 신의 발자국을 되뇌곤 합니다. 신의 발자국을 만나는 때는 전례 안에도 있지만 사막 같은 세상에도 있습니다. 신의 발자국을 늘 새롭게 가닿으려고 하는 곳은 안정된 교회에만 있지 않습니다. 신의 발자국은 세상을 향해 길을 내는 것입니다. 신의 발자국이 찍힌 사람들, 즉 세례의 실존들은 세상을 향해 한걸음씩 길을 내야 합니다. 모두가 신에게 가닿도록 하는 세상을 만들려고 한다면 그리스도인도 교유交遊, 도덕이 있는 선비를 사귐으로써 자기 몸도 아울러 닦음할 수 있어야 합니다. 그리스도인이 메시아를 고백한다는 것, 그리고 예수를 메시아로 인식한다는 것은 신의 발자국이 찍힌 자신의 신앙 표정을 인정해주기를 바라는 희망이 내포되어 있습니다. 그것은 신의 발자국이 찍힌 신앙 표정, 신앙 표현, 신앙 표출이 예수를 나타내고 드러내는가, 예수를 표시하는가에 따라 달라질 것입니다. 세례 실존이 물을 접하게 될 때 예수는 이미 드러난 것입니다. 그 드러남의 연속을 나의 신앙 발자국을 통해서 보여줄 수 있는가, 다시 말해서 세상은 동일한 현존을 본 적이 없지만, 예수의 드러남과 나타남을 우리의 신앙의 발자국의 표정과 흔적을 통하여 보여준다면 세상은 우리를 그리스도의 제자라고 인정을 할 것입니다. 그러기 위해서는 그 신앙의 길목에서 드러나는 현존에 가닿도록 노력해야 할 것입니다.

말이 될감당할 수 없는 고통의 언어, 회개

마태복음 4:12-25

이미 세계에 대해서 깨달은 자의 고통은 말해야 하는가와 말하지 말아야 하는가에 대한 경계에서의 갈등이라고 볼 수 있습니다. 깨달은 것을 말로 표현한다는 것은 아직 세상에 없거나 이미 세상에 있는데 사람들이 모르기 때문입니다. 따라서 그것을 언어화하고 지시할 경우에 빚어지는 파장은 사람들의 거부와 불인정으로 일관하게 됩니다. 차라리 말하지 않는 편이 더 나을 수 있습니다. 말은 또 다른 세계를 직시하도록 만들지만, 그 세계를 바라보는 사람은 그 세계의 현실과 또 이상 세계의 건설이라는 책임을 떠안게 되는 새로운 정신 때문에 고통스럽습니다. 이제니라는 시인의 「검은 것 속의 검은 것」이라는 시를 읽어보겠습니다.

그 밤에 유리병 속에 들어 있던 검은 것을 기억한다. 결국 우리는 그것을 돌이라고 생각하기로 하고 각자 자기가 있던 곳으로 떠났다. 다시 만날 기약도 없이. 한 번도 만나지 않았던 것처럼. 그토록 다정한 것들은 이토록 쉽게 깨어진다. 누군가는 그것을 눈물이라고 불렀다. 누군가는 그것을 세월이라고 불렀다.

예수가 회개하라고 외친 말은 진정 무엇이었을까요? 그리스도교에서 회개라는 말을 그렇게 많이 들었어도 마음의 변화 정도만으로 받아들였지, 진정한 인간의 변화나 세계의 변혁들은 일어나지 않았습니다.

흔해빠진 언어들이 되어버려서 사람들은 그것을 상투어로 기억을 하며 익숙해져버린 것들을 내뱉고 그것을 규정하는 것이 고통이 되었습니다. 시인이 말하고 있는 병 속에 갇힌 검은 것, 눈물이고 세월이라고 저마다 단정 짓지만 투명하게 그것을 들여다 볼 수 있어야 합니다. 회개라는 말을 곱씹는 것도 중요하지만 그 회개의 대상이 되는 나 자신을 투명하게 바라보는 것, 그래서 투명한 채로 보이게 만드는 존재가 되어야 합니다. 회개는 나 자신을 유리병에 갇혀 있는 것처럼 가두어 놓고도 정작 자기 자신이 유리병에 있다는 사실을 모르는 상태를 깨닫는 것과도 같습니다. 회개는 하나님의 눈으로 자신을 투명하게 노출하는 것이고 갇혀 있는 자기를 인식하는 것을 말합니다. 민족이나 이데올로기, 자본의 장치, 정치의 권력, 심지어 종교적 이념에 의해서 갇혀 있어서 검은 존재가 되어버린 자기 자신을 하나님의 시선에 투명하게 노출할 때에 본래 모습을 발견하게 됩니다. 회개는 도덕적이고 윤리적인 죄를 많이 지었기 때문만이 아니라 헛껍데기로 잔뜩 자신이 덧씌워지고 둘러싸고 있는 것도 모르는 존재로 살아갈 때 해야 합니다. 다시 하나님의 시선 속에 자신을 두겠다는 것이 회개이기 때문입니다.

하늘나라는 피안의 세계를 말하는 것이 아니라 바로 모든 세계가 투명한 하나님의 시선 속에 있는 것을 뜻합니다. 이제니 시인의 시를 조금 더 읽어보겠습니다. "나무는 나무로 우거지고. 가지는 가지를 저주하고. 우리와 우리 사이에는 거리가 있고. 거리와 거리 사이에는 오해가 있고. 은유도 없이 내용도 없이. 너는 빛과 그림자라고 썼다. 나는 물과 어두움이라고 썼다. 검은 것 속의 검은 것. 검은 것 사이의 검은 것. 모든 문장은 모두 똑같은 의미를 지닌다." 사람과 사람 사이, 사물과 사물 사이에는 일정한 거리가 있습니다. 그런데 그 거리가 유지되지 않으면 위협이 되고 폭력이 되기도 합니다. 거리가 가까워도 또 멀어도 오해가 생깁니다. 사물과 사물 사이에도 긴장과 갈등이 있을 수밖에 없습니다. 그것을 경쟁이라고 표현합니다. 거기에 아무리 은유나 비유를 섞는다고 해도, 나와 너, 우리와 그것 사이의 일정한 관계에서 벌어지는 그 해묵은 이분법은 지워지지가 않습니다. 물론 나와 너의 일정한 거리가 지켜지는 것은 깊은 신뢰감이 있기 때문이라고 봅니다. 만일 그 신뢰감이 없다면 우리는 폭력, 살인, 테러, 전쟁 등으로 아수라장이 되고 말 것입니다.

예수가 원했던 것은 바로 세계를 어떤 형식과 문법으로 표현한다고 해도 변할 것이 없으니 세계와의 거리, 사물과의 거리, 하나님 자신과의 거리를 검은 것 속의 검은 것, 검은 것 사이의 검은 것으로 채우는 것이 아니라 모두가 신뢰하고 정의로운 세상을 만드는 존재가 되는 것이었습니다. 유리병 속에 담긴 검은 것, 그 실체를 어두움으로 남겨두지 말고 밝은 빛으로 틈이 생기는 삶을 살라는 요청이었을 것입니다. 틈새 사이로 빛이 들어오면 유리병 안에 갇힌 우리의 검은 자아는 그 빛이 다가오는 데로 투명하게 노출이 될 것입니다. 나를 드러낸다는 것은 그만큼의 위험이 뒤따르게 마련이지만 만일 세상의 모든 문장들이 똑같은 의미를 가지고 있다고 생각한다면 나는 너를 향해 용기 있게 노출할 수 있습니다. 하지만 마르틴 부버M. Buber가 "나는 너로 인하여 나가 된다. 나가 되면서 나는 너라고 말한다. 모든 참된 삶은 만남이다. 너에 대한 관계는 직접적이다. 너와 나 사이에는 어떠한 개념 형태도, 어떠한 예비 지식도, 어떠한 환상도 없다"라고 말한 것처럼 완전한 상호 개방성이 전제되어야 합니다. 회개라고 하는 말이 추상적인 개념이 아니라 그리스도교의 구체적인 종교적 개념이라면 하나님과 인간에 대한 무한한 상호개방성이야말로 마음을 바꾼 인간의 태도 변화일 것입니다.

그러한 완전한 상호개방성의 세계를 위해서 예수는 한 무리를 선별하여 제자단을 꾸리신 것입니다. 하나님과 인간, 인간과 인간, 인간과 세계에 대한 무한한 상호개방성의 세계는 어떠한 인간 존재라도 배제되지 않습니다. 그가 병자나 소외된 자라도 예수가 꿈꾸는 세계에는 아무도 배제되지 않는다는 점입니다. 하나님을 향해서 마음을 개방하고, 인간을 향해서 마음을 개방하고, 사물을 향해서 마음을 개방하는 사람들의 세계는 사랑, 평등, 평화, 정의 등이 실현되는 세계가 될 것입니다. 시인의 시를 마저 읽어보겠습니다.

> 똑같은 낱말이 모두 다 다른 뜻을 지니듯이. 우리가 우리의 그림자로부터 떠나 갈 때 우리는 우리 자신이 된다. 무수한 목소리를 잊고 잊은 목소리 위로 또 다른 목소리를 불러들인다. 사랑받지 못하는 날들이 밤의 시를 쓰게 한다. 밤보다 가까이 나무가 있었다. 나무보다 가까이 내가 있었다. 나무보다 검은 잎을 매달고. 두 번 다시 보지 못할 사람처럼. 영원히 사라질 것처럼. 밤이 밤으로 변하고 있었다. ^{시집,}
> 『왜냐하면 우리는 우리를 모르고에 수록

우리는 자칭 예수를 따르는 제자라고 일컫습니다. 그러기 위해서는 우리 자신 안에 있는 그림자, 우리가 만들어 내는 허상들로부터 자유로워져야 합니다. 그리고 예수의 목소리를 불러들일 수 있어야 합니다. 제자는 자신의 목소리 위로 또 다른 예수의 목소리를 불러들인 사람입니다. 그 목소리가 자신의 목소리보다 더 가깝고, 그 사랑이 자신의 사랑보다 더 가깝고 깊을 때 우리가 그를 따르는 제자라고 말할 수 있는 것은 아닐까요?

회개, 하늘 나라, 제자 등과 같은 개념어들은 그리스도교라는 종교의 특수 언어들입니다. 이것들을 가만히 뜯어보면 모두 그리스도교의 존재를 규정하는 말들입니다. 이것들을 우리가 신앙의 문장화, 신앙의 의미화를 한다는 것은 말로

다 할 수 없는 신앙적, 종교적 고통이 동반됩니다. 모두가 자신의 마음을 들여다보고 그 마음을 서로 공감하면서 새로운 세계를 꿈꿀 뿐만 아니라 그것을 실현하기 위한 목소리를 내야 하는 게 그리스도인이라는 존재의 신앙적 고통입니다. 그러기 위해서는 제일 먼저 유리병 속에 있는 검은 것, 검은 것 속의 검은 것의 실체를 낱낱이 밝힐 수 있어야 합니다. 하나님의 눈동자에 비친 자신은 하나님 자신의 눈동자보다 우리 자신이 훨씬 더 가깝게 인식될 것입니다. 하나님의 목소리에 불려진 우리는 하나님 자신의 목소리보다 더 가깝게 들릴 것입니다. 우리가 우리로서 존재할 수 있는 것은 하나님 나라의 세계에 투신하면서 그 자리를 모든 사람들의 공통의 자리로 바라보는 데서 비롯됩니다.

　세상은 우리를 질식시킬 것처럼 위협적입니다. 그래서 상처와 어두움, 거짓과 위선이 난무하는지도 모르겠습니다. 이러한 상황에서 우리는 신앙에서 잊고 있었던 목소리들이 없었는가를 떠올려봐야 합니다. 그저 간신히 입에 올렸던 언어들 안에서 기도가 매달리고, 신앙이 매달리고, 나의 실존적 정체성이 매달리고 있었던 것은 아닌지 예수의 첫 외침을 통하여 깊이 생각해봐야 할 것입니다.

행복을 쪼면 단단해질까?

마태복음 5:1-12

성서학자들이 예수가 직접 말을 했을 것예수어록이라고 단정 짓는 행복선언문은 행복의 무슨 인과관계를 논하고 있는 듯이 보입니다. 논리적으로 보면 매우 그럴듯한 말들입니다. 문제는 실행하기가 간단치 않다는 데 있습니다. 그리스도인뿐만 아니라 인류는 지금까지 삶의 행복을 추구하며 불행을 회피해 왔습니다. 자칭 인간이라고 자부하는 사람 쳐놓고 스스로 불행을 자초하는 경우는 거의 없을 것입니다. 먹고 싸고 입고 자고 쓰고 말하고 듣고 하는 모든 인간의 행위들 안에는 행복이라는 인식과 감정의 상태가 깔려 있습니다. 심지어 영성과 신앙의 차원에서도 종교인이 종교를 통해서 얻고자 하는 것은 정신과 물질적 행복이라고 단언할 수 있을 것입니다. 행복하고 싶지 않다면 누가 그와 같은 몸의 감각과 인식의 능력, 그리고 초월자에 대한 열망에 관심을 기울일까 싶습니다. 심지어 정치적 영역에서 공적 삶만이 존재한다고 볼 수 있는 대통령의 삶에서 올린 머리를 한다든가, 성형을 한다든가, 하는 것들도 민중의 공적 행복보다 먼저 사적 행복에 치우친 행위라고 볼 수 있습니다.

예수의 행복선언에서 제일 중요한 첫 마디, "마음이 가난한 사람은 행복하다. 하늘 나라가 그들의 것이다"는 말은 만고불변의 진리입니다. 여기서 해석학적인 비평을 좀 가한다면, "마음이"라는 말은 마태복음사가의 가필입니다. 다시 말해서 "가난한 사람은 행복하다"가 원래 예수가 했던 원형의 말씀인데, 마태는 자신의 공동체의 상황에 맞게 첨가했다는 말입니다. 그러니까 예수는 원래 가난한 사람은 행복하다고 대놓고 말을 했다는 것입니다. 마태교회 공동체는 가난한 사람보다 부자들이 많았던 유대인 구성원들의 모임이었던 것 같습니다. 그러니 직접적으로 가난한 사람이 행복하다는 웅변보다는 이미 다 갖춰진 사람들이니 마음만 가난하면 더할 나위 없이 행복한 그리스도인이 될 수 있지 않겠느냐고 설득과 논리를 내세운 것이나 다름이 없습니다. 예수가 관심을 가졌던 가난한 백성들이 하늘 나라의 진짜배기 구성원이 될 것이라고 확신했다는 설은 이론의 여지가 없어 보입니다. 가난한 사람, 정말 끼니 걱정하면서 살아야 하는 사람들에게 소유할 수 있는 것이라고는 아무것도 없는데 하늘 나라마저 부자들의 것이 되어버린다면 참으로 불공평한 것 아닐까요? 정치경제적인 수탈과 착취, 억압과 부정의, 거짓과 폭력적 권력으로 부를 축적한 정치인이나 자본가들이 타자의 행복을 유린하고서도 하늘 나라의 행복을 걸머쥔다면 그 하늘 나라는 환상과 위선에 지나지 않을 것입니다. 그러니 그들이 마음이라도 가난했더라면 정말 행복하지 않았을까? 사적 행복이 아니라 공적 행복을 추구했더라면 하늘 나라를 공유할 수 있지 않았을까?, 하는 연민을 가져봅니다.

시인 안상학은 "그 사람은 돌아오고 나는 거기 없었네"라는 시에서 이렇게 문장을 엮습니다.

> 그때 나는 그 사람을 기다렸어야 했네/ 노루가 고개를 넘어갈 때 잠시
> 돌아보듯/ 꼭 그만큼이라도 거기 서서 기다렸어야 했네/ 그때가 밤이
> 었다면 새벽을 기다렸어야 했네/ 그 시절이 겨울이었다면 봄을 기다
> 렸어야 했네/ 연어를 기다리는 곰처럼/ 낙엽이 다 지길 기다려 둥지

를 트는 까치처럼/ 그 사람이 돌아오기를 기다렸어야 했네 시집『그 삶은

돌아오고 나는 거기 없었네』, 실천문학사, 2014 수록

행복은 타인의 부재를 참고 기다리며 그 존재와 향유할 수 있을 때 진정한 행복이라 말할 수 있습니다. 앞에서 말한 사적 행복은 결코 추구하면 안 되는 것은 아닙니다만, 사적 행복이 지나치게 되면 이기주의적 인간, 착취적 인간이 될 수밖에 없습니다. 가난한 사람을 기다릴 수 있는 존재, 슬퍼하는 사람을 기다릴 수 있는 존재, 온유하고 평화를 사랑하는 사람을 기다릴 수 있는 존재, 목마르고 박해를 받는 사람을 기다릴 수 있는 존재, 마음이 깨끗하고 자비를 베푸는 사람을 기다릴 수 있는 존재는 그 기다림으로 함께 행복을 누릴 수 있게 됩니다. 행복은 사적 이득을 취한다고 해서 이루어지는 것이 아니라는 것입니다. 행복을 추구해야 할 대상이 거기 없는데, 그 대상이 없다고 해서 내가 행복을 소유할 수 있고 만끽할 수 있는 유일한 대상이라고 착각한다면, 행복은 존재하는 것이 아니라 부재하는 것입니다. 행복을 나눌 수 있고 또 공유해야 할 대상이 존재하지 않는 그곳에는 행복이란 존재하지 않기 때문입니다.

원래 행복선언문은 그리스어 원어로 보면 '행복하여라'라고 번역할 수 있는 **makarioi**마카리오이가 먼저 등장합니다. 그러니까 "행복하여라. 마음이 가난한 사람들"이라고 번역하는 것이 맞는 것입니다. 예수는 문장의 서두에 행복이라는 핵심어를 둠으로써 도취·강조를 하고 있습니다. 그것도 가만히 살펴보면 행복하여라는 말은 명령어 격식체입니다. 행복할 것을 명령하고 있다고 볼 수 있습니다. 행복은 당위명령입니다. 그리스도인이라면, 인간이라면 당연히 누릴 명령이라는 말입니다. 행복의 대상들은 그 다음입니다. 서두에 배치된 행복의 대상으로 규정되는 사람들은 매우 특수한 상황에 처한 사람들입니다. 그야말로 삶의 다양한 상황들에 따라서 행복을 누려야 할 대상들은 달라질 수 있다는 것이고,

이는 가변적이고 유동적이며 유연적이라는 것입니다. 행복을 누려야 할 대상이 따로 있다는 말이 아닙니다. 행복의 대상은 그렇게 기다리는 사람, 현재는 부재하지만 언젠가는 존재해야 마땅한 사람들이 누릴 것임을 나타내고 있습니다. 행복하여라, 라는 말 다음에 이어지는 대상들은 지금은 부재하지만 앞으로는 행복의 대상이 되어야 할 사람으로 우리의 기다림, 우리의 공유 의식 속에 현재하고 있기 때문에 무한히 나열되어야 할 사람들입니다. 학자들은 행복선언문에 행복이라는 말이 들어가 있는 문장이 8개니, 9개니 가지고 논쟁을 하곤 합니다. 그래서 8개면 진복팔단, 혹은 팔복이라고 하기도 합니다. 그러나 자세히 보면 9개라고도 볼 수 있습니다. 숫자나 규정된 대상이 중요한 것이 아닙니다. 행복하여라, 라는 명령어를 받을 수 있는 사람이 반드시 8개의 범주나 9개의 범주에만 해당이 된다는 말로 이해해서는 안 된다는 말입니다. 오히려 행복하여라, 라는 명령어를 받을 사람들은 그와 같이 8개나 9개의 범주와 같은 행위를 하는 무한한 존재들, 지금은 부재한 존재들을 향한 약속으로 봐야 할 것입니다.

앞에서 언급한 안상학 시인의 마지막 연을 마저 읽어보겠습니다.

> 그 사람이 아침처럼 왔을 때 나는 거기 없었네/ 그 사람이 봄처럼 돌아왔을 때 나는 거기 없었네/ 아무리 급해도 내일로 갈 수 없고/ 아무리 미련이 남아도 어제로 돌아갈 수 없네/ 시간이 가고 오는 것은 내가 할 수 있는 게 아니었네/ 계절이 오고 가는 것은 내가 할 수 있는 게 아니었네/ 그때 나는 거기 서서 그 사람을 기다렸어야 했네/ 그 사람은 돌아오고 나는 거기 없었네.

사계절의 변화에도 한갓 인간의 힘으로 어떻게 할 수 없는 불가항력적인 시간이 존재합니다. 과거로 또 현재로 심지어 미래로 갈 수도 없습니다. 그냥 기다리는 수밖에 없습니다. 그 기다림은 자포자기나 무기력을 나타내는 말이 아닙니다. 시간이 흘러가는 순간들 속에서는 오직 존재해야 할 부재한 나의 사람, 내가 사랑해야 할 사람만이 존재하기 때문에 그저 그 사람만을 기다릴 뿐이라는 것입니다. 부재한 그 사람은 지금 없습니다. 내가 기다리지 못했기 때문입니다. 시간의 역설, 선택의 역설, 판단의 역설은 언제나 존재합니다. 사람을 기다리는 것, 그 사람 속에서 행복이 존재하고 삶의 의미도 존재합니다. 유명하다고 하는 철학자들치고 시간에 대해서 한마디씩은 다했던 것 같습니다. 아리스토텔레스, 아우구스티누스, 칸트, 베르그송, 후설, 하이데거, 사르트르 등.

그런데 그들이 시간 문제를 규명하려고 했던 것은 결국 인간이라는 존재, 인간의 의식, 인간의 실존을 밝히려는 출발지점이기도 했습니다. 인간이란 도대체 무엇인가, 라는 물음에 해답을 얻으려면 반드시 시간을 따져 물어야 할 필요가 있었습니다. 시간과 존재는 떼려야 뗄 수 없는 관계인 것입니다. 마태교회공동체에서 행복의 문제는 골수 유대인과의 갈등 관계에 직면하여 박해를 받고 또 힘겹게 유랑생활을 하는 사람들을 위로할 목적이 있었을 것입니다. 적어도 예수를 위해서 사는 존재들에게는 행복의 명령만큼은 함께 누려야 할 지복이었을 것입니다. 기다리고 있는 것은 가난, 박해, 축출, 죽음이지만, 교회 공동체는 그런 상황에 빠져서 불행하다고 생각하지 말고 예수의 행복선언을 떠올리도록 했습니다. "행복하여라!" 마땅히 누려야 할 행복에서 배제되는 이들이 없도록 이름마저 부재한 상태가 되어 버린 사람들, 존재감이 없는 사람들, 앞으로 부재할지도 모를 사람들에게 이 예수의 행복선언문은 영원히 낭송되어야 할 것입니다. 그 몫은 지금 교회 공동체에 여전히 남아서 신앙의 행복을 맛보려는 우리들이 그들을 기억하고 그들이 함께 공동체와 세계에 존재하기를 바라는 마음으로 기다리며 또 기다리는 길고 긴 인내와 행복의 되새김질을 통하여 행복의 유한성을 극복하게 될 것입니다.

머뭇거릴 수 없는 행동들

신앙은 믿을까 말까 혹은 할까 말까 하면서 머뭇거리는 것을 의미하지 않습니다. 대부분의 종교는 머뭇거려야 할 명분을 주지 않습니다. 머뭇거린다는 것 자체가 아직도 종교의 궁극적인 영역에 들어오지 못했다는 것이요, 종교의 지향성에 동의하기에는 너무 반종교적인 삶의 가치를 가지고 있다는 것을 뜻합니다. 이설야라는 시인은 「조등」弔燈이라는 시에서 이렇게 말합니다.

> 내가 머뭇거리는 동안/ 꽃은 시들고/ 나비는 죽었다/ 내가 인생의 꽃
> 등 하나 달려고/ 바삐 길을 가는 동안/ 사람들은 떠났고/ 돌아오지 않
> 았다/ 먼저 사랑한 순서대로/ 지는 꽃잎/ 나는 조등을 달까부다시집
> 『우리는 좀더 어두워지기로 했네』, 창비에서

예수가 사람들로 하여금 빛과 소금이 되라고 했을 때, 그 이유는 머뭇거리면 금방 그 시간을 지나쳐 버릴 수 있는 중요한 신앙의 행위의 순간이기 때문입니다. 빛은 해가 떠 있거나 촛불이 밝혀지고 있는 그때에 의미가 있습니다. 소금은 반드시 적절한 시기에 간을 맞추고 음식이 썩기 전에 투여가 될 때 의미가 있습니다. 해는 머뭇거림이 없이 온 세상을 비추어야 하고, 소금의 결정체는 머뭇거림

이 없이 음식을 위해서 존재할 때 해야 할 일을 다 한 것입니다. 흔히 밝게 비추는 빛과 썩지 않게 만드는 소금의 이야기는 그리스도인으로서 당연히 해야 할 역할들에 대해서 말한다는 해석을 내놓았습니다.

그런데 빛과 소금이 되기 위해서는 진정으로 머물러야 할 때 머물 수 있도록 머뭇거리지 말아야 합니다. 자신을 태워 세상을 밝게 하는 존재가 되겠다는 사람이 머뭇거린다면 세상은 이미 어두워진 상태가 되어 있을 것입니다. 자신이 녹아서 썩지 않도록 만드는 그런 존재가 되겠다고 하면서 머뭇거린다면, 이미 시기를 놓쳐버린 음식은 썩어 문드러진 상태가 되어 있을 것입니다. 시인이 말하고 있듯이, 머뭇거리는 동안 꽃은 시들고 나비는 죽었다라는 처참한 상황이 눈앞에 펼쳐지는 것입니다. 빛과 소금은 머뭇거리지 않고 자신을 투신하는 그리스도인의 모습을 말합니다. 더욱이 요즈음처럼 어두움이 지배하려고 하는 순간일수록 빛은 그 적기를 잘 포착해야 합니다. 어두움이 빛의 세계를 지배하려고 할 때, 어두움이 빛을 이기지 못하도록 빛을 밝혀야 합니다. 빛은 이제 어두움의 시간, 그 시간과의 싸움을 안 할 수가 없습니다. 어두움이 길수록 빛은 더 밝게 비춰서 그림자가 없도록 해야 합니다. 어두움이 짙게 깔릴수록 빛은 더 강하게 비추어서 단 한 틈도 어두움에게 양보하지 않겠다는 의지를 가져야 합니다. 마찬가지로 세상이 썩어지고 흐믈거릴수록 단 한 귀퉁이도 썩지 않게 하겠다는 각오로 세상을 끌어안을 수 있는 사람이 되어야 합니다. 그러기 위해서는 반드시 빛이 있어야 할 시간, 소금이 있어야 할 시간을 정확하게 파악할 수 있는 신앙인식의 눈이 필요합니다. 다시 말해서 머뭇거리지 않고, 주저 하지 않고 세계를 살릴 수 있는 시간에 대한 신앙적 직관이 우리에게 요청된다는 말입니다.

소금은 시간의 직관을 인식하지 못해서 결국 사람들한테 쓸모없는 존재라는 말이나 들어야 하고, 빛은 사라져서 더 이상 빛을 볼 수 없는 사람들에게는 삶의 좌표나 신앙의 방향성을 읽을 수 없어서 흔들리고 마는 것은 그리스도인으로서의 책무를 다하지 못했다는 증거입니다. 적어도 그리스도인의 눈 안에는 세계를 밝힐 수 있는 빛이 있어야 하고, 그리스도인의 입 안에는 세계를 썩지 않도록 만드는 혀가 있어야 합니다. 그러나 우리의 눈은 탐욕과 어리석음의 눈이 되어 버렸고, 입의 혀는 달콤함에 취한 혀가 되어서 더 이상의 날카로운 로고스를 쏟아낼 수 없게 되었습니다. 허수경의 시, 「너의 눈 속에 나는 있다」에서 그는 "컴컴한 곳에서 아주 작은 빛이 나올 때/ 너의 눈빛 그 속에 나는 있다/ 미약한 약속이 생이었다/ 살핏줄처럼 가는 약속의 등불이었다"고 외쳤습니다. 그리스도인의 눈빛 속에서 세상으로 하여금 자신을 읽을 수 있는 거울이 되어 주어야 합니다. 그리스도인의 눈빛에서 사람들 스스로 삶의 희망을 볼 수 있는 빛을 보여줄 수 있어야 합니다. 미약한 불빛, 희미한 눈빛이더라도 그 속에서 삶의 약속을 읽을 수 있는 빛을 보여주어야 합니다. 그렇게 빛의 각도에 따라서, 빛의 굴절에 의해서, 빛의 강약에 의해서 빛이 있는 곳이라면 바로 그 빛으로 모일 수 있도록 만드는 그리스도인이 되어야 합니다. 그리스도인이 있는 곳이 어디든지 간에 그 자리는 마지막까지도 썩어 문드러지지 않도록 하는 소금의 자리여야 합니다. 자신이 소금이라면 자신이 있는 곳은 항상 소금의 자리입니다. 말짓, 몸짓, 눈짓, 손짓 등 인간의 모든 행위와 인식의 자리에서 발동하는 소금의 자리는 소금 때문에 중심을 찾고 소금 때문에 적절한 맛을 찾고 소금 때문에 나중을 위해 썩지 않는 후일을 약속할 수 있습니다. 소금은 그렇게 지속성이요 생명성이요 관계성이요 자각성의 역할을 합니다.

마태복음사가에 의하면 예수는 율법폐기론자가 아닙니다. 오히려 그는 율법의 완성자라고 해야 할 것입니다. 물론 이것은 마태복음사가가 바라 본 예수상일 수 있습니다. 마태복음사가는 그리스도인들로 하여금 율법을 철저하게 지켰던 바리사이파 사람들이나 율법학자들보다 더 엄밀하고 바르게 신앙생활을 하라고 말합니다. 율법에 대해서 철저했던 그들보다 더 엄격한 신앙생활을 한다는 것은 그리스도인에게 그만큼 더 높은 도덕성과 신앙의 철저함을 요구한다고 볼 수 있습니다. 그리스도인이 구약의 율법에 대해서 비판하면서 율법으로부터 자유로워졌으니 이제 그리스도가 제시하는 신앙의 원칙, 바울로가 말하고 있는 믿음의 원칙에 입각해서만 신앙생활을 하면 구원을 얻겠거니 생각하는 경우가 많이 있습니다. 그러나 예수가 제시하는 신앙의 원칙, 즉 율법주의자보다 더 올바르도록 해야 한다는 것은 더 높은 수준의 신앙을 지향하도록 강제하고 있는 것입니다. 율법의 문자중심주의, 혹은 율법의 구전중심주의와 숱한 해석으로 인해서 족쇄가 묶여서 봐야 할 사람, 봐야 할 하나님을 제대로 보지 못하는 율법주의자가 되지 말라는 것은 물론이거니와 그것을 넘어서서 신앙의 본질을 꿰뚫어볼 수 있는 신앙의 눈이 요구된다는 지엄한 말이라고 볼 수 있습니다.

율법의 문자, 율법의 구전에 매여서 율법 자체를 지키는 것이 곧 하나님을 신앙하는 것이라고 착각에 빠진 사람들, 그러나 그들에게도 신앙의 열정이 없는 것은 아닙니다만 본질이 왜곡되는 경우가 허다했습니다. 율법을 지키기 위해서 최선의 노력을 경주한 사람들, 그 율법주의자들을 따라간다는 것은 매우 어려운 일입니다. 그럼에도 그것을 넘어서서 더 정당하게, 정직하게, 성실하게, 엄격하게 신앙을 사유하고 본질을 꿰뚫어 신앙생활을 하라는 말씀은 오늘 우리에게도 해당되는 요구사항입니다. 올해가 종교개혁 혹은 교회쇄신reformation 500주년이 되는 해라고 하는데, 마르틴 루터는 sola scriptura오직 성서만으로를 외쳤습니다. 이것이 오늘날 개신교의 성서문자주의 혹은 성서절대주의로 치닫게 만든 원인이라고 봅니다. 성서를 많이 읽고 외우는 것이 신앙 제일의 척도로 삼는 관행이 있는데, 이것 역시도 성서 안에 신앙이 갇혀 있는 모습으로 왜곡되어 나타납니다. 성서를 많이 읽고 암송하고 필사하는 것 이상으로 중요한 것은 더 올바르고 더 성실하고 더 정직하게 사는 것입니다. 성서를 살지 못하면 아무 소용이 없습니다. 신앙을 살지 않는다면 무슨 이유로 교회에 다니겠습니까?

하늘 나라basileian ton ouranon에 들어가는 것이 신앙생활의 목적일까요? 예수는 율법학자나 바리사이파 사람들보다 더 올바르게 삶을 살지 못한다면 그곳에 들어갈 수eiselthete/ eiserchomai 없다고 말합니다. 하늘 나라에 입성할 수 있느냐 없느냐는 신앙을 어떻게 사느냐로 결정이 난다는 말씀입니다. 하나님과 함께 사는 삶이 하늘 나라라면 하나님의 말씀을 몸으로 체현시켜서 사는 사람들의 차지가 될 것이라는 말입니다. 말은 그 자체라기보다 늘 도구입니다. 말이 지시하는 본질과 내용이 무엇인지를 깨닫고 그것을 삶으로 구현하는 것은 늘 인간의 과제입니다. 언어에 빠지지 말고, 문자에 얽매이지 말고 그 본질을 구현하는 사람이 곧 하나님과 살고 있는 사람입니다. 하늘 나라는 하나님의 말씀이 실현되는 그곳에 있고 그 말씀을 찾지 않아도 될 세상이 되는 곳이니, 말씀이 지시하는 곳을 곧장 보고 깨우치면서 그 말씀을 행동에 옮기려는 노력을 실패하더라도 꾸준히 해야만 하늘 나라가 곧 이 땅에 임할 것입니다. 신앙인이 말에 실패하면 오히려 뜻에 성공할지도 모릅니다. 말을 사랑하기보다는 뜻을 먼저 사랑해야 할 일입니다. 김수영은 「꽃잎2」에서 이렇게 말합니다.

꽃을 주세요 우리의 고뇌를 위해서/ 꽃을 주세요 뜻밖의 일을 위해서/ 꽃을 주세요 아까와는 다른 시간을 위해서

그리스도인이 빛과 소금을 산다는 것, 그리고 율법학자와 바리사이파 사람들보다 더 치열하게 산다는 것은 아까와는 다른 삶, 조금 전과는 다른 삶, 세상이 예기치 못하는 뜻밖의 삶을 산다는 것을 의미하는 것은 아닐까요? 그래서 빛과 소금, 신앙적 삶이라는 것은 시어인 아름다운 꽃보다 더 무엇이 되기 위한 좀 더 치밀하고 오밀조밀한 현실적인 고통의 언어인지 모르겠습니다. 신앙의 백지가 되지 싶지 않은 몸부림이라고 해야 할까요?

우리는 어디쯤 있는 것일까?
설명 이전에 계시는 분

마태복음 5:21-37

예수는 당시 종교적 통념에 사로잡힌 유대인들에게 이른바 '대당명제'라는 것을 제시합니다. 율법에 익숙한 너희들이 이렇게 들었지만, 나는 이렇게 말한다, 즉 율법을 더 근본적으로 심화시키는 신앙의 논리를 거론하고 있는 것입니다. 율법에 근간을 두고 있는 율법적 사유와 행동을 하는 이들은 자신이 거기에 있다고 생각할 것입니다. 율법을 잘 지키면 율법과 동일시된 자신을 보며 충분히 하나님에 대한 신앙을 잘 유지한다고 믿습니다. 자신의 사유와 행동 안에 율법이 있다고 생각하는 것입니다. 그런데 신앙인은 그렇게 구전적인 율법, 성문화된 율법을 잘 지킬 때 진정한 신앙인이라고 말하는 것일까요? 신앙인은 언제 스스로를 신앙인이라고 자신 있게 말할 수 있는 것일까요? 성서 안에 자신이 있고, 자신 안에 성서가 있다고 자부할 수 있는 신앙인은 언제 태어나는 것일까요? 허수경의 「너의 눈 속에 나는 있다」는 시 제1연을 읽어보겠습니다.

나는 그렇게 있다 너의 눈 속에/ 꽃이여, 네가 이 지상을 떠날 때 너를
바라보던 내 눈 속에/ 너는 있다/ 다람쥐여, 연인이여 네가 바삐 겨울

양식을 위하여 도심의 찻길을 건너다 차에 치일 때/ 바라보던 내 눈 안에 경악하던 내 눈 안에/ 너는 있다

그리스도인은 성서를 읽을 때 자신이 존재한다고 생각합니다. 성서에 비추어 본 자신을 신앙적으로 인식하기 때문에 그렇습니다. 성서의 문자가 눈에 각인이 될 때, 그것은 이미 문자가 아니라 하나님의 마음이 떠올려져야 합니다. 성서의 문자에 하나님이 있는 것이 아니라 성서의 문자 이면에 하나님이 계신다는 믿음이 있어야 합니다. 문자 안에서 하나님이 탄생하는 것이 아니라 문자나 언어 근저에서 하나님이 탄생하기 때문에 그렇습니다. 그리스도인의 존재도 성서의 문자에 있지 않습니다. 성서 안에 내가 있는 것이 아니라 내 안에 성서가 존재하도록 해야 합니다. 다시 말해서 성서의 문자 속에서 나를 발견하는 것이 아니라 내 안에서 성서의 하나님이 탄생하도록 해야 합니다. 그리스도인의 마음에 성서가 있다, 성서의 문자가 의미화되어 있다, 그리스도인의 마음에서 하나님의 의미화된 언어를 볼 수 있다는 말을 들을 수 있어야 합니다. 그러기 위해서 그리스도인은 율법적인 사유와 행동을 하는 사람들보다 좀 더 근본적인 신앙의 사유와 행동을 해야 합니다. 성서의 근본적인 정신 안에 머물러 있기를 바라는 마음, 그 정신 안에 우리가 있어야 합니다. 성서의 좀 더 근본적인 정신 속에서 우리가 태어나야 하고, 그리스도인은 바로 그 정신 속에서 탄생하는 것입니다. 언제 그리스도인이 되느냐? 언제 그리스도인이 태어나느냐?는 질문은 바로 내 안에 성서의 근본적인 정신이 바로 자리 잡고 있느냐 아니냐에 대한 답변을 제대로 할 수 있는지 여부에 달려 있다고 해도 과언은 아닐 것입니다. 율법적인 사유와 행동을 엄밀할 정도로 지켜내면서 그 율법 안에 바로 하나님이 있고, 그 율법을 지키는 나는 비로소 신앙인으로 존재한다고 생각하는 사람들에게 내가 말하는 말, 내가 말하는 근본적인 정신 속에 내가 있고, 네가 있다는 선언은 파격 그 자체입니다.

지금 우리는 어디에 있습니까? 성서적 문자에 갇혀 있거나 아니면 성서적 문자 바깥에 있거나 그것도 아니라면 어디쯤에 머무르고 있는 것일까요? 성서 안에 있습니까? 성서 바깥에 있습니까? 문자에 있습니까? 의미에 있습니까? 교회당 이라는 건물에 있습니까? 마음의 성전에 있습니까?

예수가 우리에게 던지고 있는 말들은 율법적 사유와 행동보다 더 엄격한 사유와 행동을 요구하고 있습니다. 더 근본적인 사유와 행동을 요구하고 있습니다. 언어나 문서가 가지고 있는 것 이면의 정신적인 데에 있습니다. 신앙의 언어가 배태된 그 근본적인 정신, 하나님의 마음으로 더 깊게 들여다보라는 권고입니다. 언어나 문자에 매이지 말아라, 정작 사람과 상황, 그리고 사건과 세계 속에서 움직이는 모든 것들 안에서 하나님의 마음을 읽을 수 있어야 한다는 것을 말해주고 있는 것입니다. 음란한 마음을 품지 말라, 이혼하지 말라, 맹세하지 말라, 형제와 화해하라 등의 말씀은 신앙과 삶을 더 근본적으로 사유하고 행동하라는 엄밀성을 내포하는 명령들입니다. 예수가 본 것은 율법이 가지고 있는 형식과 외형적인 판단들이 아니라 그 율법의 정신에 더 초점을 맞춘 것입니다. 문자와 언어에 매이면 진리를 올바로 볼 수가 없습니다. 문자나 언어는 해석과 주석을 요구하고 그것은 해석자의 관점에 따라서 얼마든지 변할 수 있기 때문입니다. 유홍준 시인의 「주석 없이」라는 시를 보겠습니다.

> 탱자나무 울타리를 돌 때/ 너는 전반부 없이 이해됐다/ 너는 주석 없이 이해됐다/ 내 온몸에 글자 같은 가시가 뻗쳤다/ 가시나무 울타리를 나는 맨몸으로 비집고 들어갔다/ 가시 속에 살아도 즐거운 새처럼/ 경계를 무시하며/ 1초 만에 너를 모두 이해해버리는 나를 이해해다오/ 가시와 가시 사이/ 탱자꽃 필 때/ 나는 너를 이해하는 데 1초가. 시집 『나는, 웃는다』, 창비, 2006

진리는 즉각적으로 이해되어야 합니다. 진리는 사족이 필요 없습니다. 주석과 해석으로 만연하여 사람의 눈을 흐리게 하고 진리를 직접적으로 인식하지 못하는 것은 그만큼 자기 깨달음으로 가는 시간이 오래 걸릴 수밖에 없습니다. 진리를 직관적이고 직접적으로 그 밑바닥에 있는 것을 있는 그대로 인식하기보다는 언어나 문자에 얽매어서 자신의 사유와 행동을 제약한다면 그것은 자유로운 신앙인이 아닌 것입니다. 아무리 언어와 문자가 쉬워도 자칫 그것은 가시가 될 수 있습니다. 더 진리를 이해하기 어렵게 만드는 수단이 됩니다. 그렇다고 자의적인 해석으로 사람을 현혹시키는 것도 큰 문제입니다. 그것은 자의적인 해석이라기보다 차라리 사기성의 언어나 문자에 더 가깝습니다. 그것을 피하려면 문자와 언어의 근저에 깔린 하나님의 정신과 마음으로 직접 들어가야 합니다. 자질구레한 설명이 달라붙어 있는 말일수록 깊이가 없습니다. 예수의 말에는 군더더기가 없습니다. 간략하고 명료합니다. 청자가 그 말을 듣는 순간, 진리가 빠르게 이해됩니다. 그 이유는 문자와 언어에 박혀 있는 진리, 즉 하나님의 마음과 뜻을 잘 파악하고 직접적으로 인식했기 때문입니다. 문자나 언어에 대한 무지몽매한 맹신보다 무서운 것은 없습니다. 문서화된 법은 국민의 보편적인 합의의 정신이 내포되어 있다는 사실을 잊지 말아야 온전히 백성들의 마음을 위한 법으로 작용할 수 있는데, 그것을 단순히 문자나 언어로서의 권력과 지식의 문자가 되어 버리면 정작 국민의 보편적이고 공통적인 정신을 죽이게 됩니다. 문서화된 역사는 민족의 공통의 정신과 경험으로서 인류의 과거와 현재, 그리고 미래의 정신을 계도하고 성숙시키는 것이어야 하는데, 그것이 하나의 이데올로기로 작용하면 민족과 인류의 정신은 죽을 수밖에 없습니다. 마찬가지로 성서나 유대교의 율법 안에는 하나님을 체험한 사람들의 정신과 경험이 축적된 것이고, 그것을 통하여 하나님의 마음을 문자화한 것이라고 생각할 수 있는데, 오히려 그 문자가 마치 하나님을 지칭하고 대신하는 것으로 확신한다면 하나님의 정신과 마음이 신앙인에게 오롯이 전달될 수가 없습니다.

　그래서 직접성, 직접적인 진리, 문자 이전의 진리, 주석 이전의 진리, 해석 이전의 진리를 바로 알아차리려고 하는 지난한 노력이 필요한 법입니다. 편견과 아집, 혹은 나의 욕망을 가지고 진리를 접하려고 하지 말고 맨 몸으로 들어가야 합니다. 맨 몸으로 진리의 세계로 들어가야 하나님의 저의를 만날 수 있습니다. 내 눈으로 즉각적으로 당신의 존재를 확인하고 나의 상황 속에서 당신을 알아볼 수 있는 신앙의 직관이 필요합니다. 어쩌다 무심코 당신을 만나기라도 하면 우리가 알아보지 못하는 것은 당신을 문자나 언어로만 보기 때문입니다. 하나님은 문자와 언어에 구속되거나 속박되어 있지 않습니다. 무한히 해방되고 자유로운 존재로서 내 눈 앞에 나타나고 세계에 현존하고 있습니다. 그러므로 언어나 문자로 그를 해석하려는 시도가 어쩌면 무모한 일인지도 모릅니다. 하지만 굳이 해야 한다면 반드시 언어나 문자의 이면에 도사리고 있는 그분의 뜻과 의지, 그리고 정신과 의미를 알아차리려고 해야 합니다. 유홍준 시인이 말하고 있는 것처럼, "나는 너를 이해하는 데 1초가 걸렸다"에 대한 직관적 이해는 신앙에서도 적용이 되어야 합니다. 하나님을 이해하는 데, 나의 신앙을 이해하는 데, 타자의 신앙을 이해하는 데 즉각적으로 이해할 수 있는 포용성과 관용성이 있어야 합니다. 그것은 신앙의 경계가 없이, 문자나 언어에 나타난 하나님이다, 문자나 언어를 초월하신 분이다, 라는 분별심 이전에 그 무엇에도 한정되지 않는 하나님을 향한 1초보다 더 짧은 찰나의 인식이 매번 작동되어야 가능한 일입니다. 하나님은 문자나 언어 이상의 존재이자 어디에나 계시는 분으로서 우리의 경험세계에 자유를 주시고자 하는 분입니다.

신앙의 변덕을 극복하려면

마태복음 5:38-48

우리말에 '변덕이 죽 끓듯 하다'는 말이 있습니다. 변덕이 심함을 나타내는 말입니다. 비슷한 한자성어로는 '조변석개'라는 말이 있습니다. 사람이 판단을 내리거나 또 생각을 할 때에는 일관성이 있어야 하고 예측 가능해야 합니다. 그런데 이랬다저랬다 하면 종잡을 수가 없어서 일이든 사람관계든 원만하게 형성하는 것이 어렵습니다. 신앙도 예외는 아닙니다. 신앙에도 어떤 일관성을 가지고 주체적인 사고와 함께 신을 믿는 삶의 자세를 보여주어야 하는데, 자신의 상황에 이롭게 해석하고 판단하면서 신앙생활을 합니다. 예수는 율법을 따르는 사람들보다 더 일관되고 엄격한 신앙 논리들을 제시합니다. 율법에 대한 재해석을 시도하면서 오히려 율법적인 사유에 매몰되지 않고 율법을 넘어서는 신앙의 자유로움을 말하고 있습니다. 사실 그렇게 해야만 이방인보다도, 다시 말해서 신앙을 갖지 않은 사람들보다도 더 성실하고 진실한 삶을 살아갈 수 있습니다. 신앙을 갖는 이유는 예수가 말할 것처럼, 하늘에 계신 아버지처럼 완전한 사람이 되는 데에 있습니다. 신앙생활의 기본만 잘 해도 괜찮지 않느냐는 발상은 예수가 비판하고 있듯이, 세리도 그 정도는 하는 것이기에 차별화된 신앙생활이 되지 않습니다. 적어도 세리보다 나아야 하지 않느냐, 최소한 이방인보다는 나아야 하지 않느냐, 하는 예수의 충언은 신앙의 기본선이라고 설정해 놓은 것을 항상 넘어설 준비가 되어 있어야 한다는 것을 뜻합니다. 요즈음에도 일상생활에서 복수나 원한을 생각하게 하는 사건들이 많이 벌어지고, 돈으로 사기를 치려고 덤벼드는 사람들이 많은 세상에 예수는 그래도 상대방의 처지에 맞게 반응하고 행동하라는 말을 하고 있습니다.

문상해 시인의 「변덕스러운 사람―백석白石 풍으로」라는 시는 우리의 덧없는 일상조차도 변덕스럽다는 것을 알게 해줍니다.

> 삼월 하순 아파트 중턱에 걸린 해가 하마 사라질까 몸에 햇살을 들이며 앉았노라니 해에 구름이 들명 날명 아직 낮잠이 덜 마른 내 몸에 향기로운 대낮과 어스름한 저녁이 들고 나더니 기쁨도 설음도 날실 씨실로 얽히더니 나도 오늘 하늘의 변죽에 맞춰 아주 변덕스러운 사람이 되고 말아

1연은 이렇게 끝을 맺고 있습니다. 하루 하루를 살다보면 여러 가지 상황들이 우리의 마음과 생각, 판단들을 흔들어 놓을 수 있습니다. 일이관지하기가 어렵습니다. 본질을 꿰뚫어 늘 그 본질에 입각하여 판단하고 행동한다는 것이 구차할 때가 많습니다. 그럴 때 우리의 신앙관, 신앙의 주체적인 생각들이 슬쩍 뒤로 물러납니다. 그것을 우리는 타협이라고 합니다. 신앙의 변죽을 울리는 신앙인이 되고 마는 것입니다. 사람들은 그리스도인에게서 신앙의 변두리, 가장자리나 내세우고 직접성을 나타내지 않는 경우를 싫어합니다. 에둘러 형식적인 말이나 던지고, 간접적이고 암시적인 행동이 아니라 신앙의 직접적인 언어와 행동을 보기를 원합니다. 시인이 말하듯이, 하늘의 변죽이 그렇다 하여 사람까지도 변덕스러운 사람이 되어야 하는가, 상황과 현실이 그렇게 신앙을 변덕스럽게 만들 수 있는가에 대한 자조 섞인 말을 표현하고 있는지도 모릅니다.

예수가 말하고 있는 이야기들, 즉 너희는 이렇게 들었으나 나는 이렇게 말한다는 화법은 그리스도인의 변죽을 파고드는 신앙의 직접성을 지향하고 있습니다. 신앙의 직접성을 향하도록 해야 한다, 신앙은 타자가 요구하는 그 방향성의 본질에 부합해야 한다, 신앙은 늘 변할 수 있는 상황보다도 더 엄밀한 본질로 들어갈 수 있어야 한다는 것을 말하고 있습니다. 그래서 신앙의 눈이라고 하는 것이 단순히 성직자의 눈이나 해석자의 눈이나 신앙서적의 눈, 심지어 성자의 눈이 아니라 바로 하나님의 눈높이에 의해서 바라볼 수 있는 것을 뜻합니다. 예수는 산상설교에서 그것을 가르쳐 주려고 했습니다. 율법의 눈이 아니라 하나님의 마음에서 바라보는 눈높이 혹은 시선의 높이가 어느 정도가 되어야 하는가를 가늠할 수 있어야 한다는 것입니다. 문성해 시인의 시 2연을 마저 읽어보겠습니다.

"이런 날은 긴 공터의 햇살과 구름을 구불구불 등에 다 새기며 기어
가는 푸르죽죽한 애벌레처럼 나는 그냥 홀로인 나로만 이루어진 것
은 아닌 듯하고 그 공터에 솟아난 풀들과 날아다니는 비닐들과 엎드
린 들고양이 맘도 이런 것이려니 그리하여 모든 한탄이나 탄성들은
아주 오래전 하늘로부터 연결되어 있었단 생각이 자꾸만 드는 것이
었다. 시집 「밥이나 한번 먹자고 할 때」, 문학동네

시인에게서 우리는 반전된 사고를 엿보게 됩니다. 자신의 변덕이 일찌감치 하늘과 연결되어 있었던 것은 아니겠는가, 하는 것입니다. 변덕스러움이 나 혼자 이루어진 것은 아니라 상황과 상황들, 사건과 사건들, 사물과 사물들, 현상과 현상들이 삶의 공터 속에서 부딪히면서 일어난 변덕이라는 주장입니다. 나의 변덕스러운 마음들, 행동들, 판단들, 관계들에서 우리는 어쩔 수 없는 우리 자신의 한계를 발견하면서 한숨을 짓습니다. 좌절과 자기비판, 심지어 자괴감에 빠지기도 합니다. 길게 드리워진 빈 공터는 삶의 수많은 애환과 생명이 꿈틀대는 장소

입니다. 그 속에서 벌어지는 일들이 나에게 영향을 주고 나의 신앙적 판단에 지대한 힘을 발휘하는 게 사실입니다. 그렇다 하더라도 신앙인이 변죽을 울리면 안 됩니다. 타자에게 직접성을 통해서 신앙과 종교의식을 표출할 수 있고, 반드시 그것이 신앙의 자긍심이 되어야 하는 게 마땅한 일입니다. 그런데 실상은 그러지 않습니다. 타자의 요구와 상황에 고작 간접적인 행동이나 취하는 게 오늘날 종교인의 현실입니다. 종교인의 흉내를 내는 것입니다. 그러면서 타자를 향한 나의 판단, 나의 의식, 나의 생각, 나의 행동, 나의 탄식, 나의 한숨 등 이 모든 것들은 결국 하늘과 맞닿아 있는 것이고 그곳으로부터 기원한다고 이야기를 합니다. 과연 그렇습니까?

시인이 말하고 있는 마지막 문장에 주목할 필요가 있습니다.

그리하여 모든 한탄이나 탄성들은 아주 오래전 하늘로부터 연결되어
있었단 생각이 자꾸만 드는 것이었다.

시인은 삶의 변죽과 변덕스러움에 대한 변명거리를 하늘과 연관 지어 말하고 있습니다. 변죽과 변덕스러움 때문에 일어난 나의 탄식, 나의 한탄은 결국 오래전 하늘과 연결되어 있었던 것입니다. 내가 더 신앙인답지 않았던 것, 내가 더 신앙의 본질에 가깝게 가려고 고민하지 않았던 것, 그때 그때 그저 겨우 상황에 맞는 답을 찾기에 급급하기만 했던 나의 지질함, 타자의 상황에 대범하게 직접적으로 표현하지 못했던 나의 옹졸함, 나의 편의와 편리에 따라서 신앙을 조율했던 임의적인 사고 등은 나를 한탄스럽게 하고 탄식하게 만듭니다. 주위를 둘러보며 삶의 긴 공터 속에서 움직이는 생명, 사물, 관계를 생각해보십시오. 그들에 대한 나의 마음, 나의 신앙, 나의 행위, 나의 사유 등이 간단하게 변죽을 울리고 변덕스러운 것이 될 수 없을 것입니다. 그러기에 예수는 길게 드리워진 삶의 공터 속에 함께 존재하고 있는 존재자들에 대해서 결코 변하지 않는 신앙의 본질, 더 엄

격하고 완전한 하나님의 높이에서 바라보며 행동해 줄 것을 말하고 있습니다.

'하나님과 같이 완전하여'라는 말은 삶의 긴 공터에 존재하고 있는 수많은 존재들에게 울타리를 치지 말라는 뜻으로 들립니다. 하나님의 영역은 넓고도 넓기 때문에 한계가 지어진 어떤 경계와 영역이 없습니다. 당신의 영역과 경계는 당신의 마음의 공터에 들어와 있는 깊이와 넓이와 같기 때문입니다. 그 삶의 공터에서 더불어 존재하면서 살아가는 그리스도인이 울타리를 친다는 것은 하나님을 변덕스러운 존재로 기억하게 만드는 것에 지나지 않습니다. 삶도 어렵고 힘든데 변죽을 울리는 하늘에 기댈 사람은 없습니다. 삶의 공터에 울타리를 만들어 놓고 울타리 안에 있는 존재자들에 대해서만이 신앙적 행위의 대상이라고 생각한다면, 그것이야말로 율법적 사고에서 벗어나지 못한 소심하고 소극적인 신앙인이나 다름이 없을 것입니다. 사람에 대한 진정한 탄식과 한탄이 하늘과 연결되어 있다는 인식을 가지게 하려면 다변화되고 있는 삶의 공터에 있는 존재자들이 우리의 신앙적 변덕에 의해서 소외되는 일이 없도록 해야 합니다. 나의 내면을 들여다보면서 주체적이고 의식적인 신앙인으로서 자아를 성찰한다면, 혹여 나는 신앙적 변덕을 가지고 있는 존재가 아닌가를 반성해야 합니다. 그래서 하나님의 완전에 이르고 또 이르기 위해서 나의 변덕과 변죽을 없애고 또 없애는 온전한 신앙이 되어야 합니다. 이를 위해서 하나님의 불변한 마음에 대한 신앙적 상상력이 도움이 될 것입니다. 만일 그가 변하지 않는다면 삶의 공터에서 만나는 타자가 누구이든 우리도 변하지 말아야 하기 때문입니다.

나날이 우리를 살게 한다

마태복음 6:22-34

오늘날 우리 사회는 물질적 가치와 척도에 의해서 삶이 구성된다고 볼 수 있습니다. 물질의 양이 얼마나 많으냐에 따라서 권력도 따라오게 되는 현상을 정치권에서도 목도를 하게 됩니다. 그래서 니체는 "여기 존재할 가치가 없는 자들을 보라! 부를 축적하는데도 더욱더 가난해지고 있지 않은가. 저들은 권력을 원하며 그 무엇보다도 먼저 권력의 지렛대인 많은 돈을 원한다"고 말하고 있습니다. 여기에서 앞 문장에 주목할 필요가 있습니다. "존재할 가치가 없는 자들"은 부를 축적하기 위해서 혈안이 되어 있는 사람들을 두고 말합니다. 내가 있다, 혹은 내가 존재한다는 것은 단순히 돈으로, 부유함으로 결정되지 않습니다. 그것은 적어도 이성과 정신, 그리고 초월 세계를 생각하는 사람들이라면 거기에 초점을 맞추지 않을 것이라는 얘기입니다. 이미 2천 년 전에 시각적으로 지향하는 바가 돈이 아니어야 한다고 말하고 있고, 마음도 썩어 문드러져서 어두움으로 뒤덮인 존재가 되지 말라고 경고하고 있습니다. 더 나아가 물질과 초월적 존재와는 짝할래야 짝을 할 수 없다는 사실을 분명하게 밝히고 있습니다. 유한한 시간과 공간 속에 살고 있는 인간이 먹고 사는 문제에서 한 치도 벗어날 수 없다는 것은 자명한 사실입니다. 그런데 먹고 사는 정도로만 취하는 청빈한 삶의 가치를 지향하면 좀 더 인간적인 삶을 살 수 있을 텐데, 우리는 그 이상을 원하기 때문에 문제가 됩니다. 자본가와 노동자 사이의 갈등은 결국 가진 자는 더 많이 갖기를 원하고, 없는 자는 최소한의 경제적 분배를 해달라는 것에서 발생합니다. 여기서 신앙인은 물질에 무게를 둘 것이냐 아니면 초월자에게 무게를 둘 것이냐에 따라서 삶의 방향성을 다르게 설정할 수 있습니다.

하나님은 배가 고픈 존재입니다. 그렇기 때문에 배가 고픈 존재의 고통을 잘 알고 있습니다. 당연히 그는 배가 고픈 존재의 편을 들어주실 수밖에 없습니다. 그의 물리적 힘은 배가 고픈 존재, 즉 가난한 사람들을 향하게 되어 있습니다. 그렇다면 하나님이냐 물질이냐의 선택의 기로에서 어느 방향에 무게를 싣느냐에 따라서 내가 약자나 가난한 자의 편에 서서 그들을 사랑하고 배려하고 분배할 것이냐가 결정됩니다. 하나님을 선택했으니 너희들은 이제 적빈의 상태에 있는 존재가 되어 비참하게 살아라, 라는 메시지가 아니라, 양자택일의 엄혹한 메시지가 아니라 배가 고픈 존재의 편에 설 것이냐 아니냐를 분명히 하라는 것으로 알아들어야 합니다. 사람들은 하나님을 엉뚱하게 부자의 편을 들어주는 존재로 오해를 하곤 합니다. 인간이 만들어 놓은 허상입니다. 우리 스스로 하나님이 배가 고픈 존재라는 사실을 인식하지 못한 채 오히려 그가 가진 모든 능력과 재물들을 부자들에게만 퍼주고 있다고 비판합니다. 하지만 그렇게 비판하는 우리 자신이 하나님을 부자로 만들어 놓았기 때문입니다. 하나님은 부자들에게 그렇게 베풀어 줄 재물이나 능력을 가지고 있지 않습니다. 그는 온통 가난한 자들을 위해서 자신을 내주시고 계시기 때문에 그는 실상 배가 고픈 존재입니다.

그렇다면 우리는 어떻게 살아야 할까요? 영국의 20세기 중반부를 대표하는 시인 필립 라킨Philip Larkin의 『나날들』*Days*의 시를 음미해보겠습니다.

나날들은 왜 있는가?/ 나날들은 우리가 사는 곳./ 그것은 오고. 우리

를 깨우지/ 끊임없이 계속해서./ 그것은 그 속에서 행복해지기/ 위해
있는 것:/ 나날들이 아니라면 우리 어디에서 살 수 있을까?Where can
we live but days?/ 아, 그 문제를 풀자면/ 사제와 의사를 불러들이게 되
지solving that question brings the priest and the doctor/ 긴 코트를 입은 채로/ 들판
을 가로질러 달려오는 그들을 시집『성령강림절 결혼식들』The Whitsun Weddings,
1964에 수록, 신형철 번역

  우리는 살아도 우리가 사는 게 아닙니다. 무슨 말입니까? 우리는 숨을 쉬고
있고 생명이 있으며 이성을 가지고 판단을 하기 때문에 스스로 주체적으로 산다
고 말해야 하지 않습니까?, 하고 반문을 할지도 모릅니다. 그러나 가만히 생각해
보면 시간이 우리를 살게 합니다. 여기서 말하는 시간이란 근대적인 의미에서 혹
은 노동자의 노동시간을 측정하는 계량적이고 수치적인 시간을 말하는 것이 아
닙니다. 필립 라킨이 적절하게 제목을 붙인 것처럼, 그것은 "나날들"인 것입니
다. 날들, 촘촘히 박힌 하루는 햇빛이 드는 환한 때는 낮이요 달과 별이 뜨는 캄
캄한 때는 밤이라고 칭합니다. 낮과 밤의 연속에 먹고 자고 쉬고 일하고 하는 것
들이 진정으로 우리가 사는 것입니다. 시인은 그 나날들을 온다고 말하지, 간다
고 말하지 않습니다. 오는 그 나날들이 우리를 깨웁니다. 날과 날, 그것은 행복
을 위해서 존재합니다. 그래서 오는 것입니다. 행복은 나날이라는 시간을 통해
서 우리에게 기대감을 가지고 옵니다. 거기에는 날의 또 다른 말, 곧 날카로운 어
떤 부분을 위해서 오지 않습니다. 날카로운 날, 날이 선 날, 그것은 불행입니다.
  그 불행이 우리를 병들게 하고 죽게 합니다. 재물이라는 것, 물질이라는 것,
돈이라는 것, 권력, 탐욕이라는 것이 그렇습니다. 자연 만물을 잘 관찰해 보십시
오. 거기에는 조화와 상생과 다가오는 나날들을 기억하는 본능과 지혜, 나날들
이 계속되기 위해서 순리대로 살아가려고 생명을 버리는 희생 등이 있습니다. 그
렇다고 자연이 사라지지 않습니다. 마태복음서 속의 예수는 바로 그 속에서 하

나님이 그 미물들조차도 돌보신다고 말하고 있습니다. 가난한 존재인 인간을 위해서뿐만 아니라 한갓 미물에 지나지 않는 온갖 동식물들을 위해서도 자발적으로 가난해지신 그분을 언급하고 있는 것입니다. 나날들을 살아가면서 그 나날들이 행복으로 찾아오게 하려면 자연처럼 죽지 않으면 안 됩니다. 하루하루, 낮과 밤, 우리는 점점 죽어야만 합니다. 죽지 않으면 그 다음의 나날들을 맞이할 수 없습니다. 나날들이 나를 살리고 있기 때문입니다. 내가 나날들을 맞이하는 것이 아니라 나날들이 나를 맞이하고 있는 것입니다. 그런데 거기에 부의 축적을 위해서, 권력의 생산을 위해서, 지배를 위해서, 가난한 자의 배를 더 곯게 하기 위해서 나날들을 허비하고 나날들이 악취가 나게 해야 할 이유가 도대체 무엇일까요?

나날들은 부자와 빈자 모두에게 평등한 시간입니다. 그런데 예수는 그 평등한 나날들을 살려면, 그 나날들이 인간들을 살릴 수 있도록 마음을 바꿔 먹으라고 말을 합니다. 바로 "너희는 먼저 하나님의 나라와 하나님께서 의롭게 여기시는 것을 구하여라. 그러면 이 모든 것도 곁들여 받게 될 것이다"라는 말입니다. 사람들은 이 땅에 하나님의 나라와 의로움을 위해서 나날들을 맞이해야 합니다. 나날들이 하나님의 나라가 되도록, 나날들을 살아가는데 그 나날들을 맞이할 힘이 없는 존재들을 위해서 희생하고 돌보고 배려하는 그러한 신앙인으로 살아가야 한다고 역설하고 있습니다. 공통의 나날들, 동일한 나날들 속에서 어떤 이들은 그 나날들을 온통 자신의 나날들인 양 소유하고 약자나 빈자에게는 그 나날들의 틈바구니에서 약간의 생계를 위해서 노력하는 것조차도 막는 것은 악입니다. 선이 아닙니다. 낮과 밤이 연속적으로 찾아오고 계속 오는 순간을 느끼고 향유하기 위해서는 물질이나 재물이나 부유가 아니라 이미 배고픈 자가 되어 버린 하나님을 향한 마음을 읽는 데서 비롯됩니다. 나날들은 지금도 우리를 깨우고 있습니다. 아니 나날들을 함께 공유하고 있는 자연 만물을 보면 그 나날들이 우리를 깨우치고 있다는 말이 맞을 것입니다. 그 자연의 모든 무생물들과 생물들을 바라보면서 나날들이 우리를 어떻게 먹여 살리고 있는지를 깨달아야 할 것입니다. 나날들의 주인이 되시는 하나님이 자신이 친히 배고픈 자가 되어서 우리를 살리고 있는지를 알아차려야 할 것입니다.

그렇지 않으면 삶과 죽음의 의례를 치르는 사제와 의사만이 우리를 찾아오게 될 것입니다. 나날들의 의례에는 사제와 의사가 아니라 배고픈 이들과 함께 하며 새로운 나날들을 행복으로 맞이하는 게 더 중요한 일입니다. 예수의 말이 명언이요 진리입니다. "그러므로 내일 일은 걱정하지 마라. 내일 걱정은 내일에 맡겨라. 하루의 괴로움은 그 날에 겪는 것만으로 족하다." 나날들은 그 나날들을 만드신 하나님과 나날들 자신이 우리에게 베푼 선물입니다. 그런데 더 중요한 것은 그 나날들이 우리를 위해서 우리 삶의 이런 저런 걱정과 염려, 온갖 삶의 불안과 고통을 대신 감당하고 있다는 사실입니다. 그러니 우리가 나날들을 사는 게 아니라 나날들이 우리를 살게 하는 것이 맞는 말이 아니겠습니까? 그런 의미에서 나날들의 연속이 주는 행복은, 지금과 여기 곧 시간과 공간이 합쳐진 오늘이라는 날에 물질로 소진하지 않고 가난한 자들과 함께 더불어 행복하게 누리기를 바라는 하나님의 마음과 뜻을 현실화시키는 것임을 잊지 말아야 할 것입니다.

어디쯤에 초록의 삶이 있는 것일까?

마태복음 4:1-11

삶은 지난한 광야의 여정인 것 같습니다. 예수도 광야가 끝인가? 아니 시작인가? 자문을 했을지도 모르는 일입니다. 그는 시작이라면 광야의 그 어디쯤에서인가 적어도 삶의 타협지점이 나올 수 있지 않을까, 라고 생각하며 흙먼지를 뒤집어쓰면서 터벅터벅 걸어갔습니다. 나오지도 않을 것만 같았던 광야의 그 어디 끝 언저리에 삶의 고단함을 멈출 수 있는 쉼터가 나올 줄 알았습니다. 하지만 예수 앞에 등장한 것은 더 험난한 삶의 시험 과정들이었습니다. 유혹을 하는 자는 경제적 권력, 명예와 지위의 권력, 그리고 지배의 권력 등 가진 이들의 동일한 권력을 얻어 삶을 쉽게 살라는 것이었습니다. 다시 말해서 권력에 근접하여 타협하면서 살면 삶은 평탄대로가 된다는 것입니다. 누구에게나 권력의 유혹은 그렇게 찾아옵니다. 19세기 철학자 니체는 인간이란 근본적으로 힘에의 의지Wille zur Macht에 귀속된다고 보았습니다. 힘에의 의지가 인간의 본질이자 지향성이라는 말입니다. 권력을 갖고자 다시 경제적 권력을 밑바탕에 깐다면 자신의 돈에의 힘에 의해서 누구나 명예와 지위를 얻는 권력형의 인간은 어제 오늘의 인간군상은 아니었습니다. 본디 검디 검은 권력은 권력을 추구하려는 자의 것이 아니라 희디 흰 민중의 것이었습니다. 신앙적으로 말하면 민중 안에 있는 초월자, 즉 하나님의 것이었습니다. 그것을 가지고 농락을 하는 악의 화신들은 마치 권력이 태초에 자신들의 것인 양 휘두르고 그 권력 앞에 머리를 조아리며 모든 사람들이 권력의 쪼가리라도 맛을 보는 누구라도 그 중독성에서 벗어나지 못하게 합니다.

그것을 조롱하듯 조용미 시인의 「초록을 말하다」는 이렇게 시작합니다.

> 초록이 검은 색과 본질적으로 같은 색이라는 걸 알게 된 것이 언제였
> 을까/ 검은색의 유현함에 사로잡혀 이리저리 검은 색 지명을 찾아 떠
> 돌았던 한때 초록은/ 그저 내게 밝음 쪽으로 기울어진 어스름이거나
> 환희의 다른 이름일 뿐이었는데.

저는 예나 지금이나 초록색을 무척 좋아합니다. 그런데 시인이 초록색이 검은 색과 같다고 하니, 사실 동의할 수가 없습니다. 하지만 이해는 갑니다. 초록색은 밝음과 생명, 그리고 희망과 성장 등 긍정적인 에너지를 나타내면서 참으로 겸손한 색입니다. 그런데 겸손하고 순수한 색이라 하여 그가 무한정 참고 인내할 수 있는 것은 아닙니다. 검은 색에 압도가 되어 버리기 때문입니다. 권력의 쓴 맛에 타협을 할 것인가 말 것인가, 아무리 순수하고 올곧은 사람이라도 권력 앞에서는 무릎을 꿇고 마는 게 현실입니다. 초록색이 아무리 청아하고 깨끗한 자태를 가지고 자신의 주관대로 그 밝음을 드러내고 싶다고는 하지만 어느 새 검은 색의 권력으로 기우뚱거리는 것을 보게 됩니다. 시인이 표현하고 있듯이 초록은 어둠이 아니라 밝음 쪽으로 잠시 기울어져 있는 것이라고 착각을 하고 있을 뿐입니다.

예수는 그와 같은 권력 지향적인 삶에 대해서 '아니오'라고 단호하게 말합니다. 더 철저하게 권력을 무력화시키고 무화시킵니다. 권력이 갖고 있는 속성 자체를 아예 힘이 없게 만들 뿐만 아니라 그 권력은 더 이상 존재하지 않는다는 것을 선언하고 있습니다. 권력은 민중 안에 있을 때, 그리고 민중 안에 있는 초월자

가 갖고 있을 때에 정당한 힘을 발휘하게 됩니다. 예수는 민중 안으로 들어가 민중과 더불어 그 힘을 나누기를 바랐을 뿐이지 권력과 지배력, 경제력 등을 독점하기를 원하지 않았습니다. 민중이 없는 권력은 무의미하기 때문입니다. 사람들은 권력을 얻기 위해서 자신에게 남아 있는 극미한 초록마저도 포기하고 검은 색의 극단으로 이동하고 매달립니다. 목숨 따위는 중요하지 않습니다. 거짓말조차도 서슴지 않습니다. 심지어 신을 빙자하여 권력을 쟁취하려고 하는 게 인간의 속성입니다. 악은 인간의 그 심리를 교묘하게 이용하려고 합니다. 인간의 표상인 예수는 그렇게 얻고자 하는 권력은 아무짝에도 쓸모없다고 논박을 하고 오직 권력의 파생지요 권력 부여자인 초월자에게 향하라고 말합니다. 권력을 쥐고자 하는 사람은 삶의 끝자락에 있는 사람이 아니라, 광야의 언저리에 있는 사람이 아니라 그 험난한 경로를 뚫고서 안전지대에 머물러 삶의 고통은 끝났다고 단언하는 사람들입니다. 역설적으로 삶의 고통은 권력을 빌려서 혹은 권력을 갖고서 내가 삶을 좀 더 편하게 살려고 할 때 찾아온다는 사실을 잘 모르는 것입니다.

이쯤에서 우리는 악은 왜 하필 광야였을까, 왜 광야에서 권력의 환상과 환영들을 보여준 것일까, 하고 반문하게 됩니다. 삶의 지독한 어려움과 험난한 경로를 걷고 있을 때 그 상황을 타개해 나가고 싶어하는 인간의 심리, 즉 타협적인 심리를 떠보려는 속셈이었을 것입니다. 지친 광야에서는 신기루가 보이고 뙤약볕을 피할 수 있는 그늘을 만나고 싶어합니다. 그렇게 힘든 인생의 순간에서 찾아드는 새로운 환영은 제일 먼저 먹는 문제, 먹고 사는 문제가 해결된 다음에는 명예와 지위 욕망이, 그리고 그것을 통해서 타자 위에 군림하고 싶어 하는 지배 욕망이 차례로 인간의 눈을 멀게 합니다. 그럴 때 신앙인은 어떻게 해야 할까요? 시의 제2연을 읽어보겠습니다.

한 그루 나무가 일구어내는 그림자와 빛의 동선과 보름 주기로 달라지는 나뭇잎의 섬세한 음영을 통해/ 초록에 천착하게 된 것은 검은 색의 탐구 뒤에 온, 어쩌면 검은색을 통해 들어간 또 다른 방/ 그 방에서 초록 물이 들지 않고도 여러 초록을 분별할 수 있었던 건 통증이 조금씩 줄어들었기 때문.

권력에 물들지 않는 초록의 삶은 검디 검은 권력의 실체를 낱낱이 파악하는 것입니다. 권력과 권력자, 권력의 세계, 권력의 결과 등 수많은 검은색은 결국 우리가 초록을 지향해야 한다는 것을 뼈저리게 깨닫게 해줍니다. 경제적 권력, 정치적 권력, 지배의 권력 등에 빌붙어서 자신이 검게 변해가는 것을 모르는 사람들이 얼마나 많은 민중들에게 고통을 주는지 모릅니다. 그 사람들은 자신의 검은색 속에 초록이 들어 있다고 강변할 것입니다. 어불성설입니다. 검은색은 검은색이고 초록은 초록일 뿐입니다. 차라리 초록 속에 검은색이 있다고 말해야 합니다. 초록이 없는 삶은 삭막하고 절망스러우며 우울하기 때문입니다. 초록이 삶을 삶답게 만들어 줍니다. 예수가 가르쳐 주고 있는 것이 바로 그것입니다. 권력이라는 암흑 너머에 타협 없는 순수한 초록이 민중과 삶 속에 깃들어야 한다는 것을 말입니다.

시의 제3연은 이렇습니다.

초록의 여러 층위를 발견하게 되면서 몸은 느리게 회복되었고 탐구가 게을러지면 다시 아팠다/ 러시아 인형 마트료시카처럼 꺼내어도 새로운 다른 초록이 나오는,/ 결국은 더 갈데없는 미세한 초록과 조우하게 되었을 때의 기쁨이란.

이미 검게 변해버린 권력을 지향하면서 우리의 몸과 마음, 정신과 영혼은 성할 날이 없었습니다. 그것을 우리는 오늘날의 정치적 현실에서 극명하게 깨닫습니다. 검은 구름과 허상과 같은 권력을 뼛속 깊이 따져 물으면서 우리는 그리스도인으로서의 삶의 대척점인 초록 하나님, 초월자의 초록의 말씀 안에 머묾, 초록을 가능하게 하는 내면의 존재의 빛 안에서 더 강한 삶의 에너지들을 발견할 수 있어야 합니다. 그렇다고 반드시 종교적인 것이 해답이다, 라고 말하는 것 또한 검은색만큼이나 극단의 무지입니다. 종교적 가치를 가능하게 만드는 초월자를 통한 초록에 눈을 뜨고 그것을 자신의 삶의 환경에서 보편적인 초록으로 바꿀 수 있을 때 세계의 검은색의 조화롭고 절묘한 배색配色이 될 수 있을 것입니다. 시의 제4연으로 좀 더 들어가 보겠습니다.

> 초록은 문이 너무 많아 그 사각의 틀 안으로 거듭 들어가기 위해선 때로/ 눈을 감고 색의 채도나 명도가 아닌 초록의 극세한 소리로 분별해야 한다는 것,/ 혹이 내게 초록을 보냈던 것이라면 초록은 또 어떤 색으로 들어가는 문을 살며시 열어줄 건지.

우리에게는 욕망에 눈이 어두워서 검은색만 보입니다. 하지만 눈을 크게 뜨고 사방을 둘러보면 초록의 존재론적 삶이 얼마나 많은가를 알 수 있습니다. 다만 그것을 알려면 초록이 우리에게 보내는 미세한 신호들을 포착할 수 있어야 합니다. 초록을 우둔하고 아둔하며 미련하여서 세상 물정 모르는 천치와 같은 목소리, 삶의 태도, 실존의 색깔이라고 깔보거나 얕보지 말아야 합니다. 오히려 초록이 우리에게 제시하는 삶의 깊이, 혹은 신앙의 방향성, 종교가 나아가야 할 길로서 어떤 소리를 들려주는가를 식별할 수 있어야 합니다. 만일 우리가 초록을 무시하지 않고 초록에 물들고 초록의 빛에 우리 자신을 비춘다면 많은 신앙인과 민중들의 삶에 올바르고 분명한 좌표를 제시해 줄 것이라 봅니다. 예수는 검은색이 나쁘고 초록이 옳다고 말하지 않았습니다. 다만 검은색을 찾기 위해서 초록을 수단화하고 도구화하는 것이 문제라고 보았습니다. 그것은 오늘날 우리의 신앙과 삶에서 역전된 현상이기 때문입니다. 초록은 수단이나 도구가 아니라 목표이고 목적이어야 검은색도 삶에서 제 기능을 할 수 있다는 혜안을 우리에게 깨우쳐 주고 있는 것입니다.

시는 이렇게 끝을 맺습니다.

> 늦은 사랑의 깨달음 같은, 폭우와 초록과 검은색의 뒤엉킴이 한꺼번에 찾아드는 우기의 이른 아침/ 몸의 어느 수장고에 보관해두어야 할까/ 내가 맛보았던 초록의 모든 화학적 침적을, 오랜 시간 통증과 함께 작성했던 초록의 층서표들을.

인간의 모든 삶은 사랑이라는 집적체 안에서 다양한 색으로 존재합니다. 검은색을 나쁘다고 할 수 없습니다. 다만 검은색은 모든 삶의 색깔들을 잠식할 것 같은 위압감을 주기 때문에 싫어하는 것 같습니다. 하지만 삶은 검은색이든 초록이든 거부할 수 없는 다양한 요소와 변화, 그리고 욕망들이 존재하는 게 사실입니다. 이것을 어떻게 조화시킬 것인가, 하는 것이 인간의 고민이요 신앙인이 자신의 종교 안에서 건강한 해법을 찾으려고 하는 것입니다. 그럼에도 놓치지 말아야 할 것은 인간의 삶의 가장 근본적인 바탕색은 초록이어야 하고, 그 초록에 물든 삶의 가치와 지향성, 그리고 본질을 잊지 말아야 한다는 것입니다. 초록을 잃어버리면 인간의 삶은 광야의 고통보다 더 뼈아픈 고통을 초래하기 때문입니다.

진정 이 땅은 지옥일까?

마태복음 17:1-8

"단 한 번의 접촉으로 우리 가슴에 영원히 상처를 남기는 사람이 있는가 하면, 존경과 우정으로 남는 사람도 있다"-루트비히 비트겐슈타인

　보인다고 해서 그 보여짐이 정말로 내가 보고 있다고 말할 수 있을까요? 보이는 것은 보여지는 대상이 자기를 드러내지 않는 이상 보이지 않습니다. 보이지 않는데도 불구하고 우리는 보고 있다고 말하고, 봤다고 말합니다. 온갖 편견과 정보와 경험을 토대로 보이고 있는 사건과 대상을 분석하고 판단하는 게 우리 대부분의 일반적인 태도입니다. 그것이 나타나고 있는 현상에서 더 들어가서 본질을 알아보려고 하지 않는 것도 문제입니다. 오늘날 여러 매체들이 발달이 되면서 내가 직접 경험하거나 보지 않아도 타자가 경험하고 본 것을 보면서 나도 동일하게 경험하고 보고 있다고 믿습니다. 실제로 그렇지 않은데도 말입니다. 그렇다면 신앙은 어떤가요? 종교적 현상도 이와 다르지 않을 것입니다. 내가 경험하거나 본 것이 아니라고 하더라도 타자가 경험하고 본 것을 이야기 들을 때에 그 현상과 사건을 동일시하거나 일반화합니다. 그 사람에게는 특수하고 독특한 경험이고 봄의 사건이지만 신앙 공동체 안에서는 종교라고 하는 카테고리로 일반화하려는 강한 동의의 의지라고 볼 수 있는데, 이것을 철학에서는 일반화의 오류라

고 합니다.

　베드로와 야고보, 그리고 야고보의 동생 요한은 예수에게 각별한 제자들입니다. 예수는 그들을 따로 산에 데리고 올라가셨는데, 때마침 그들은 그들만의 특별한 신앙적 사건, 신앙적 인식을 경험하게 됩니다. 그들은 몹시 흥분이 되었습니다. 잠시 헷갈렸는지 자신들이 저 아래의 현실적인 땅에서 살고 있고, 그 현실에는 동일한 경험을 갈망하는 동료들이 있다는 사실을 까마득하게 잊고서는 당장 그곳에다 집을 짓자는 청을 합니다. 그들만의 경험을 더 특별하게 간직하고 현실적인 땅이 아닌 그것을 벗어난 새로운 세계에 있고 싶어하는 욕구와 갈망은 이해가 갑니다. 하지만 저 밑에 있는 땅은 무슨 지옥인가요? 그곳을 내버려두고 독특한 경험을 한 그 장소에다가 배타적인 집을 짓자고 하는 것은 인간이 가진 한 욕망의 단면을 보여주고 있습니다. 성스러움, 즉 거룩한 사건을 체험하고 현상을 목도했다고 하는 사람들은 자신의 그 경험에 갇혀서 자기 만의 집을 지으려고 합니다. 그 경험을 나누면서 그 보여짐이 어떤 의미가 있는가, 그리고 그 보여짐의 특수성을 나도 구현하면서 성스러움을 세속적인 시공간에서 공유하려는 의지가 부족합니다. 다만 자신의 경험을 일반화하기 바쁩니다. 나의 경험이 특수하고 독특하기는 해도 이 경험의 범주에 들지 않을 경우에는 성의 체험을 했다고 간주할 수 없다는 강한 배타성이 작용하는 것은 말할 것도 없습니다. 자신의 성의 체험을 다른 사람들과 나누지 않으니 세속은 지옥이라고 볼 수밖에 없습니다. 자신의 성스러운 체험이 발생되지 않는 저 밑의 현실적인 세계는 지옥입니다. 그러니 내가 체험한 성스러움의 사건을 누구라도 동일하게 경험을 해서 그 지옥에서 벗어나야 한다고 주장할 것입니다. 그런데 여기서 의문이 생깁니다. 그에게 정말 성스러운 대상이 자신을 드러내준 것일까요? 혹시 성스러운 대상이 자신을 드러내주지 않았는데 본 것처럼 착각한 것은 아닐까요? 자신이 본 것은 정말 자기를 드러내 주려고 했던 그 존재가 아닐 수도 있습니다. 그렇잖고 어떻게 세상을 지옥이라고 말할 수 있습니까? 가만히 들여다보면 제자들에게 보인 것은 예수뿐입니다.

시인 박상순의 "이것은"이라는 시를 한 번 음미해보겠습니다.

이것은 감옥입니다. 세상의 경계를 생각하게 합니다. 이것은 도망자
입니다. 영원으로 달아나서 여기에 미래를 남깁니다. 이것은 지옥입
니다. 늘 헛것인, 환영이지만 내 가슴을 찌르는 뾰족한 가시입니다.
이것은 절벽입니다. 떨어지면 끝이어서 날아야만 합니다. 이것은 당
신입니다. 당신이 침묵할 때 몸속에서 자라나는 거대한 식물입니다.
나의, 이것은 시집 『슬픈 감자 200그램』, 난다에서

아무리 자신이 종교적으로 차별화된 경험을 했다고 해도 보이는 것을 제대로 보지 못하면 보기 전과 본 후는 완전히 다른 인식이 자리 잡게 됩니다. 보기 전의 인식 세계 안에서는 그래도 세상을 지옥이라고 표현하고, 또 감옥이라고까지 말하지는 않았지만, 종교적 경험, 성스러움의 어떤 체험을 하고 난 후에는, 세상은 감옥이고 탈출해야 하고 도망을 하고 도피를 해야 하는 공간으로 확신하게 됩니다. '그것은 감옥'이라고 생각하고 '영원으로 달아나'려고 합니다. 제자들이 그랬듯이 신앙인도 현실을 도피하고 달아나고 싶어합니다. 이른바 영원 혹은 초월, 그렇지 않으면 피안이라고 하는 세계로 말입니다.

그러나 잘 보아야 합니다. 내가 보고 싶어 하는 것은 혹 환영이나 환상이 아닐까? 정작 우리가 보고 싶어 하고 또 정확하게 봐야 할 대상은 예수라는 존재입니다. 마태복음사가는 이렇게 말합니다. "예수밖에 아무도 보이지 않았다"oudena eidon ei me auton iesoun monon. 무엇을 보고 있었고 또 보았다고 하는 그 순간에도 우리는 여전히 현실이라는 신앙의 시공간을 벗어날 수 없습니다. 벗어나고 싶고 또 새로운 신앙의 상상적 공간에 안주하고 싶은 욕망은 누구나 다 가지고 있을

수 있습니다. 어쩌면 그게 인간의 속성인지 모릅니다. 하지만 현실을 벗어난 신앙이 무슨 소용이겠습니까? 현실을 지옥이라고 단정 짓고 도망하려는 그리스도인이 무슨 종교인이라고 말할 수 있을까요? 예수는 환상과 환영, 그리고 상상의 그 시공간에 있다 하더라도 여전히 자신이 서 있는 시공간을 배제하지 않았습니다. 그가 늘 보려고 했던 것은 과거의 욕망의 존재들이 아니라 하나님이라는 존재가 드러내주는 그것을 포착하려고 노력했다는 것을 알아야 합니다. 마찬가지로 그리스도인에게도 만일 예수가 자신을 보여주려고 한다면 그분을 볼 수 있고, 반드시 우리가 신앙적으로 봐야 한다고 한다면 그분이 드러내주는 대로 볼 수 있어야 합니다. 다만 그것뿐입니다.

자, 이제 또 물어보아야 합니다. 지금 우리가 보려는 "이것은" 무엇일까요? 한갓 이것이라고 하는 지시대명사를 섣불리 간과한다면, 자칫 우리의 신앙 좌표가 흔들릴 수 있습니다. 항상 우리가 보려는 이것, 우리가 듣고자 하는 이것, 우리가 말하고자 하는 이것, 우리가 가고자 하는 이것. 도대체 이것은 무엇일까요? 앞에서 말씀드린 것처럼 나의 경험과 정보, 지식 등에 의해서 지금도 일어나고 있는 온갖 신앙적 사건과 국가와 세계에서 벌어지는 현상들을 보고, 아! 이것이구나, 하고 결론을 내리는 것은 아닐까요? 국가와 세계에서 벌어지는 현상들이라고 해서 신앙적 사건과 별개는 아닙니다. 신앙인의 삶의 현실은 국가와 세계, 자연을 벗어날 수 없기 때문에 결국 신앙인에게 다가오는 사건은 모든 비종교인에게도 동일한 사건과 경험, 그리고 현상입니다. 그런데 여기서 중요한 것이 있습니다. 신앙인이라면 적어도 현상학적으로 더 근본적인 데까지 들어가서 하나님이 우리에게 주는 눈으로 볼 수 있어야 한다는 사실입니다. 우리 앞에서 펼쳐져 있는 것들을 나의 지식, 경험, 정보 등에 의해서 생성된 편견들에 의해서 볼 수 있지만, 더불어 누군가로부터 만들어진 바라-봄의 시선에 의해서 각인된 환상, 상상, 환영일 수도 있다는 것을 잊지 말아야 합니다. 이미 바라-봄이라는 시선 안에는 '바란다'는 편견의 작용이 내재되어 있습니다. 자칫 내가 바라-보는 이것들을 초월자인 하나님이 우리에게 당신을 드러내어 주시는 시선이 아니라면 세계는 감옥이요 지옥이요 절벽이 되어버리고 맙니다. 그리고는 무책임하게 또 다른 배타적인 장소에다 나만의, 우리만의 집을 짓고, 인식의 거미줄을 치고 살면서 최소한 우리는 영원을 향해서 날고 있는 존재들이라고 안위를 할지 모릅니다. 그게 과연 신앙일까요? 아닙니다. 시종일관 우리가 신앙의 집, 인식의 새로운 공간을 축조해야 할 곳은 바로 여기, 현실, 땅입니다. 예수는 바로 이곳에 계시기 때문입니다. 눈을 뜨면, 눈을 올바로 떠서 "고개를 들고 쳐다보면"eparantes de tous ophthalmous auton 현실 속에, 우리의 삶 곳곳에 예수가 존재할 것입니다. 예수는 그렇게 자신을 드러냅니다. 그런데도 우리는 자신의 편견, 정보, 경험 등을 토대로 보고 싶고, 욕망하는 것들을 진정한 "이것"이라고 믿고 보았다고 확신을 하는 것 뿐입니다.

작가 김승옥은 "인간이란 상상이다. 상상은 고통을 만든다. 고통을 함께 하는 인간끼리는 행복하다"김승옥, 뜬 세상에 살기에, 예담, 1977년 초판 복간본+개정판, 개정판 137쪽고 말합니다. 차라리 상상의 감각을 통하여 신앙을 키우고 싶다면 이 거룩한 산 저 밑에 현실 밑바닥에서 살고 있는 고통 받는 이들과 함께 고통을 나누는 예수를 보는 것이 그나마 거룩한 상상을 한다고 자부할 수 있을 것입니다. "나의, 이것은", 지금 내가 신앙적으로 보고자 하는 "나의, 이것은" 대체 무엇일까요? 예수일까요? 나의 욕망 덩어리일까요? 편견과 경험과 정보 이전에 원초적인 예수를 보는 것, 그것이 이 땅이 지옥이 되지 않도록 하는 길이 아닐까요?

부러진 마음을 위로받을 장소
가장 위엄 있는 선택

요한복음 4:5-42

    사람들이 종교를 찾는 시기는 자신의 마음의 헛헛함과 무상함, 그리고 유한성에 대한 두려움을 달래고자 할 때입니다. 더군다나 인간의 탄생 사건은 자발적 선택이 아니라 전적인 우연입니다. 설령 우리는 세상에 태어나고 싶어서 태어난 것은 분명 아니더라도 세상을 살다보면 내 뜻대로 되는 것은 몇 가지쯤은 있을 것이라고 만만하게 생각하고 하루하루 살아갑니다. 하지만 막상 어린 아이 때부터 내가 할 수 없는 일들이 많다는 것을 깨닫기 시작합니다. 그래도 인생을 더 살다보면 나아지겠지 하지만 나이가 들어갈수록 내 뜻대로 되는 것은 하나도 없다는 이상한 기운을 느낄 때가 많이 있습니다. 사람들은 그럴 때 무슨 운명을 생각하기도 하고, 불가항력적인 힘이 있을 거라 생각해서 종교에 귀의하기도 하고, 그렇지 않으면 인생은 매우 모질구나, 하는 생각으로 자포자기를 하면서 운명에 맞게 살아가는 방법을 터득하게 됩니다. 사람과 사람의 만남, 그 중에서도 반려자를 만난다는 것도 우리는 한 순간의 중요한 선택에 의해서 나의 시린 옆구리를 달래줄 존재와 덜커덕 수갑이 채워지듯이 부부라는 인연으로 맺어지게 됩니다. 하지만 살다보면 한 사람이 또 다른 한 사람의 운명에 의해서 결혼이라는 약속도 파기되기도 하고 뜻하지 않은 일로 평생의 동반자라고 생각했던 한 쪽을 잃어버리는 일도 흔합니다. 이 땅에 결혼이라는 제도가 생긴 이래로 여자는 그 굴레에서 자유롭지 못하고 숱하게 마음을 다쳤을 것입니다. 고대로 거슬러 올라갈수록, 그리고 문명이 덜 개화될수록 결혼은 여성에게 구속이나 다름이 없었습니다. 여성의 부러진 마음은 그렇게 우물가에서조차도 자유롭지 못했습니다. 달래주기는커녕 사내들과 그 사내들을 자신의 남편으로 둔 여인들은 입방아를 찧고, 그 소리를 애써 외면하면서 과부는 혼자가 되어버린 여성의 얄궂은 운명을 구제해 줄 또 다른 존재를 욕망해야 했을 것입니다. 종교라고 하는 제도 안에서 결혼이라고 하는 것은 성스러운 의례로 승화시켜주는 요소가 있기는 합니다만, 그 반대의 이혼, 파혼 등에 대해서는 관대하지 못합니다. 애초에 종교를 떠받치고 있는 규례, 의례, 율법 등은 남자들의 소관이니 여성에게는 매우 불리했을 것은 뻔합니다.

예수는 그녀의 부러진 마음을 간파했습니다. 그녀가 끊임없이 갈증을 일으키고 있는 그 실체가 무엇인지를 알게 해주었습니다. "샘솟는 물", 과부가 되어 버린 여인, 그리고 과부로서 살아가는 것이 어떤 삶인지 모를 리 없는 그 여인은 또 다른 남자와 살고 있으니, 그 여자는 남자에게 의탁해야 하는 사회적 약자였던 것입니다. 그 사회적 약자인 여성에게 필요한 것은 영원히 마르지 않는 물, 자신의 부러진 마음을 어디에다 두어야 할지 모르는 여인, 그 여인의 마음을 채울 수 있는 것은 생명의 물이었음을 예수가 모르지 않았습니다. 시인 신종호의 「통속적인」이라는 제목의 시는 이렇게 시작을 합니다.

내가 나의 적敵이다. 부러진 뼈에 걸터앉아, 자학처럼 너의 눈을 바라
보는 나는, 문 없는 감옥이다. 죽은 피다.

사회적 잣대에 의해서 이방인의 여인은 사람 취급을 받지도 못한 채 자신의 운명을 있는 그대로 받아들여야 한다면, 그것은 죽느니만 못한 인생일 것입니

다. 그런데 사람은 사회적 굴레나 제도보다 자신을 스스로 가둬 두는 그 적이 바깥의 장치가 아니라 자기 자신이라는 것을 잘 모릅니다. 외부의 장치, 법, 제도, 관습, 심지어 종교조차도 나를 속박하기도 하지만, 그 속박을 당하는 나 자신 안에 적이 있다는 것을 잘 인식하지 못합니다. 나의 바깥에 있는 장치들은 허구의 산물로서 나를 조작하는 것뿐, 그것을 거부하려면 나를 갇히게 만든 나 자신의 실체를 바로 보지 않으면 안 됩니다. 감옥은 법, 제도, 관습, 통념, 질서 등에 있는 것이 아니라 나 스스로를 억압하는 내가 만든 산물입니다.

그래서 예수는 내가 주는 물은 영원히 목마르지 않는 물로서 그 물은 당신 자신 속에서 흘러나오는 것이 될 것이라고 선언합니다. 종교가 외부적인 장치를 타파하고 오히려 인간의 내면으로 들어가서 자신의 본질을 발견하도록 하는 이유가 바로 여기에 있습니다. 예수가 말한 말씀 중에 "자신 속에서"라는 표현은 매우 중요합니다. 부러지고 소외된 마음을 다시 회복하고 홀로 설 수 있는 힘은 외부의 조작적 장치, 인위적 장치가 아니라 마음에서 비롯된다는 것을 말해주고 있습니다. 종교는 그 사람의 마음으로부터 흘러나오는 끊임없는 생명의 기운을 자각하도록 하고 자생적으로 살아가도록 만들어 주어야 한다는 것을 짚어 주고 있는 것입니다. 마음의 종교, 이미 자신이 살 수 있는 힘과 에너지, 그리고 희망과 가능성은 자신의 저 밑바닥의 마음에 있다는 것입니다. 사회적 관습, 통념, 법, 이데올로기, 종교적 의례 등이 인간의 삶을 삶답게 만들어 주지 못하고 종교의 본질, 즉 마음을 찾도록 만들어 주면 인간은 산 존재가 될 수 있다고 예수는 보았습니다. 그러니 자신의 본마음을 찾고 바로 보고 깨닫는다고 하면서 오히려 엉뚱한 곳에서 물을 긷는 일이 없도록 해야 합니다.

나의 부러진 마음들은 결국 그 부러지게 만든 사회적 구조, 법, 이데올로기, 비상식적인 종교적 장치에서 연원했다고 보고, 그것들에게만 투사하지 말아야 합니다. 그럴수록 다시 마음으로 또 마음으로 돌아가서 나의 삶을 삶답게 만드는 추동력인 마음의 힘, 깨닫는 마음의 힘을 믿어야 합니다. 이 시대에 종교생활을 하는 궁극적인 목적은 바로 그와 같은 마음의 힘, 내 마음에서 흘러나오는 영성적 기운들을 어떻게 외면화할 것인가, 하는 것이 아닐까요? 그래서 말씀을 통하여 마음의 수면을 울리면 그 마음이 깨어나 그 마음 안에서 새로운 예수가 또 탄생되고 계속해서 탄생하도록 해야 하는 것은 아닐까요? 예배라고 하는 것도 바로 그러한 마음을 찾기 위해서 반복적으로 하나님과 교제를 하는 것입니다. 예배를 드려야 하는 곳이 반드시 어느 교파, 어느 교회, 어느 종교 등 한정되어 있는 것은 아닐 텐데, 그곳에 가면 정말 예배다운 예배를 드린다고 하더라, 하는 기준은 무엇입니까? 영적으로 참되게 드리는 예배가 기준이라는 말입니다. 우리의 영혼에 진심을 담아서 진실성과 진정성을 저 마음에서부터 끌어내어 드리는 예배, 거짓이나 가식, 그리고 무슨 인위적인 장치가 아닌 그저 하나님을 향한 성실한 마음으로 드리는 예배는 장소에 구애받지 않습니다. 그와 같은 마음을 가지고 매일 매순간 하나님을 향하는 시공간에 내가 의식적으로 깨어 있기만 한다면, 거기에 하나님이 현존하는 것이요 바로 예배가 이루어지는 것입니다.

신종호 시인의 시를 조금 더 읽어볼까요?

꽃이 되지 못하고 썩어버린, 죽은 씨앗들의 허파에 세貰 들어 사는,
나는 너의 깊은 멸망… 방바닥에 울고 있는 비린 감정들."

시의 제목처럼 "통속적인" 예배, 혹은 그 말이 품고 있는 부정적인 느낌처럼 저속한 예배가 되지 않도록 하려면 나의 마음이 하나님에 의해서 읽히도록 해야 합니다. 하나님이 나의 마음을 읽을 수 있도록 드러내어 놓는 연습을 해야 합니다. 마음을 하나님의 빛에 노출시켜야 합니다. 그것은 역으로 보면 나의 부러진 마음, 상처 난 마음, 왜곡된 마음을 먼저 나 스스로 볼 수 있어야 한다는 것을 뜻합니다. 그럴 때 하나님이 나의 마음을 읽고 계신다는 것을 느끼게 되고, 나는 하

나님의 마음을 읽을 수 있는, 하나님의 마음에 가 닿을 수 있는 깨달음이 밀려오게 됩니다. 깨닫지 못한 마음은 마치 꽃이 되지 못해서 썩어 문드러진 존재와도 같은 신자가 되는 것을 의미합니다. 내가 교회에 아니 좀 더 정확하게는 하나님께 세를 들어 살고 있는 느낌을 갖게 됩니다. 하나님이 선물한 자유, 그것은 하나님의 자유인 동시에 하나님으로 인한 나의 자유임에도 불구하고 하나님을 박제화시켜 놓고 그 속에서 나는 참으로 자유롭다고 착각하는 것과 다르지 않습니다. 하나님은 자신의 마음속에다 우리를 세놓은 분이 아닙니다. 하나님은 당신의 마음속에서 우리의 자유로운 영혼으로 살아가도록 무한한 생명의 물, 자유롭고 활기찬 물, 희망과 기쁨의 물을 마련하셨습니다. 그러므로 마치 세를 들어사는 사람처럼 기죽은 신앙인이 되어서는 안 됩니다. 신종호 시인이 말하는 "통속적인"이라는 말은 싯귀에서도 등장하듯이, "괄호처럼 비어 있는 우리들의 아침… 새로울 것도 없는, 그렇고 그런 초겨울의 아침"과 같습니다.

무엇보다 이 험난한 인생을 잘 살아가려면 애매모호한 마음으로 신앙생활을 해서는 안 될 것입니다. 또한 통속적이거나 새로울 것도 없는 그렇고 그런 무미건조한 신앙생활을 해서도 안 됩니다. 마음 깨달음, 마음에서 흘러나오는 예수에 대한 깨달음의 힘, 이런 것들이 예수가 우리에게 약속하신 "양식"이라면 그것을 항상 추구하려는 노력이 필요합니다. 말씀에 귀를 기울이고 그 말씀이 직접적으로 나에게 들리는 말씀으로 삼으려면 진리에 대해서 누구에게도 의존하지 않고 스스로 깨달으려고 하는 자세가 요구됩니다. 이제 누구의 말을 듣고 깨달을 것이 아니라 직접 예수가 우리의 마음속에서 하시는 말씀을 듣고 깨닫는 적극적인 신앙인 되어야 합니다. 시인이 강조하듯이 진리 추구를 위해서 제도와 습관과 질서와 형식적인 종교에 매여 있는 "습관적인 애정결핍증"시집 『모든 환대와 어떤 환멸』, 시인동네에서 벗어나서 곧바로, 곧장 예수의 양식을 먹고 깨달을 수 있는 신앙이 되어야 합니다.

눈이 멀어버린 사람들

요한복음 9:1-41

마르크스주의 비평가로 알려진 테리 이글턴Terry Eagleton은 『신의 죽음 그리고 문화』에서 종교적 믿음이 "정의롭고 연민하는 공동체"의 토대가 될 수 있다고 했습니다. 그러면서 "가난하고 힘없는 자들과의 결속에서부터 새로운 형태의 믿음, 문화 그리고 정치가 탄생할 것"이라고 전망했습니다. 종교는 연민과 정의에 입각할 때에 그 존재 가치가 있다는 말이 아닐까 싶습니다. 그런데 단 한번이라도 종교가 사람들에 대한 연민을 품고 세계의 정의를 위해서 헌신했던 적이 있었던가?, 하고 반문을 해보면 반드시 그렇다고 긍정적인 답변을 내리기가 어렵습니다. 그만큼 종교는 항상 자신의 역할을 잊고 있었던 것입니다. 복음서를 비롯하여 성서의 여러 책에서 숱하게 사회적 약자에 대해서 관심을 기울여 달라는 이야기가 반복적으로 등장하는 이유는, 사회 안에 있는 종교가 정작 그 사회적 약자, 병자들에 대해서 눈을 감고 있었기 때문입니다. 사실 그렇게 눈을 감고 있다는 것 자체가 종교적 믿음이 없다는 증거입니다. 종교 본연의 임무인 가난하고 병들고 소외된 자들에게 연민을 갖고 그렇게 되는 개인의 한계와 사회적 구조에 대해서 정의로운 목소리를 내야하는 게 마땅한 일임에도 불구하고 등한히 하는 것이 믿음에 반한다는 것입니다.

예수는 그러한 사회적 약자나 병자들에 대한 관심을 결코 소홀히 하지 않았습니다. 하지만 그와 같은 처지에 있는 사람들을 그저 무능력자나 유전적인 결함이 있거나 혹은 선대가 쌓지 못한 업보 때문에 현재의 그들이 되었다는 종교적 편견과도 같은 교조적인 태도가 지금도 여전히 존재하고 있는 것이 사실입니다. 그러나 현재의 그 사람이 병들고 사회적 무능력자가 된 것은 현재의 시선, 지금의 나와 그 사람과의 관계에서 바라봐야 할 연민의 몫이요 정의의 몫이기도 합니다. 그런데 우리가 그런 사람들에 대해서 자꾸 눈을 감아버립니다. 이미 선천적으로 눈을 뜨지 못한 이들보다 더 무서운 것은 눈을 뜨고 있으면서도 정신적이고 이성적인 혹은 상식적인 눈을 뜨지 못하는 종교인들입니다. 종교인들이 더 무서운 이유가 여기에 있습니다. 종교인이 더 정결과 불결 혹은 오염이라는 잣대로 자신과 사회적 주변인과의 경계를 가르고 담을 높게 쌓아 올립니다. 처세도 너무 좋아서 자신에게 이득이 안 되는 그들을 돌보고 관심을 기울이고 사랑을 쏟으려는 정책적이고 전략적인 마음조차도 갖지 않습니다. 이것이 종교인의 병폐입니다.

「몰이꾼과 저격수」라는 시를 쓴 문혜진이라는 시인의 문제의식을 살펴보겠습니다.

> 돌능금나무 둥치에 세 들어 살고 싶다던 남자의 목소리가 전화기 너머에 고여 있어, 그 목소리는 바다에 내리는 눈, 적도의 만년설, 얼음집 내벽 녹았다 다시 얼어붙은 물방울, 너는 잠시 빛나고, 나는 적막을 품고, 허기의 기록들이 마침내 느슨하게 흐르고, 달빛의 윤곽 너머 안개 낀 밤의 아늑한 사라짐들, 반역들, 불분명한 용서들/ 우리는 서로 쫓는 자와 쫓기는 자, 겨냥하는 자와 숨는 자, 서로의 지형도를 숨긴 채, 표적을 향해 달려들지만 대열은 흩어지고, 표적은 간 곳 없고, 게릴라성 호우와 수치심에 대해, 먼 훗날 빙하에 갇힌 채 얼어 버

린 바람의 심장을 뚫고, 내 사랑의 저격을 완성시킬 수 있을까!시집『혜

성의 냄새』, 민음사

　　때로 종교인과 비종교인, 정상인과 비정상인과의 관계가 시인이 말한 몰이꾼
이나 저격수에 의해서 쫓고 쫓기는 것처럼 보일 때가 있습니다. 종교인은 비종교
인을 표적으로 삼아 종교인이 되지 않으면 안 되는 것처럼 수치심과 불안, 그리
고 두려움이라는 마음을 심어주면서 몰아세웁니다. 정상인이라고 자부하는 이
들은 비정상인들을 향해서 정상의 범주에 들 수 없다면 동일한 세계 속에 존재할
수 없다고 하면서 그들의 비통한 심장을 뚫어버리는 확인사살을 해버립니다.

　　그러나 예수 앞에서는, 하나님 앞에서는 모두가 비정상적인 죄인일 뿐입니
다. 사도 바울로가 말했던 것처럼, 단지 의롭다고 인정을 받았을 뿐 실상은 죄인
이라는 굴레나 본질은 여전히 유효한 채로 남아 있는 것입니다. 그러니 비정상
인, 비종교인 운운하면서 그들을 표적 삼아 쫓을 것이 아니라 오히려 표적이 되
는 그들을 한없이 사랑하고 보듬어야 합니다. 시인의 시가 난해해서 다 이해할
수 없지만 그가 사용하는 낱말들을 보면 우리가 가난한 자들, 병자들, 소외된 자
들, 약자들에 대해서 완전히 사라져야 할 존재로 인식하고 있는 듯이 보입니다.
그래서 그들은 숨으려고 하고 그들의 목소리는 남지도 못한 채 사라지고 마는 것
입니다. 그들의 고통스런 목소리, 그들의 상처 난 목소리, 그들의 아파하는 목소
리, 그들의 그늘진 목소리들은 자욱한 안개 속으로 사라져 종교인, 정상인, 체제
수호인 등에게는 아예 들리지 않는 것입니다. 그러니 그들을 위한 배려와 자비
는 발동이 되지 않을 수밖에 없습니다. 그들은 사회적 시선을 피해 안개 속으로
숨어버렸기 때문입니다. 또한 그들은 종교적 시선과 권력에 의해서 도저히 용서
를 받을 수 없는 존재인 것처럼 낙인이 찍혀 있습니다. 예수는 흔해빠진 진흙을
발라 병자를 살리고 해방을 시켜주지만 종교적 권력자들은 복잡한 교리와 절차,

의례나 제도 등을 운운하면서 그들을 불완전하고 불명확한 용서로 일관합니다. 사실 그들을 용서할 수 없는 무리들로 간주하는 것입니다. 영원한 사회적 격리와 추방만을 생각하고 자신들의 종교적 권력 체제 유지만을 생각할 뿐 병자, 약자, 가난한 자, 소외된 자를 탈주시키려고 하지 않습니다. 그들이 있어야 정상인이라는 자신들의 존재, 종교인이라는 자신들의 알량한 존재들이 더 부각되기 때문입니다. 그저 그들은 가끔 자신의 존재를 나타내기 위한 시비꺼리에 지나지 않습니다. 그러면서 무슨 용서의 권위가 있는 듯이, 구원의 권위가 있는 듯이 그들에게 겨우 흘끗 짧은 순간의 시선을 던지고 갈 뿐입니다. 그것이 그들에 대한 알량한 자선이요 베풂이라고 생각합니다.

예수가 원한 것이 그것이었을까요? 우리가 자칫 사회적 약자, 가난한 자, 병자, 비정상인, 비종교인, 소외된 자 등에 대해서 생각하는 것들이 제도나 관습, 법과 질서 등과 관련이 있기 때문에 종교적 사유를 하기는 하지만 그리스도인인 내가 그것을 넘어서서 그들을 예수의 빛 안으로 인도해낼 수 있을까? 그 고민에서부터 출발을 해야 합니다. 종교적 세계, 종교적 규범, 그리고 심지어 종교적 법을 말하는 사람들의 심층에 있어야 할 것은 그것들의 대상이 되는 약자의 심중과 처지를 헤아리는 마음이 있어야 합니다. 자신보다 못한 사람들, 사회적 밑바닥 계층에 있는 사람들에게 연민의 마음, 사랑의 마음, 정의의 마음이 종교적 제도, 종교적 법, 종교적 질서, 종교적 의례보다 심지어 국가와 사회의 법질서보다 우위에 있어야 인간다운 세상, 예수가 꿈꾸는 세상을 만들 수가 있습니다. 우리가 간혹 예수를 체제 전복적 인물로 묘사하는 이유가 여기에 있습니다. 그런 의미에서 거칠게 표현하면 예수는 정치적, 혹은 종교적 반역자로서 죽임을 당했다고 볼 수 있습니다. 예수는 사회적으로, 종교적으로, 정치적으로 반역자 취급을 받는 그들 편에 서서 변호하려고 하였습니다. 오히려 병자들이 반역자들이 아니라 어쩌면 그 병자들의 치유와 돌봄, 사랑과 자비를 받지 못하도록 하는 이들이 반역자들이 되는 것입니다. 그러므로 종교인은 그와 같은 사회적으로 거의 쓸모없는 소모적인 존재로 보는 사람들에 대해서 긍휼의 시선으로 응시해야 하고 그들을 억압하는 체제와 세력들에 대해서 절대로 눈을 감지 말아야 합니다. 종교인이 눈을 감는 순간 세상은 온통 어두움으로 뒤덮일 것입니다. 소수의 존재라도 눈을 뜨고 있는 종교인이 있다면 세상의 그 빛만큼은 잃지 않고 예수의 빛, 초월자의 빛을 온 세상에 비출 수 있을 것입니다.

눈을 뜨고 있지만 눈을 감은 사람보다 더 세상을 직시하지 못하는 종교인이 많이 있습니다. 마치 바리사이파 사람들처럼 말입니다. 만일 우리가 사회적으로 쓸모없는 존재라고 낙인이 찍힌 사람들에 대해서 외면한다면 우리는 눈을 뜬 채로 죄를 짓고 있는 것입니다. 그들에 대해서 생색을 내기 위해서 이름이나 들먹이고 단체명이나 알리는 자선이나 자비를 베풀고, 사랑과 정의를 실현하는 것은 아무런 의미가 없습니다. 그런 행위 자체는 자선도 자비도 사랑도 정의도 아닙니다. 그저 죄인의 수치요 종교나 신을 빙자한 천박한 사랑을 쫓으며 자신의 명성과 이기심을 앞세운달래는 적막하기 짝이 없는 표적 사냥꾼이나 다름이 없을 것입니다. 그들로 인해서 나의 정결과 거룩, 나의 종교심이 더욱 두드러지는 듯 자위할 수 있으니 말입니다. 하지만 그것이 바로 그들을 종교적 사지로 모는 몰이꾼이 되는 것이요 그들을 더 이상 살아날 수 없도록 영원히 죽여 버리는 저격수와 같은 거짓 종교인이 되는 것이라는 것을 명심해야 합니다. 그들을 쫓아서 확인 사살을 하는 종교인은 영원한 의인이 아니라 죄인이 되고 말 것입니다. 그와 같은 욕망이 싹트려고 할 때는 시인의 다음과 같은 말을 꼭 기억하십시오. "먼 훗날 빙하에 갇힌 채 얼어 버린 바람의 심장을 뚫고, 내 사랑의 저격을 완성시킬 수 있을까!" 우리가 해야 할 일은 예수처럼 사회의 그늘진 곳에 숨어 있는 약자들에 대해서 사랑한다는 말, '사랑은 사라지지 않습니다'라는 신앙명제를 믿을 수 있도록 하는 행위입니다. 쿠바의 혁명가 체 게바라Ernesto Che Guevara는 말합니다.

"세상 어딘가에서 누군가 부정한 일을 당하고 있을 때, 그것을 느낄 수 있는 사람이 되어라. 그것이 혁명가의 가장 훌륭한 자질이다"[다카]

라지마사 편집부 엮음, 『체 게바라의 100가지 말』, 송태욱 옮김, 아르테, 8쪽.

또한 크로아티아의 철학자 스레츠코 호르바트Srecko Horvat는 『사랑의 급진성』 오월의 봄에서 이렇게 말합니다. "위험을 무릅쓰는 것, 이 숙명적인 만남으로 인해 일상의 좌표가 변경되리라는 점을 알면서도, 오히려 바로 그런 이유에서 만남을 갈구하는 것"이 '사랑'이라고 말입니다. 이제 우리가 겁 없이 타인의 고통까지도 함께 하겠다는 사랑의 혁명가가 되어야 할 차례입니다.

죽음이 사는 묘한 죽음

요한복음 11:1-44

세상만사 그렇게 많은 일들이 벌어지는데 이해하지 못할 일들이 한두 가지가 아닙니다. 이성과 감성을 지닌 인간이 자신의 인식 능력으로 세상에서 벌어지는 모든 일들을 파악해보려고 하지만 녹록치 않습니다. 그래서였을까요? 부처는 자신의 인식 능력 바깥에 있었던 생로병사에 대한 문제를 심각하게 받아들이고 그것의 근본적인 이치를 깨닫고자 출가를 한 사람입니다. 그가 간파한 진리는, 한마디로 인생은 고통[苦]이라는 것입니다. 간단하고도 당연한 것 같지만, 그 고통을 피하려는 게 인간의 강한 심리가 아니겠습니까? 그 중에서도 바로 인간의 가장 불가항력적인 문제, 곧 죽음은 풀 수 없는 영원한 숙제입니다. 불교에서는 죽음이라는 것도 초월하여 영원한 윤회의 굴레에서 벗어나는, 다시 말해서 생로병사의 사슬에서 벗어나는 열반nirvana을 추구합니다. 어쩌면 열반이라는 것이 종교학자 루돌프 오토R. Otto가 말한 인간의 궁극적인 행복의 상태를 뜻하는 것이 아니겠는가 하는 생각을 하게 됩니다.

그렇다면 그리스도교는 어떤가요? 사실 그리스도교도 죽음의 세계에 대해서 확신을 가지고 말하고 있는 것 같지만 명확한 그림이 그려져 있지 않습니다. 그저 단순한 도식으로 예수를 믿으면 하늘 나라에 가고, 반대로 그를 믿지 않으면 지옥에 간다는 매우 1차원적 교리만을 답습합니다. 하늘 나라는 하나님의 품을 일컫는 것이지 어떤 특정한 공간 또는 구체적인 공간을 말하는 것이 아닌 만큼 그 세계가 어떤 곳인지 알 수 없습니다. 만일 그리스도교가 역설적으로 궁극적인 신앙을 구체적인 공간을 대상으로 하는 것이었다면 그리 오래가지 못했을 것입니다. 구체적인 공간을 계속 낯설게 하면서 죽음을 넘어선 다른 존재의 상태를 갈구했기 때문에 차별화된 종교로서 존재하고 있는지도 모릅니다. 그리스도교는 다른 종교와 달리 죽음에서 끝이 난다거나 죽음을 허무한 상태로 말하지 않습니다. 오히려 죽음과 맞서 싸우는 저항적 성격이 더 강하다고 말할 수 있습니다. 죽음을 극복하고 다시 살 것이라는 '부활신앙'이 바로 그것입니다.

죽음이 끝이 아니라 다시 살 수 있다는 인간의 강한 욕망에 그리스도교는 코드를 잘 맞춘 것이나 다름이 없습니다. 다시 산다는 것은 나라는 존재가 완전히 사라지는 것, 또는 구체적인 공간으로 이동을 하는 것처럼 낯선 것입니다. 지금까지는 힘겹게 타향살이를 했지만 죽고 난 이후에 돌아갈 곳이 있다는 신앙의 논리도 중요하지만 지속적으로 나의 기억을 재생시킬 수 있는 가능성의 상태로 삶과 생명을 이어간다는 논리는 매우 매력적인 이야기입니다. 그러니 그리스도교에서는 잠시의 비석은 있을지는 몰라도 영원한 비석이라는 것은 의미가 없습니다. 그것은 단지 한 순간의 삶의 여정을 표시하는 가시적인 모양을 띠고 있을 뿐이지 또 다른 영원한 삶의 여정을 향해서는 그 비석을 넘어서야 합니다. 그리스도교는 그렇게 무덤 앞에 덩그러니 한 망자의 죽음을 상징하는 비석 너머의 상태를 계속 지시하고 있습니다. 모든 사람들이 삶과 짝을 이룬 생명과 반대가 된다고 여기는 죽음을 낯설게 여깁니다. 그럴 수밖에 없는 것이 죽음은 어느 누구도 경험을 한 적이 없기 때문입니다. 체험Erlebnis, 개인적 가능한 영역의 바깥에 존재하는 상태를 경험Erfahrung, 인식적 의미; 객관적한다는 것은 두려움과 공포 그 자체입니다. 게다가 누군가가 죽었을 때, 그 옆에서 간접적으로 바라보면서 언젠가 들이

닥칠 나의 죽음을 지금 경험한다는 것, 죽음이 지금 와 있음을 경험한다는 것은 그리 유쾌하지 않은 경험입니다. 물론 그 죽음의 경험에서 나의 죽음을 예견하기도 하지만 동시에 타자의 부활과 나의 부활을 바라보는 것, 차가운 시체 위에 내려앉은 눈이 봄볕에 사르르 녹아내리듯 그렇게 죽음도 다만 눈처럼 잠시 사라지는 것뿐이라는 인식을 갖게 됩니다.

시인 권주열의 「봄눈 풍경」을 보면 그런 생각을 품게 합니다.

> "늦게 오는 눈을 본다/ 무슨 실수처럼/ 저희끼리 휘둥그레지는 눈빛을 본다/ 잠시 머뭇머뭇, 마침내/ 조용히 기댐을 포기하는 눈을 본다/ 어떤 눈은 사람들의 머리 위에서 사라지고 있다/ 어떤 눈은 나뭇가지에서 사라지고 있다/ 어떤 눈은 마당 가장자리에서 사라지고 있다/ 죽음이 죽음 위에 눕고 눕는다/ 모든 관들은 따뜻하다" ^{시집 『붉은 열매의 너무 쪽』, 파란에서}

이 시는 죽음으로부터 영원한 생명과 지속적인 삶을 설명하기에 안성맞춤인 것 같습니다. 시인이 말하듯이 봄꽃이 만개하였는데도 때를 잊고 눈꽃을 내리는 하늘은 마치 실수라도 한 것처럼 보일 수 있습니다. 마찬가지로 죽음은 인간에게 당연한 숙명이요 생명이 있는 모든 동식물에게 있어 생로병사는 어쩔 수 없는 자연의 이치입니다. 그런데 유독 그리스도교만큼은 죽음이란 늦은 눈처럼 하나의 실수일 수도 있습니다. 실수는 돌이킬 수 있고 만회할 수 있습니다. 추운 한겨울에 내리는 눈은 녹지 않으려 하지만 따뜻한 봄볕이 내리 쬐는 가운데 내리는 눈은 그야말로 실수입니다. 하늘의 실수이지요. 죽음도 영원한 생명을 방해하려는 실수와 같다는 가벼운 신앙적 인식이 그리스도교 안에 자리를 잡고 있습니다. 그러다보니 그리스도교 신앙 안에 죽음이 들어설 자리가 없습니다. 자리를 내주지 않으려고 합니다. 끝내 죽음은 영원한 생명을 대하고나서 머뭇머뭇 거리고 자신이 있어야 할 마땅한 자리를 찾지 못하고 사라지고 맙니다. 라자로의 죽음을 가볍게 치부하고 그를 살리신 예수의 인식 능력과 죽음을 바라보는 관점이 이를 가리킵니다. '그는 죽지 않고 자고 있는 것이다. 그는 다시 살아날 것이다.' "나는 부활이요 생명이니 나를 믿는 사람은 죽더라도 살겠고 또 살아서 믿는 사람은 영원히 죽지 않을 것이다."

죽은 존재를 잠을 자고 있는 존재로 인식을 전환했다는 것은 마치 시인이 늦은 눈을 대하듯이 언젠가 소멸할 것, 시간이 지나면 사라질 것에 대한 희망, 즉 죽음은 지나갈 것이라는 생각을 가지고 있었다고 짐작할 수 있습니다. 다시 말해서 죽음이 사라지거나 지나간 자리에는 그냥 그것으로 끝이 아니라 다시 생명의 기운이 움트고 영원한 삶이 꽃피우게 되어 있기 때문입니다. 예수의 눈에 죽음은 영원한 생명을 꺾는 것을 포기할 수밖에 없다는 강한 신념을 가지고 있었다고 볼 수 있습니다. 죽음이 생명을 이기지 못하는 법입니다. 늦은 눈이 이미 와 있는 생명의 봄을 어찌 할 수 없는 것처럼 말입니다. 세상의 모든 사람들이 낯설게 여기는 죽음은 그렇게 사라집니다. 죽음이 우리의 실체, 우리의 존재, 우리의 이름, 우리의 역사를 완전하게 사라지게 하는 것이 아니라 오히려 죽음이 서서히 사라지게 되어 있습니다. 죽음이 존재하지 않는다는 것, 죽음은 신앙의 대상이 될 수 없고 인간 실존의 한계를 규정하는 사건이 될 수 없다는 것이 그리스도교 신앙이고 부활신앙입니다. 사방에 흩어진 죽음의 기운, 모든 인간의 실존에 겁 없이 달라붙어 있는 죽음은 부활이라는 희망과 부활이라는 현실태로 인해서 사라지고 말 것입니다.

시인의 표현이 참으로 멋드러집니다. "죽음이 죽음 위에 눕고 눕는다." 시인은 죽음의 중첩성, 죽음의 중층성을 표현한 듯합니다. 분명히 자연의 모든 것들이 죽음이라는 현상을 극복하지 못합니다. 하지만 죽음의 연쇄적 결과들, 즉 죽음으로써 그 죽음으로 또 다른 생명이 살고, 그 생명이 또 다른 생명을 위해서 자신의 생명의 자리를 내주는 것이 자연의 순환법칙입니다. 죽음 위에 죽음이 있지만 그렇다고 그것이 죽음이라는 말로 다 설명될 수 있다는 것은 아닙니다. 죽음은 되레 생명이기 때문입니다. 죽음이라는 말에 고착이 되고 집중이 되면 다른 생각의 여지가 없습니다. 사람은 언어를 사용하는 존재이기 때문에 사물과 대상, 그리고 현상에 이름을 붙이려고 하고 명료하게 하려고 하지만 기실 언어나 관념은 유동적이고 지연적입니다. 따라서 죽음은 그냥 죽음이 아니라 죽음 위에 생명입니다. 달리 말하면 죽음을 생명으로 바꿔 말할 수 있습니다. 그리스도교 신앙 안에서 '죽음은 곧 생명이다', '죽음은 곧 부활이다', 라고 말하는 것이 좀 더 올바른 종말론적인 신앙을 갖고 있는 것입니다. 이렇듯 죽음을 무화시키고 낯설게 하려면 그 죽음이라는 말을 다른 말로 치환하거나 대체하면 됩니다. 예수는 라자로의 '죽음'을 '잠'이라는 말로 바꿉니다. 탁월한 인식의 전환이요 발상입니다.

죽음이란 잠깐 있다가 깨어나는 순간적인 단순한 사건에 불과하다는 생각은 한 인간의 죽음을 지나치게 슬퍼하거나 그것으로 모든 것이 종료되었다는 허무적이고 절망적인 인식을 접으라는 말로 들립니다. 살아 있는 한 모든 존재에게 죽음은 찾아올 것입니다. 한 번도 경험하지 못한 그 순간을 어떻게 맞이해야 할까요? 세상은 그러한 죽음을 미리 준비하라고 하면서 사전에 많은 인식의 수준과 지평을 확장시키려고 애를 씁니다. 생명이 있는 한 죽음이란 상처요 우울이요 절망이요 한계요 부정이기 때문에, 사회는 그런 모습을 일부러 정책적으로, 철학적으로, 윤리적으로 교육을 시키고 싶어합니다. 하지만 교육으로 그와 같은 죽음의 두려움이 완전히 극복되는 것은 아닙니다. 삶과 생명의 연속성이 끝나지 않고 이어지리라는 막연한 희망을 꺾어버리고 미래의 언젠가 나를 멈추게 만드는 죽음이라는 사건을 다시 삶, 다시 태어남, 영원히 삶, 불멸의 생명이라는 강력한 신앙으로 바꿔 나가는 종교적 연습이 절실하게 요구되는 이유이기도 합니다. 시인이 마지막 문장에서 말하고 있습니다. "모든 관들은 따뜻하다." 나의 생애를 멈추게 하는 죽음은 차가운 몸뚱아리로 남아 있을 것입니다. 하지만 그 차갑디 차가운 죽은 몸이 결코 다시 태어나는, 다시 살아나는 부활의 뜨거운 기운, 부활의 현실, 부활의 의지, 부활의 긴장감, 부활의 욕망으로 인해서 죽음의 차가운 기운에 대해 저항하고 투쟁할 것입니다. 죽음은 기정사실화되어 있는 고정적인 사건이 아니라 생명으로 변화하기 위한 생명의 또 다른 측면이라는 신앙적 인식이 중요합니다. 그와 같은 인식이 죽음은 부활로 가기 위해 잠깐 머무는 여정이라는, 그저 생명의 다른 발음일 뿐이라는 신앙적 사고로의 전환을 가능하게 할 것입니다. 메멘토 모리Memento mori라는 말이 있습니다. '죽음을 기억하라'는 뜻이지요. 죽음을 기억하는 한, 죽음이 존재하는 한 영원한 생명 또한 동시에 존재할 것입니다. 그리스도인이 죽음과 마주해야 할 명분이기도 합니다.

구차한 죽음을 넘은 기억의 의례

마태복음 27:11-56

죽음을 생각할 때마다 수많은 인간들이 그 한계 상황에 맞닥뜨려 아무도 극복하는 이가 없다는 묘하고도 마땅한 이치에 순복을 하게 됩니다. 예수가 죽음에 이르는 과정들, 특히 그의 재판 과정들이 상세하게 묘사되어 있는 복음서를 보면 도대체 예수가 왜 죽어야 하는가에 대한 명확한 답이 나와 있지 않습니다. 그저 정치적으로, 종교적으로 저촉되는 행동을 하였기 때문이라는 것이 일반적인 통설이었습니다. 여기서 하나 더 왜 그가 인간을 위해서 고통을 당해야 했는가, 왜 그가 동족 유대인들로부터 외면을 당해야 했는가, 지금의 시각으로 보아도 파격적인 행보이지만, 그렇다고 아예 납득이 안 되는 매우 비상식적인 발언과 행동을 한 것도 아닌데, 그는 왜 형장의 이슬로 사라져야 했는가. 잘 이해가 가지를 않습니다. 물론 여기에는 그리스도교의 매우 정교한 신학적, 신앙적 해석과 변론, 그리고 고백이 깔려 있습니다. 하지만 자칫 예수의 죽음을 기억하는 인간이 매번 그의 죽음을 되새기는 의례가 반복성으로 그치고 인간 자신의 죄를 반추하는 목적을 가진 것이라면 구차한 죽음, 수준 낮은 죽음이 될 수도 있습니다.

죽음의 목전에서 당당하게 자신을 증언하는 예수의 모습 속에서는 과히 모든 것을 달관하고 초월한 인간의 의연함과 자신감, 떳떳함을 엿보게 됩니다. 아마도 이것은 백석백기영의 시, 「남신의주南新義州 유동柳洞 박시봉방朴時逢方」에서 나타난 심경과 비슷하지 않을까 싶습니다.

> 나는 내 슬픔이며 어리석음이며를 소처럼 연하여 쌔김질하는 것이
> 었다. 내 가슴이 꽉 메어올 적이며, 내 눈에 뜨거운 것이 핑 괴일 적이
> 며, 또 내 스스로 화끈 낯이 붉도록 부끄러울 적이며, 나는 내 슬픔과
> 어리석음에 눌리어 죽을 수밖에 없는 것을 느끼는 것이었다.

백석의 구차한 삶을 단편적으로 표현한 싯구들을 보면 자신의 처지가 얼마나 자존심이 상하는지 그리고 심지어 죽고 싶은 심정인지를 잘 나타내주고 있습니다. 삶이 구차하고 슬픔과 어리석음이 극에 다다를 때는 죽음이라는 소멸을 생각할 수밖에 없습니다. 자신의 죽음은 과연 어리석음인가? 예수가 자문을 했다는 기록은 없습니다만, 분명 후대의 제자들은 그의 죽음에 대한 물음에 대해서 심각하고 진지하게 생각하지 않을 수가 없었을 것입니다. 어리석음과 슬픔인가, 그렇지 않으면 당당함과 떳떳함, 그리고 새로운 세계로의 도약을 가능하게 하는 사건인가를 놓고 저마다 의견이 분분했을 것입니다.

우리가 생각할 수 있는 것은 예수의 죽음은 구차한 죽음으로 볼 수 있었던 것은 아니라고 하는 사실입니다. 만일 그리스도인들이 예수의 죽음을 구차한 죽음으로 인식하였다면 예수의 역사, 그리스도교의 역사는 지속하기 어려웠을 것입니다. 예수의 죽음은 백석의 시를 빌려서 말하면, "허연 문창을 바라보든가 또 눈을 떠서 높은 천정을 쳐다보는 것인데, 이때 나는 내 뜻이며 힘으로, 나를 이끌어 가는 것이 힘든 일인 것을 생각하고, 이것들보다 더 크고, 높은 것이 있어서, 나를 내 마음대로 굴려가는 것을 생각하는 것인데"라고 묘사할 수 있습니다. 예수의 죽음은 일상적인 사건, 평범함을 거부하는 사건이었습니다. 사람들은 자기가 처한 삶의 굴레에서 자신을 쳐다보고 그 일상을 높디 높은 세계로 비약시켜

줄 존재를 생각하곤 합니다. 적어도 죽음이라는 극복할 수 없는 한계 상황에 놓일 때는 더욱 그렇습니다. 예수의 죽음은 더 높은 것, 더 큰 것을 향한 여정이요 행진이었습니다. 예수의 죽음은 온 인류를 위한 죽음이었다는 전통적인 해석도 가벼이 여길 수 없습니다. 그래서 그를 높이 더 높이 받들어 숭배하고 매번 기념하는 것은 의미 있는 일입니다. 하지만 그보다 더욱 중요한 것은 죽음이라는 것은 인간을 더 크고 높은 차원으로 인도하기 위한 선택이었다는 점입니다. 사람이 사는 데 땅만 보고 살 수 없습니다. 또한 밥만 보고 살 수 없습니다. 性에 탐닉하면서 살아간다는 것도 한계가 있습니다. 쇼펜하우어A. Schopenhauer는 '스스로 존재하는 실체가 바로 의지'라고 단언하고 의지는 감각체와 무감각체를 불문하고 모든 것의 존재 조건이라고 보았습니다. 그러면서 "타인들이 의지의 자유를 주장해왔다면 나는 의지의 전능성을 증명한다"고 자랑스럽게 말했습니다. 따라서 그의 논리와 주장대로, 인간은 더 높은 차원의 삶을 기획하는 삶의 의지, 생에의 의지를 갖지 않는다면 인간 자신의 모든 행동은 무의미해지고 맙니다. 최후에까지도 예수는 그것을 놓치지 않으려고 했던 것 같습니다. 생에의 무의지, 생에의 무의미가 아니라 생에의 의지, 더 높은 곳을 향한 삶의 의지로 안내하려고 했던 것, 그것이 예수가 죽음을 선택했던 본래의 목적이 아니었을까요? 그것이 아니라면 "가톨릭교는 하나님의 은총을 획득하기는 너무나 어려우므로 구걸해서 얻으라고 명령하는 종교이다"라는 쇼펜하우어의 신랄한 비판을 면하기 어려울 것입니다.

그렇다면 예수의 죽음을 인류사적 구원사건이라고 단정 짓고 오로지 영적 구원을 위해서 그가 희생한 것으로 해석하는 것은 단편적인 해석에 지나지 않습니다. 예수의 죽음은 인간의 생에의 의지의 고양을 위해서 자발적으로 선택된 행위였습니다. 머리를 조아리고 무릎을 꿇고 "나는 죄인입니다"라는 고백을 연발해야 하는 자책과 죄책이 동반된 징벌을 면하기 위해서 사순절을 보내고 성주간을 지내야 하는 것은 아닙니다. 인간의 의지의 고양, 삶의 의지의 고양은 죽음을 통해서 완성이 된다는 것, 그러기 위해서 자신의 신념을 위해서, 자신의 신앙의지와 반하고 지배적인 억압을 자행하는 권력을 향해서 저항하는 삶의 태도가 선행되어야 한다는 것을 몸소 보여준 사건으로 봐야 할 것입니다. 만일 그렇게 살아가는 신앙인이 된다면 사람들로부터 조롱을 당하고 심지어 같은 신앙인이라도 동일한 신앙 관념을 갖지 않은 위협적인 존재로 간주하여 사지로 몰 수 있음을 기억해야 합니다. 하지만 자신의 죽음을 통해서 삶의 진리와 신앙의 올곧음을 증명해 낸다는 것, 그리고 반드시 그래야만 한다는 것을 예수의 죽음을 통해서 배워야 합니다.

예수의 죽음 사건을 통해서 우리가 의례적 행위를 취한다는 것은 바로 그와 같은 결심을 하는 것입니다. 단순히 매번 사순시기와 성주간이 되면 우리는 예수와 나와의 관계를 구주와 죄인의 관계로 설정하고 그의 죽음을 애도하면서 극한의 우울의 시간을 부활대축일 때까지 내면화해야 합니다. 하지만 사순시기와 성주간은 개인과 공동체의 우울과 죄책을 반성하는 데서 그치는 것이 아니라 인간으로서, 신앙인으로서의 삶의 의지를 고양시키지 못했다는 것, 더 크고 더 높은 차원의 삶을 형성하지 못했다는 것에 대한 처절한 성찰의 시간이 되어야 합니다. 다시 한 번 더 쇼펜하우어를 언급합니다만, 그가 "나는 신성해져야 할 의무를 설교하지만 정작 나 자신은 전혀 신성하지 않다"고 토로했던 것처럼, 죽음 앞에서 신성한 의무, 신성해야 할 자신, 곧 삶에의 의지를 일상보다 더 높은 차원으로 끌어올리려는 신성한 자세가 필요합니다. 그래야 성스럽다, 혹은 거룩하다, 혹은 신령하다 등등의 평가를 들을 수 있게 됩니다. 그런 의미에서 종교학자 루돌프 오토가 '성스러움, 거룩함은 도덕적 범주가 아니라 초세상적인 것'으로 본 것은 일리가 있습니다

예수의 죽음 사건은 그렇게 자신의 신성한 의무, 혹은 신성을 재확인하는 것

이기도 합니다. 예수의 죽음 이후에 죽었던 성인들이 살아나고 이방인에 의해서 "이 사람이야말로 정말 하나님의 아들이었구나!"라는 말을 들었다는 것은 죽음이 가져온 결과, 그의 신성의 확인과 동시에 남아 있는 이들의 신성한 의무, 삶의 성스러운 고양 의지를 숙제로 안겨준 것이나 다름이 없습니다. 백석의 시 거의 마지막 부분을 인용해보겠습니다.

> 내 어지러운 마음에는 슬픔임, 한탄이며, 가라앉을 것은 차츰 앙금
> 이 되어 가라앉고, 외로운 생각만이 드는 때쯤 해서는, 더러 나줏손
> 에 쌀랑쌀랑 싸락눈이 와서 문창을 치기도 하는 때도 있는데, 나는
> 이런 저녁에는 화로를 더욱 다가 끼며, 무릎을 꿇어보며, 어니 먼 산
> 뒷옆에 바우섶에 따로 외로이 서서 어두어 오는데 하이야니 눈을 맞
> 을, 그 마른 잎새에는 쌀랑쌀랑 소리도 나며 눈을 맞을, 그 드물다는
> 굳고 정한 갈매나무라는 나무를 생각하는 것이었다.

죽음은 외로운 자신의 실존적 결말입니다. 눈서리 내리고 눈발이 날리는 그런 날, 한 사람이 죽게 되면 더욱 쓸쓸한 죽음이 될 것입니다. 그럼에도 죽음 저편 정하고도 정한 갈매나무 그 나무 한 그루를 남기고 실존의 흔적으로 삶에의 성스러운 좌표를 지시해주는 것이 있다면, 그 죽음은 결단코 고독하고 허망한 죽음만은 아닐 것입니다. 그것은 죽음이라는 멈춤 지점에서 곧 시작이라는 것으로 암시해주고 있기 때문입니다. 작가 헤밍웨이E. Hemingway가 했던 말처럼 말입니다.

> 그 전에 멈춘 지점에서 늘 매일 다시 씁니다... 여러번 기회가 있어서
> 감사하죠 ...『무기여 잘 있거라』의 결말, 마지막 페이지는 서른아홉
> 번을 다시 쓰고야 만족했죠. 어니스트 헤밍웨이, 권진아 옮김, 『헤밍웨이의 말-은

둔 시절의 마지막 인터뷰』, 마음산책, 30쪽.

그러므로 예수의 죽음 사건은 멈췄다고 절망한 지점에서 삶에의 성스러운 의
지로의 새로운 여정을 알리는 신호탄이라고 생각한다면 그렇게 무리는 아닐 것
입니다.

부활의 비어 있는 생각들

마태복음 28:1-10

　　종교를 싸구려 감정이나 종교적 체험 혹은 종교를 정신의 고난이라고 표현한 철학자 비트겐슈타인L. Wittgenstein을 단지 우리가 그리스도인이라는 사실만으로 그를 비난해서는 안 될 것입니다. 자신의 종교를 폄하하고 공격했다고 하는 것만으로 그 당사자의 인격과 심지어 신앙마저도 문제가 있다는 식으로 단순 평가를 하는 것은 매우 큰 오류를 범할 수 있습니다. 나의 신념과 체험만이 절대적이라고 생각하는 사람들에게는 자신의 감정과 신념 체계를 뒤흔드는 사람을 늘 적으로 간주합니다. 그리스도교의 부활이라고 하는 사건도 마찬가지입니다. 그리스도교가 부활의 종교라고 말하면서, 다른 종교와는 큰 차별성을 가지고 있는 것처럼 호도합니다. 그런데 가만 생각해보면 다른 종교에도 부활과 유사한 개념들과 사상들을 갖고 있다는 것을 알게 됩니다. 비록 표현방식이나 종교 서술은 다를지라도 영겁회귀니 해탈 혹은 열반이니 윤회니 개벽이니 하는 것들은 다소간 차이는 있을 수 있으나 내막을 들여다보면 거의 동일한 변화를 일컫는 것임을 깨닫게 됩니다. 다만 그리스도교의 부활이 특이하다면 인간의 상식과 유한성을 뛰어 넘는 새로운 존재로의 전환, 전혀 뜻밖의 사건, 어떤 세계를 상정하고 있다는 점입니다.

그것을 조금이라도 이해할 수 있는 김수영의 「꽃잎2」이라는 시의 역설성을 살펴보겠습니다.

> 꽃을 주세요 우리의 고뇌를 위해서/ 꽃을 주세요 뜻밖의 일을 위해
> 서/ 꽃을 주세요 아까와는 다른 시간을 위해서.

제1연은 이렇게 끝을 맺습니다. 예수의 부활은 누가 봐도 아이러니입니다. 시공간을 넘어서 새로운 실체로의 변화는 초월자로부터 "받음"입니다. 하나님이 주신 몸과 의식으로의 탈바꿈입니다. 그것은 내가 받고 싶다고 해서 받을 수 있는 청유의 결과이거나 혹은 반대로 받고 싶지 않다고 해서 내가 거부할 수 있는 의지의 결과가 아니라는 것입니다. 부활은 하나님에 의해서 일어나는 주도적인 사건입니다. 부활은 나의 의식과 인식을 비워내고 새로운 하나님의 의식과 몸, 그리고 인식으로 변화될 수 있도록 하나님이 우리에게 부여하는 신비로운 사건입니다. 그것을 겨우 표현할 수 있다면, 단지 "받은 실체", "명령된 실체", 혹은 "놀라운 신비체"라고밖에는 달리 말할 수가 없을 것입니다. 죽기 전의 나, 죽음이라는 한계 상황을 맞이하기 전의 나와는 전혀 다른 뜻밖의 존재로 변화되기 때문에, 그것은 축복이라고 말하지 않습니다. 고뇌입니다. 나의 가능성, 나의 생각을 멈추게 하고, 다 비우게 하고 당신의 의지와 삶으로 채우기 때문입니다. 부활이 나의 가능성, 나의 계획, 나의 디자인이라면 받는 시기와 받는 장소, 그리고 받는 욕망을 조절할 수 있을 것입니다. 그러나 부활은 철저하게 그것을 비우게 만듭니다. 그러지 않고서는 하나님에 의해서 무덤은 비워질 수가 없습니다. 무덤이 하나님에 의해서 비워질 수 있었다는 것은 시인의 말속에서 보이듯, 인간의 예측을 벗어난 뜻밖의 사건입니다. 무덤은 죽은 시체로 채워져 있어야 마땅한 것이 인간의 상식이라면, 하나님의 의지는 당신을 믿는 자들을 죽은 무덤이 아닌 산 무덤, 무덤을 무화시키는 것입니다. "여기 계시지 않다"는 말이 그것을 방증

합니다. 그러므로 부활은 죽기 전의 시간과 공간 속에서 사는 것이 아닙니다. 죽은 후의 시공간은 분명히 다른 영역일 것입니다. 다른 실체로의 전환과 변환이라면 그와 같은 삶과 의식이 가능한 어떤 영성적 구조, 신비한 구조를 갖고 있는 영역이 아니면 안 되기 때문입니다. 그와 같은 삶과 의식, 그리고 구조는 그저 받을 뿐입니다. 주는 주체, 곧 하나님의 주도로 신앙을 갖고 있는 사람들이 받아서 누리는 영화로운 삶이라고 볼 수 있을 것입니다.

그렇다고 해서 그것을 욕심을 내고 욕망하라는 것이 아닙니다. 그것 자체가 그리스도교의 독특한 신앙 체계요 영원한 생명을 사는 길이라고 해서, 현재의 신앙인이 되고자 했다면 번지수를 잘못 짚었습니다. 그것이 아니라도 삶은 얼마든지 가능한 것인데 말입니다. 시의 제2연을 읽어보겠습니다.

> 노란 꽃을 주세요 금이 간 꽃을/ 노란 꽃을 주세요 하얘져가는 꽃을/
> 노란 꽃을 주세요 넓어져가는 소란을

흥미로운 묘사들입니다. 부활이라는 것도 마찬가지입니다. 앞에서 말씀드린 것처럼 죽었던 존재가 사라져 무덤이라는 상식적인 장소에서 시체가 되어 자연으로 돌아가는 것이 당연하다고 인식했다면 그 인식의 틀을 깨는 것이 중요합니다. 받은 몸, 받은 의식, 받은 시공간, 받은 신비한 구조는 종래의 빨갛고 파랗고 하얗고 하는 인식의 선판단적인 나의 그림과 전제들에서 탈피를 해야 합니다. 초월자로부터 부여되는 것은 균열을 일으키는, 인식과 의식, 판단에 금이 가게 만드는 노란 꽃이어야만 합니다. 물론 여기서 노랗다는 것은 메타포입니다. 초월자의 생각은 굳이 노란 꽃이 아닐 수 있으나, 반드시 우리의 신앙과 인식의 지평을 깨고 그리고 다시 세우는 소란스러운 사건임에 틀림이 없습니다. 시간이 지날수록 우리는 늙어갑니다. 늙어간다는 것은 그만큼의 나의 시간이 사라지는 것이 아니라 하나님으로부터 부여 받는 또 다른 시간이 찾아온다는 것입니다. 이른바 점점 더 하얘지는 시간, 점점 밝은 색, 밝은 인식의 깨달음의 시간이 찾아와 나의 새로운 인식, 나의 새로운 몸으로 탈바꿈하는 시간이 나를 채울 것입니다. 그 때문에 신앙의 안팎, 종교 공동체의 안팎은 온통 시끄러운 소란으로 가득합니다. 그것을 한 번도 경험한 적이 없으니 추측과 억측이 난무하기 때문입니다. 반면에 그 사건을 경험한 사람들에게는 그 새로운 경험, 새로운 세계로의 진입의 환희에 가득 찬 소리 때문에 소란스러운 음성이 새어나오기 마련입니다.

시의 제3연을 인용하겠습니다.

> 노란 꽃을 받으세요 원수를 지우기 위해서/ 노란 꽃을 받으세요 우리
> 가 아닌 것을 위해서/ 노란 꽃을 받으세요 거룩한 우연을 위해서.

앞에서 부활은 초월자로부터 받음의 사건이라고 했습니다. 변화된 실체로 부여 받은 존재는 더 이상의 이분법적 잣대로 세계를 판단하지 않습니다. 새로운 실체, 인식, 몸, 의식으로의 진입은 이분법적인 극과 극을 아우르는 세계이기 때문입니다. 따라서 우리가 받고 싶어하는 몸과 의식은 평상시에 믿었던 "우리가 아닌" 그 무엇일 가능성이 큽니다. 상식적인, 편견에 사로잡힌, 욕망에 사로잡혀서 그저 지금의 나의 욕망된 자아를 영원히 지속하겠다는 "우리"가 결코 아닙니다. 그 실체로의 진입, 세계는 "우리"가 아니어야 합니다. "거기에서 그분을 뵙게 될 것이오"라는 말이 이를 나타내 줍니다. 지금의 "우리가 아닌 것"은 "거기"Da라는 말과 같습니다. "거기"는 "우리가 아닌 것"이 존재해야 할 실존의 터입니다. 지금까지와는 다른 "우리"가 존재해야 할 장소, 의식으로서의 "거기"에서만이 예수를 볼 수 있고 체험할 수 있습니다. 그분과 일치하고 영원히 살 수 있는 곳은 지금의 "우리가 아닌 것"으로서의 "거기"에서만 가능합니다. 그렇게 될 수 있는 것은 시인의 멋드러진 시구처럼, "거룩한 우연"입니다. 부활이 우연적인 사건이라고 하는 것은 여러 가지 가능성, 변수들 중에 하나라는 말로 상대적 가

치를 지닌 변화를 의미한다고 생각할 수 있습니다. 그러나 그것이 "거룩한"이라는 수식어가 붙게 되면 의미가 달라집니다. 그것은 하나님의 절대적인 선택에 의해서 이루어진, 하나님의 경우의 수 중에서 그분의 선택적 의지에서 발생한 사건이라는 메시지가 담겨 있는 것입니다. 하나님은 거기에서 우리에게 영원한 생명, 당신과의 일치된 삶을 부여할 것인가 말 것인가를 결정할 수 있는 권한이 있다는 차원에서 보면 필연과 우연은 인간의 것이 아닙니다. 따라서 부활은 선택받은 이들, 부여받은 이들에게는 "거룩한 우연"이 되어 "평안하냐?"라는 인사를 받을 수 있게 될 뿐입니다.

제3연과 제4연을 마저 살펴보겠습니다.

> 꽃을 찾기 전의 것을 잊어버리세요/ 꽃의 글자가 비뚤어지지 않게/ 꽃을 찾기 전의 것을 잊어버리세요/ 꽃의 소음이 바로 들어오게/ 꽃을 찾기 전의 것을 잊어버리세요/ 꽃을 글자가 다시 비뚤어지게/ 내 말을 믿으세요 노란 꽃을/ 못 보는 글자를 믿으세요 노란 꽃을/ 떨리는 글자를 믿으세요 노란 꽃을/ 영원히 떨리면서 빼먹은 모든 꽃잎을 믿으세요/ 보기 싫은 노란 꽃을.

부활의 봄을 맞이하려면 새로운 세계와 새로운 실체 이전의 것을 더 이상 생각하지 말아야 합니다. 앞에서 말한 지금의 "우리가 아닌 것"을 버려야 합니다. 진정한 우리, 참다운 부활의 실제가 되기 위해서는 하나님이 말씀하시는 그 저의를 사심 없이 잘 알아들어야 합니다. 시인이 "꽃의 소음"이라는 표현을 썼습니다만, 모순어법입니다. 꽃이 소음을 가질 리가 만무하기 때문입니다. 동일한 차원에서 하나님은 소음이 아닙니다. 부활에 대해서 허튼 소리를 하실 분이 아닙니다. 내가 가진 부활에 대한 편견이든 욕망이든 다 내려놓고 마음을 비운 후에 그분이 말씀하시는 거룩한 소리를 들을 수 있어야 합니다. 그래야만 부활이 왜곡되지 않습니다. 내가 그리는 부활, 내가 전제하는 부활, 내가 알고 있는 헛된 정보로서의 부활은 나의 신앙을 비뚤어지게 하고 병들게 합니다. 루트비히 비트겐슈타인은 말합니다. "정신이 병들면 생각하는 일이 해가 된다." 또 이런 말도 합니다. "너의 종교에서 머슴처럼 되지 말라!"*Sei nicht knechtisch in deiner Religion!*

그러므로 새로운 부활의 빛이 우리의 신앙 인식의 틈으로 들어올 수 있도록 아직 존재하지 않지만, 아직 보이지 않지만 '부활'이라는 개념, 글자를 순수하게 믿어야 합니다. 그러기 위해서는 지금까지 내가 갖고 있었던 부활의 통념들을 비우고 비틀어야 합니다. 그 생각을 하는 나 자신이 싫을 수도 있습니다. 동시에 새로운 부활을 꿈꾸고 오로지 '하나님으로부터 받는', 그리고 '하나님에 의해서 주도되는', '하나님이 선택하는', '하나님이 계획하는' 그와 같은 부활이 불편할 수도 있습니다. 하지만 진정으로 부활을 믿고 그 부활신앙대로 살고 싶다면 부활의 의미, 부활의 통념, 부활의 편견을 다시 새롭게 해석하고 적극적인 '수동성의 부활', 다만 은총과 사랑과 선물로서의 '받는-다시 사는-삶과 의식'을 가질 때 죽은 무덤이 하나님의 부활 의지로 사무치는 장소가 될 것입니다.

감성적 부활 신앙

요한복음 20:19-31

우리는 자신이 찾으려고 했던 대상을 미처 만나지 못하면 어느 곳에서든 두리 번거리며 그것을 시야에서 확보하려고 합니다. 당연한 인간의 심리이겠습니다 만, 두리번거린다는 것은 지금 바로 내가 안정적인 상태, 기대했던 대상을 쉽게 인식하지 못했다는 것을 뜻합니다. 요한의 텍스트는 예수가 부활을 했다는 사실 을 독자들에게 전달해주면서, 독자들로 하여금 실증적으로 예수가 부활했다는 것을 믿기를 바라는 의도가 짙게 깔려 있습니다. 왜냐하면 부활사건을 접해 보 지 못한 독자들, 특히 1세기 그리스도인들에게는 부활하신 예수를 찾기 위해서 두리번대었기 때문입니다. 의심의 의심을 거듭하면서 죽었던 존재, 죽은 시체가 다시 원래의 모습으로 복귀가 된다는 것은 거의 기적에 가까운 일이니 허둥댈 수 밖에 없었을 것입니다.

나태주 시인의 「시인」이라는 시는 매우 서정적입니다.

> 두리번거리다가/ 한 발 늦고/ 망설이다가/ 한 발 늦고/ 구름 보고 웃
> 다가/ 꽃을 보며 좋아서/ 날 저물어서야/ 울먹인 아이/ 빈손으로 혼
> 자서/ 돌아온 아이 시집 『틀렸다』, 지혜에서

시 속에 등장하는 아이는 두리번거리다가, 망설이다가, 구름을 보다가, 꽃을 보다가 결국 늦은 시간이 되어서야 어둑어둑한 저녁에 자신이 홀로 남겨졌다는 사실을 깨닫게 됩니다. 망설임, 두리번거림, 주위의 변화에 호기심을 갖는다는 것은 유아적인 심리, 끊임없는 관찰을 통해서 정보를 얻고 싶어하는 심리를 나타낸다고 볼 수 있습니다. 마찬가지로 연거푸 평화를 전하며 제자들에게 현전하신 예수지만, 제자들은 그의 실체를 인정하려 들지 않습니다. 망설임, 두리번거림의 유아적 행위는 늦은 현존 인식, 부활에 대한 늦은 인식이 되어버리고 마는 것입니다. 확신이 서지 않기 때문에 한 번, 두 번, 여러 차례에 걸쳐 확인을 해야만 직성이 풀릴 것 같은 어떤 회의와 의심은 계속 두리번거리는 신앙으로 일관할 수밖에 없습니다.

부활의 증거를 위해서 예수 자신의 육체적인 몸을 직접 만지려고 하는 것은, 몸 자체가 온전한 부활을 상징한다는 것을 보여줍니다. 동시에 예수는 정신뿐만 아니라 육체까지도 부활을 하였다는 것을 방증합니다. 가장 중요한 것은 그와 같은 부활의 실제를 의심과 회의로 받아들이는 것이 아니라 믿음이라는 차원으로 인식해야 한다는 것입니다. 부활은 예수의 몸이 제자들에게 보인 것입니다. 그들이 보기 원해서가 아니라 보이기 위해서 나타났다는 점입니다. 보여주지 않으면 볼 수 없는 예수의 완전한 부활은 보고 만지며 이야기를 나누는 그 모든 행위, 즉 감각과 지각이 깨어 있기만 하면 살아 있는 그의 현존을 체험할 수 있다는 것을 말하고 있는 것입니다. 다시 말해서 부활은 늘 우리의 감각과 지각을 통해서 나타나는 신의 현존입니다. 다시 살아났다고 하는 것이 믿음의 영역에 의해서 확신에 이르는 것이라면, 믿음은 결단코 두리번거리는 것이 아니라 신앙의 직관에 따라서 단번에 알아차려야 한다는 것을 의미합니다. 부활 사건에 대해서 조금의 의심의 틈도 허락되지 않는다는 것, 그것이 바로 평화를 전하는 목소리의 현존에서 읽을 수 있습니다. 목소리는 단순히 음성적 발화행위가 아니라 몸, 즉 입에서 나오는 몸의 일부입니다. 그러니까 평화라는 소리를 말하는 순간, 목소리의 환영이나 환상이 귓가에 울렸던 것이 아니라 바로 예수의 몸의 현존, 몸의 일부가 제자들에게 전달이 되었다는 것을 알 수 있습니다.

매우 민감하고 영민한 그리스도인 같으면 평화라는 목소리가 곧 몸의 소리의 현존이라는 것을 알 수 있을 것입니다. 결코 두리번대거나 우물 쭈물거리는 일이 없이 곧바로 예수가 통째로 나타나셨구나, 하고 받아들이게 됩니다. 부활에 대한 성서적인 사전 정보나 지식이 습득되었다고 해서 부활 사건에 대해서 아예 망설이면 안 된다는 습관성의 신앙은 별로 의미가 없습니다. 성서적 정보보다 훨씬 이전에 존재하는 것은 목소리를 통한 몸의 현존, 완전한 의식의 복귀라는 것을 잊으면 안 됩니다. 목소리 따로, 몸 따로라는 등식은 부활 사건에서 성립할 수 없기 때문입니다. 그가 평화를 외치면서 제자들에게 나타난 것이라면 목소리를 통한 현존은 곧 하나님의 아들 예수 그리스도의 부활의 실제라고 받아들여야 합니다. 그런데 목소리는 오로지 인간의 말하는 기관인 성대의 울림에 지나지 않을 뿐만 아니라 육체는 그 목소리를 담아내는 도구라는 정도로 인식한다면, 곳곳에서 발화하는 목소리의 현현 속에서 예수 부활의 현존을 찾을 수는 없을 것입니다. 만지고 느끼고 하면서 부활 이전의 몸과 부활 이후의 몸을 동일한 차원에서 확인하는 절차보다 훨씬 이전에 목소리의 현존을 통한 예수 부활의 확인이 직관적으로 작동되어야 한다는 것을 깨우쳐 주고 있는 것입니다.

사람들은 예수 부활의 사건을 보면서 부활에 대한 비신앙적인 태도를 벗어나는 길은 그저 직관적이고 무매개적으로 믿기만 하면 된다고 생각합니다. 틀린 것은 아닙니다만, 완전하지 않습니다. 좀 더 근원적으로 예수 부활신앙은 만져본 후에, 경험해 본 후에, 느껴본 후에, 촉감적으로 만족스러움을 얻은 후에 생기는 것이 아니라, 예수의 음성적 발화에 대한 신뢰성에서 이미 그의 부활에 대한 확신을 얻을 수 있어야 합니다. 물론 듣는다는 것도 과잉되면 신비화되거나 사이비가 될 수 있는 여지는 얼마든지 있습니다. 그러나 보는 것보다 더 중요한 것은 듣는 것임을 분명히 하고 있는 것입니다. 다시 말해서 보는 것은 주체가 객체에 대해서 행하는 지배적인 행위라면, 듣는 것은 음성을 발화하는 주체가 들어야만 한다고 간주하는 객체에게 수동적으로 소리를 발화하기 때문입니다. 이로써 부활 사건의 신비와 그 확신은 인간이 수동적으로 그의 목소리를 먼저 듣는 데서 시작합니다. 시지각은 주체적, 능동적인 활동이지만, 청각은 객체적, 수동적인 활동입니다. 따라서 예수가 평화 운운하면서 제자들에게 다가왔다는 것은 본다는 행위보다 음성을 통한 보여짐, 음성을 통한 직관적인 현존 파악이 더 우선시되어야 한다는 것을 알게 합니다.

이와 같은 예수 부활 사건의 확신은 그가 하나님의 아들이라는 것을 증명해주는 사건임에 틀림이 없습니다. 아니 복음사가들과 원시 그리스도교 공동체에서는 그렇게 믿었습니다. 그렇기 때문에 부활에 대한 불확실한 신앙을 가지고 그의 현존을 보기 위해서 두리번거리거나 부활의 증거라도 되는 쪼가리를 찾기 위해서 계속 관찰만 하는 신앙인이 되어서는 안 됩니다. 부활 사건은 예수 사후에 이미 진행이 되었습니다. 평화라는 음성적 발화를 예수와 같은 심정을 가지고 외치는 순간, 그 음성적 발화의 신앙적 직관을 통하여 예수의 부활 현존을 목격할 수 있게 되는 것입니다. 부활이 거짓말이라느니, 또 불가능한 사건이라느니 하는 것은 부활사건이라는 것을 토마와 같이 보고 만지고 느끼는 감각적인 확실성을 전제하지 않으면 안 된다는 것을 뜻합니다. 하지만 예수 부활 사건은 동일하게 그와 같은 평화의 목소리를 공유하고 공동체적으로 발화하면서 동시에 사회 곳곳에 그 목소리를 퍼뜨린다면 그 목소리를 통하여 예수가 부활한 실체로서 현존한다고 믿게 될 것입니다. 무조건 부활을 믿어야 한다는 것이 아닙니다. 검증 절차를 거치지 않은 것을 단지 신앙의 영역으로만 치부한다거나 너무 쉽게 예수의 부활 감각을 동일한 맥락으로 일반화한다는 것도 위험천만한 일입니다.

다만 우리가 할 수 있는 일은 그분의 현존이 지금도 계속되고 있다는 사실을 몸의 소리, 소리라는 음성적 발화로 알려야 합니다. 시지각, 촉감각, 감성적이고 감각적인 느낌보다 선행되어야 하는 것은 문턱을 넘자마자 평화의 음성적 발화를 통하여 예수의 현존을 보여주는 것입니다. 그 음성적 발화, 즉 평화를 말하는 입, 평화를 말하는 몸이 아니기에 음성적 발화는 그저 목소리에 지나지 않게 되면서 예수 부활이 소음으로 폄하되는 것입니다. 예수가 부활했다는 것은 음성적 발화의 책임성입니다. 그것은 평화의 나눔, 예수와 평화의 공유, 동질성, 동질감에서 비롯됩니다. 평화의 동질감이 발생되지 않는데, 어떻게 예수가 부활했다는 공공연한 이야기가 사실로 받아들여지기를 바랄 수 있을까요? 음성적 발화, 평화의 음성적 발화는 사람들이 예수를 찾을 때 두리번거리거나 망설여서 그들이 예수를 아는 데 지각생이 되지 않도록 만드는 신앙의 목소리입니다. 그래서 그리스도인은 모두가 시인이 되어야 합니다. 두리번대다가도, 세상의 관찰자가 되다가도, 아름답고 신기한 주변 세계에 대한 관심을 갖다가도 어느덧 늦은 저녁 무렵이 되면 자신의 집으로 홀로 돌아오듯이, 시인은 한 발, 두 발 늦은 그를 탓하는 것이 아니라 그의 신앙을 찾는 감각들을 존중하려는 마음을 갖습니다. 시인이 아이들의 저녁 늦게 홀로 빈손으로 돌아온 눈망울에서 읽은 것은 그가 지나온 아름다운 감각적인 세계였다는 것을 잘 알고 있기 때문입니다. 다만 늦었다고 생각할 때에, 부활이라는 신앙 관념 혹은 신앙 실제에 대해서 조금 늦은 인식을 가졌다는 생각이 들더라도 부활한 예수가 제자들에게 말했던 첫 음성적 발화, 곧 평화라는 신앙 감성을 이제부터라도 공유하면서 시인과 같은 마음으로 사람들에게 부활감각, 부활감성을 알려주는 신앙인이 되어야 할 것입니다.

쓸쓸하고 공허한 것 뒤에

누가복음 24:13-35

살다보면 종종 그렇게 의지가 되었던 사람, 마음을 다 열고 사랑했던 사람, 애착을 가졌던 사물, 애정을 품고 정을 주었던 동물 등이 영원히 곁을 떠나는 경우가 있습니다. 상실감이 큰 사건들입니다. 그럴 때는 마음이 뻥 뚫린 듯 걷잡을 수 없이 밀려오는 그 쓸쓸함과 허전함, 그리고 허망함을 주워 담기가 너무 힘이 듭니다. 시인 백석의 「흰 바람벽이 있어」라는 시에는 그와 같은 쓸쓸함과 마음 가난함이 짙게 배어나옵니다.

> "오늘 저녁 이 좁다란 방의 흰 바람벽에/ 어떤지 쓸쓸한 것만이 오고
> 간다/ 이 흰 바람벽에/ 희미한 십오촉 十五燭 전등이 지치운 불빛을 내
> 어던지고/ 때글은 다 낡은 무명샤쯔가 어두운 그림자를 쉬이고/ 그리
> 고 또 달디단 따끈한 감주나 한잔 먹고 싶다고/ 생각하는 내 가지가지
> 외로운 생각이 헤매인다.

이제는 모든 것이 다 끝났다고 생각하고 패배의식조차도 한갓 사치에 불과한 듯이 터벅터벅 자신의 고향과 생업으로 돌아가는 예수의 제자들은 불가형언 쓸쓸하고 휑한 마음이었을 것입니다. 예수가 죽고 난 후의 상실감은 그가 살아날

것이라는 기억까지도 잊히게 만들만큼 큰 충격이었을 것입니다. 백석은 자신의 쓸쓸함과 마음이 가난함에 대해서 생각에 생각을 거듭합니다. 쓸쓸하다고 하는 말에는 이미 '쓰다'는 의미가 함축되어 있는 듯합니다. 입맛이 쓰든 경험이 쓰디쓴 상태가 되면 모든 감각은 미각처럼 아예 삶의 단맛을 떠올리지도 못하기 마련입니다.

예수에 대한 상실감, 예수에 대한 공허감은 아무런 생각을 할 수 없는 상태의 신앙으로 빠져들게 합니다. 다만 남아 있는 것은 그에 대한 아련한 기억들, 그 기억들이 그나마 자신들을 지켜주고 있을 뿐입니다. 그러나 쓸쓸하고 고독한, 허무한 마음은 또 다른 신앙의 가능성을 내포하고 있습니다. 과거에 있었던 것과 현재 없는 것을 비교하면서 무엇이 마음을 공허하게 만드는가를 관찰하기 시작할 때에 있음과 없음의 차이란 백지장 같다는 사실을 알게 됩니다. 죽어서 없어져 버렸다고 생각하는 존재는 기억과 재생, 회상과 재현을 통해서 있음이라는 상태로 회복할 수 있다는 것, 그것이 낙심한 제자들의 귀향길에서 일어난 사건의 의미입니다. 그들의 대화가 단지 공허하고 쓸데없는 비생산적인 것이 결코 아니었습니다. 생각을 불러일으킨 예수의 질문과 그 질문에 대한 대답을 전개하는 과정에서 일어난 그들의 기억은 하나둘 마음에서 일어나는 신앙의 재생과 재현을 가능하게 했기 때문입니다. 신앙의 상실감, 공허함, 그리고 쓸쓸함이라는 것이 반드시 비생산적이지 않다는 것을 증명하는 것입니다. 오히려 그러한 감정과 감각들을 잃어버렸다고 느끼는 순간, 절망에만 빠지는 것이 아니라 쓸쓸함 뒤에 도사리고 있는 실체 혹은 실재에 대한 생각을 더듬어 바로 그 존재를 실재화시키는 신앙으로 전환하게 되기 때문입니다. 마음의 쓸쓸함은 사람을 제대로 인식하지 못하고 사물을 잘 판단하지 못합니다. 쓸쓸함 뒤에 도사리고 있는 신적 직관이 기능을 하지 못하는 것입니다.

백석의 시를 조금 더 다루어보겠습니다.

그런데 또 이즈막하야 어늬 사이엔가/ 이 흰 바람벽엔/ 내 쓸쓸한 얼굴을 쳐다보며/ 이러한 글자들이 지나간다/ —나는 이 세상에서 가난하고 외롭고 높고 쓸쓸하니 살어가도록 태어났다/ 그리고 이 세상을 살아가는데/ 내 가슴은 너무도 많이 뜨거운 것으로 호젓한 것으로 사랑으로 슬픔으로 가득찬다.

마음의 쓸쓸함, 신앙의 쓸쓸함은 하나의 공간과 장소마저도 무의미하게 만듭니다. 애초에 그 공간과 장소가 쓸쓸한 곳은 아니었을 것입니다. 하지만 신앙의 쓰디 쓴 경험을 맛보거나 삶의 혁명적인 기획들이 무너져 내릴 때는 쓸쓸하다는 그 표현만으로는 부족할 정도로 도저히 묘사할 수 없는 절망감에 사로잡힐 수 있습니다. 심지어 자신의 실존을 나타내는 얼굴도 신앙의 환희나 희망, 그리고 새로운 비전을 위한 표정이 될 수 없습니다. 엠마오라는 공간적, 장소적 쓸쓸함의 극단은 결국 자신의 스승이었던 예수의 실존인 얼굴조차도 인식하지 못한다는 데에 있습니다. 우리는 엠마오로 내려가는 제자들의 이야기를 읽으면서 이 정황에 대해서 잘 이해가 가지 않습니다. 어떻게 지척에서 예수의 존재를 알아차리지 못하는 것일까? 그것은 역설적이게도 예수가 가진 영혼의 가난함, 영혼의 쓸쓸함 때문입니다. 모든 것을 다 내어준 예수의 비워짐은 그의 실존적 얼굴조차도 바짝 말라버린, 시들어버린, 자신을 위해서 남겨놓은 정신의 살점도 없는 상태이기에 아무도 알아보지 못한 것입니다. 이미 만인을 위해서 쓸쓸하게 살아가도록 정해진 운명, 외롭게 살아가야 할 운명인 예수의 실존적 얼굴은 상실에서 빚어진 쓸쓸함과 공허감을 경험한 제자들과는 사뭇 다른 차원의 모습입니다.

그렇다면 우리가 지닌 신앙의 쓸쓸함과 공허감은 무엇으로 극복할 수 있을까요? 이상하게도 말씀과 해석, 그리고 목소리의 일치, 혹은 연결이 불현듯 예수의 현존을 깨닫게 됨으로써 쓸쓸함과 공허함이 더 이상 쓸모가 없어져버렸습니다. 얼굴의 상단부에 위치한 눈은 물리적으로 보면 시각을 담당하는 것이지만, 그것은 인간의 1차적 인식 능력을 가능하게 하는 감각기관입니다. 시각으로부터 들어오는 정보가 뇌로 전달되어 인식이 가능한 것인데, 예수는 그 신앙의 인식 능력을 깨우기 위해서 목소리의 신뢰성, 말씀과 해석을 통하여 그들의 빈 마음과 공허한 영혼을 흔들어 깨운 것입니다. 말이 가진 능력입니다. 신앙의 언어는 그렇게 빈 마음, 닫힌 마음, 쓸쓸한 마음을 뜨겁게 만들고 예수의 분명한 현존을 느끼게 만듭니다. 한편 말은 그저 소리만은 아닐 것입니다. 소리보다 더 많은 말을 간직한 것은 마음의 침묵에서 비롯되는 말입니다. 그러니 영혼의 근저에서 흘러나오는 침묵의 언어가 오히려 더 깊은 신앙의 깨달음, 예수의 현존 감각을 일깨울 수 있을 것입니다. 따라서 신앙의 혼돈과 신앙의 쓸쓸함과 신앙의 무의미함, 심지어 신앙의 절망감에 이르렀을 때에 예수의 말씀을 깊이 생각함으로써 자신의 영혼을 구할 수 있도록 해야 할 것입니다.

백석의 시 마지막 부분을 더 읽어보겠습니다.

> 그리고 이번에는 나를 위로하는 듯이 나를 울력하는 듯이/ 눈질을 하며 주먹질을 하며 이런 글자들이 지나간다/ —하늘이 이 세상을 내일 적에 그가 가장 귀해하고 사랑하는 것들은 모두/ 가난하고 외롭고 높고 쓸쓸하니 그리고 언제나 넘치는 사랑과 슬픔 속에 살도록 만드신 것이다/ 초생달과 바구지꽃과 짝새와 당나귀가 그러하듯이/ 그리고 또 '프랑시쓰 쨈'과 도연명 陶淵明 과 '라이넬 마리아 릴케'가 그러하듯이[1941]

예수의 숙명은 하나님과 그에게 속한 백성들, 그리고 그 백성들을 위한 나라를 위해서 목숨까지도 가난해져야 하는 것이었습니다. 구원은 다시 한 번 그렇게 다가옵니다. 구원은 모든 것을 내버리는 것이라는 것, 구원은 사랑하는 사람들을 위해서 가난해질 수밖에 없다는 것, 그것을 제자들을 향해서 또 한 번 가르치고 있습니다. 구원의 도식은 예수천국, 불신지옥이 아니라 모든 것, 숨 타는 존재들은 모두 가난하고 쓸쓸하며 상처받은 존재들이니 그들을 위해서 가난하고 외롭고 쓸쓸한 존재가 되어주는 것입니다. 엠마오의 공간과 장소가 쓸쓸함과 공허함이 흐르는 곳이 아니라 다시 영혼이 살아 숨 쉬는 곳으로 변할 수 있었던 것은 바로 예수가 가난과 쓸쓸함, 그리고 외로움을 실제적인 신앙적 실천으로 승화시켰기 때문입니다. 지금까지 엠마오는 실망감, 허탈함, 절망감의 상징이었습니다. 그러나 엠마오는 그 오명을 벗어던졌습니다. 그 공간과 장소는 깨달음을 얻는 이들에게는 사랑의 공간이요, 슬픔을 머금은 이들에게는 희망의 장소가 되도록 하였습니다.

인생은 참으로 고독합니다. 외롭기 그지없습니다. 그래서 서로 붙어사는 공동체, 상호주관적 집단을 이루면서 살려고 합니다. 그뿐 아니라 각자의 신앙심을 가지고 살아가기도 합니다. 그럼에도 상처가 있고 쓸쓸하고 공허한 삶이라는 단순하고도 복잡한 심경으로 힘들어 할 때가 있습니다. 그것을 초월할 정도로 모든 사람이 다 성인이 될 수 없고 탁월한 지성을 지닌 철학자가 될 수는 없을 것입니다. 하지만 가난한 마음, 쓸쓸한 마음, 공허한 마음, 허무하고 허탈한 마음을 경험하는 엠마오의 신앙 언덕이 나타날 때마다 그 바깥에서 더 높은 차원의 가난과 쓸쓸한 영혼으로 구원의 화신이 되어주었던 예수를 기억해야 합니다. 그럼으로써 우리 자신도 그러한 존재자들에게 넘을 수 없는 벽과 같은 인생을 비애감을 가지고 살지 않도록 구원의 말, 순수한 가난과 진정성이 담긴 쓸쓸한 마음에서 우러나오는 말로써 구원을 공유하여 그들에게 구원이라는 글자가 새롭게 나타날 수 있도록 인도해 주어야 할 것입니다. 다행스러운 것은 예수가 몰고 다니는 바람은 검은 바람이 아니라 흰 바람이고 그가 만든 벽은 쓸쓸한 영혼, 외로운 영혼, 가난한 영혼을 위로하고 사랑하는 안식처라는 사실입니다. 그러므로 고개를 떨구지 말고 다시 예루살렘을 바라보십시오.

무한한 목소리에의 갈망

요한복음 10:1-10

목소리에 의존해야 하는 양은 주인의 목소리의 진위 여부에 따라 생사가 엇갈릴 수 있습니다. 목소리를 거부할 수 없는 동물의 처지에서 보면 그 목소리가 발언되는 그 존재에 의해서 삶과 죽음이 결정이 되기 때문입니다. 그래서 양은 무한한 목소리에의 동경과 갈망을 갖고 있습니다. 아니 목소리가 들리기만을 바랄 뿐입니다. 밥을 먹어야 하는가, 아니면 다시 우리로 들어가야 하는가, 그렇지 않으면 지금 자신들을 잡아먹으려는 들짐승들이 생명을 위협하는가, 라는 판단 또한 주인의 목소리가 어떠냐에 따라서 움직임의 반경과 속도가 달라지게 됩니다. 목소리는 그래서 단순히 양을 부르는 목소리가 아니라 주인의 존재 전체가 양들의 마음 하나하나를 헤아리는 진정성을 내포하고 있는 공기의 파장이어야 합니다. 강인한 시인의 「갚아야 할 꿈」이라는 시를 감상해봅시다.

> 자정의 비는/ 가로등이 하얗게 빛나는 곳으로 몰려간다./ 멈칫멈칫 내린다./ 거기 있을 것이다./ 느릅나무 이파리 뒤에 숨어/ 우는 민달팽이/ 푸른 울음, 기다란 한 줄이./ 내밀어 더듬는 뿔에/ 당신의 붉은 꿈이 걸린다./ 엎치락뒤치락 갚아야 할 당신의 꿈이시집, 「튤립이 보내온

　　양을 돌보는 주인의 목소리는 들을 향해서, 푸른 들을 향해서 몰려갑니다. 시인은 비가 가로등을 향해서 몰려간다고 했습니다만, 모름지기 주인의 목소리는 들판을 향해 나아가려는 관성이 있습니다. 목소리를 내뱉는 목자는 양을 몰기 위한 음성이라기보다 더 정확하게는 그들의 거처와 휴식처, 그리고 풀을 뜯기 안전한 장소를 향한 음성입니다. 음성, 곧 목소리는 그 장소를 향한 목소리로서 양들보다 먼저 당도합니다. 비가 몰리듯, 목소리는 들판에 몰려서 그 소리가 몰려 있는 장소로 양들이 몰리는 것입니다. 목소리는 그렇게 몰리고 쏠리고 가리키고 하면서 양들이 가고자 하는 그 길을 향해서 먼저 알리는 전령과도 같은 구실을 합니다. 그래서 목소리는 비가 멈칫거리며 조심스럽게 내리듯이, 멈칫거리기도 하고 쏜살같기도 하면서 완급을 조절하는 기능을 갖고 있습니다. 오늘날 목자라는 존재가 소리를 발화할 때 완급을 조절하지 못하고, 그 사태에 따라서 목소리를 존귀하게 여길 줄 모르는 것 같습니다. 오로지 급박한 속도의 목소리만을 내지르는 시대가 되어 버렸습니다. 종교가 시어처럼 멈칫거리는 것을 본 적이 없습니다. 멈칫거리면 시대적인 경쟁, 종교 전쟁에서 패배를 하는 듯이 생각하지만, 멈칫거림이 있어야 대상도 틈을 가질 수 있고 짬을 내어 사유할 수 있으며 자신의 위치를 가늠할 수 있게 되는 것입니다. 목자의 목소리가 신중을 기해야 하는 이유가 여기에 있습니다. 충분한 먹이의 장소가 확보되었다고 판단되는 곳을 향해 소리를 내는 순간, 미처 보지 못한 적을 만날 수 있습니다. 목소리의 욕망, 목소리의 과용, 목소리의 과신, 목소리의 권력을 가지고 휘두르다가 참혹한 결과를 가져오게 되는 것입니다. 따라서 목소리는 양보다 먼저 있어야 할 곳을 향해 내던지는 것도 중요하지만, 목자 자신을 향해 부르는 안전의 목소리, 사랑의 목소리, 신뢰의 목소리를 병행하지 않으면 안 됩니다.

목자의 목소리는 모든 양들을 이끌고 나가는 중요한 수단입니다. 거기에는 신뢰가 담보되지 않으면 불가능합니다. 양들이 따라가는 이유는 그 목소리에 대한 신뢰입니다. 목소리의 신뢰가 거기를 지시합니다. 목소리의 신뢰가 그곳을 보게 합니다. 목소리의 신뢰가 아무것도 보이지 않는 곳까지도 용기 있게 따라가도록 만듭니다. 반면에 목소리의 불신은 곧 목자의 낯섦으로 이어집니다. 목자의 낯섦은 가야 할 곳을 가고 싶지 않은, 가지 말아야 할 충동을 갖게 만드는 목소리의 불신에서 싹이 튼다는 말입니다. 목소리의 불신은 거기, 그곳을 지시하지 못합니다. 목자가 내는 목소리의 방향성과 장소, 목표를 같이 공유하지 못합니다. 목소리는 목자의 몸이 움직이는 방향과도 같습니다. 부르는 소리만이 목자의 목소리가 아니기 때문입니다. 목자의 몸이 양들에게 목소리처럼 보입니다. 목소리는 단지 음성, 곧 공기의 파장만을 일컫지 않습니다. 목소리는 시각적인 행동으로 보이기도 합니다. 그래서 곳곳에 존재하는 양 한 마리 한 마리는 목자의 침묵에도 불구하고 그 침묵의 소리를 행동을 통해서 잘 알아듣는 것입니다. 목자가 소리를 내지 않고 부르지 않는다고 해서 목소리가 부재하는 것은 아닙니다. 목자가 쥐고 있는 지팡이, 그리고 그의 발걸음, 그의 미소, 바람결에 날리는 그의 머리카락과 옷자락의 흔들림 등 모든 것들이 양들에게는 민감한 목소리의 시각적 메시지입니다. 그래서 목소리는 단순히 공기의 파장이 아닙니다. 목소리는 그 사람의 몸, 그 사람의 인격에서 나오는 소리입니다. 공기의 파장만으로 그 목자의 목소리를 판별할 경우에는 심각한 오류나 실수, 심지어 파국을 맞이할 수 있습니다. 목소리는 반드시 몸으로 파악을 해야 합니다. 목소리만으로 양을 속이고 양이 가야 할 장소를 그릇된 길로 인도할 수 있기 때문입니다.

그러므로 목자의 목소리와 양은 같은 꿈을 꾸고 있는지 모릅니다. 충분하게 자란 푸른 초장으로 인도해야 할 목자는 신뢰의 목소리로 자신을 희생할 상호 호혜적 사랑으로 목소리가 지시하는 푸른 장소를 대합니다. 목소리가 지시하는 장소는 이미 모든 존재들이 갚아야 할 빚과 같은, 은혜와 같은 장소입니다. 목자의 꿈은 자신의 목소리를 통해서 좋은 풀을 먹고 튼실한 생명을 유지하게 만드는 것이기에 양들의 꿈은 희생적인 꿈이라고 말할 수 있을 것입니다. 공통의 꿈이 없다면 목소리가 지시하는 푸른 장소로 나아간다는 것은 위험한 일이며 무의미한 일입니다. 하지만 서로 갚아야 하는 꿈, 즉 목자는 양들의 목소리를 귀담아 들으면서 그들을 사랑하고, 양들은 목자의 목소리를 들으면서 자신의 생명을 영위하는 것이니 서로 갚아야 할 꿈을 지닌 존재자들인 셈입니다. 우리가 착각을 하는 지점이 여기입니다. 양들은 목자들의 목소리에 의해서 먹고 사는 존재들이니 당연히 그들은 목자를 위해서 자신을 희생해야 한다고 생각합니다. 하지만 양들은 자신을 내밀어 목자의 목소리에 부응하면서 목자의 꿈과 동일한 꿈을 꾸려고 합니다. 그것은 목자의 목소리의 원천에 생명이 있다는 것이요, 양들의 욕망도 생명이 있는 것이니 목소리의 듣고 따름, 그리고 목소리의 존재와 부재는 모두 꿈을 갚는 그 장소의 공유성, 장소를 향한 열정과 기대의 공감에 있다고 할 수 있습니다. 그러므로 목자의 목소리가 우위에 있다거나 양들의 욕구나 욕망이 열등하다고 수동적이라고 말할 수 없습니다.

여기에서 우리는 우리 자신의 목자이신 예수에 대해 생각을 해보아야만 합니다. 예수는 친히 자신을 문이라고 말합니다. 목자이신 예수를 통해 들락날락 거린다면 안전할 뿐만 아니라 좋은 풀을 맘껏 먹을 수 있다는 것입니다. 예수가 거기 있을 것이다. 예수의 목소리가 멈칫거리는가, 아니면 살짝살짝 보이는 풀밭을 지시하고 있는가를 우리가 그의 목소리를 통해서 잘 간파해야 한다는 말씀입니다. 정작 우리는 예수에 대한 신뢰의 목소리를 외면하고 자신의 욕망의 목소리에 따라 우리 밖으로 나간 경우가 많이 있습니다. 좀 더 심하게 얘기하면 낯선 이들의 목소리에도 회의를 하지 않고 오히려 그 목소리를 신뢰의 목소리로 받아들이는 욕망적 존재이기도 했습니다. 이제 우리가 반성해야 할 것은 그렇게 불신과 사기, 거짓과 위선의 목소리를 나의 욕망에 따라서 받아들이고 낯선 목자들에 의해서 경도되어 그들의 목소리가 지시하는 곳으로 향했다고 하는 사실입니다. 하지만 그들의 목적은 우리의 영원한 생명, 영혼과 영혼이 맞닿아 공통의 신앙의 꿈을 꾸는 것이 아니라 파괴하고 와해시키려고 하는 데 있다는 것을 깨달아야 합니다. 예수를 통해서 우리가 들락날락거리지 않는다면, 그의 목소리가 지시하는 곳, 그의 목소리에 귀를 기울이지 않는다면 우리는 생명을 얻을 수도 없거니와 신앙과 삶의 안전성도 보장받을 수가 없습니다. 목소리가 우리를 기만하고 일방적으로 목자에게 꿈을 갚으라고 말하는 세상이 되어버렸습니다. 양이 가진 꿈조차도 빼앗으려고 달려듭니다. 아무도 세상은 선하고 순진무구한 양들을 보살피려고 하지 않습니다. 목자의 목소리라고 떠벌리는 사람은 많으나 그 목소리의 신뢰성과 진정성을 느끼기에는 턱없이 부족합니다. 우선적이고 선결해야 할 문제는 예수의 목소리인가, 아니면 예수를 가장한 목소리인가를 식별해야 합니다. 공연히 목자의 목소리가 지시하는 장소, 곧 사라지지도 않을 것이고 움직이지도 않을 푸른 초장에 대한 과욕으로 목자의 목소리가 익숙한지 낯선지, 선한지 악한지를 구분하지도 못하는 우를 범해서는 안 될 것입니다. 삶에 있어서 중요한 핵심은 초장이 아니라 목자의 목소리에 있다는 것을 잊어서는 안 될 것입니다. 거기에 목자인 예수와 양으로서의 우리가 공통으로 꿈을 꾸는 그 푸른 꿈이 걸려 있기 때문입니다.

불능과 전능의 사이

요한복음 14:1-14

종교를 갖는다는 것은 어쩌면 갖고 싶은 것소유과 가고 싶은 곳내세이 있기 때문인지도 모릅니다. 종교도 소유에 대한 욕망, 소유에 대한 안정감, 그리고 소유에 대한 점유의 희망을 성취시키고 싶은데, 그것을 신에게 투사하는 것입니다. 신을 믿으면 신이 그것을 대신 들어주지 않을까, 신의 마음에 들면 내가 하고 싶은 것을 이루어 주시고, 내가 갖고 싶은 것을 주시지 않을까 하는 기대를 갖고 신앙생활을 한다고 볼 수 있습니다. 게다가 가고 싶은 곳이란 우리의 죽음의 한계를 극복하고, 그 절망과 두려움을 좀 더 상쇄시켜줄 수 있는 장소가 있었으면 하는 바람이 강하게 작용하는 것이 사실입니다. 그러다보니 천국이니 극락이니 영원불멸이니 하는 인간의 궁극적인 행복의 상태를 염원하는 것입니다. 시인 최승자의 「내 청춘의 영원한」이라는 시는 이러한 마음이 잘 읽힙니다.

> 이것이 아닌 다른 것을 갖고 싶다/ 여기가 아닌 다른 곳으로 가고 싶다/ 괴로움/ 외로움/ 그리움/ 내 청춘의 영원한 트라이앵글"시집, 『이 시대의 사랑』, 문학과지성사에서

예수가 제시하는 것은 우리가 생각하는 '이것'이 아닙니다. 예수가 제시하는

것은 '다른 것'입니다. 사람들은 이것을 갖고 싶어 합니다. 이것만이 이 세상을 살아가는 데 꼭 필요한 것이라고 철썩 같이 믿습니다. 그래서 하나님에게 꼭 이 것을 주십시오, 라고 기도를 합니다. 그러면서 이것을 꼭 보여주십시오, 라고 덧붙입니다. 그런데 가만히 보면 그리스도교에서 추구를 해야 할 것은 이미 예수 자신이라고 가르칩니다. 요한복음사가도 바로 그 점을 분명히 하고 있습니다.

"내가 곧 길이요 진리요 생명이다. 나를 거치지 않고서는 아무도 아
버지께 갈 수 없다."

봐야 할 존재, 그리고 소유를 해야 할 존재는 다름 아닌 예수라는 존재라는 것, 그래야 얻고자 하는 것을 얻을 수 있다는 것입니다. 우리가 보고 싶고, 갖고 싶어 하는 대상은 일반적인 사람들이 추구하는 것과는 다르다는 것, 예수를 통한 길, 예수의 길, 예수를 마음에 품는 것이 진정한 신앙인의 자세라는 것을 일깨워주고 있는 것입니다. 분명한 것은 신앙이 추구해야 하는 것이 '이것'이 아닌 '저것'이 아니라, '이것'이 아닌 '다른 것'이라는 사실입니다. 저것이라고 해서 꼭 다른 것이 아닙니다. 다른 것은 추구하는 바가 대안적이고 차선적인 것이 아니라 차별적이고 구별적인 완전히 차이가 있는 대상이라는 것을 가리킵니다. 이처럼 우리가 신앙에서 추구하고 찾아야 하며 지향해야 하는 대상은 완전히 다른 존재, 곧 예수라는 존재, 예수라는 삶, 예수라는 길임을 깨달아야 합니다.

마찬가지로 종교인이 궁극적으로 가야 할 장소, 가야 할 공간은 여기가 아닌 저기가 아니라 여기가 아닌 다른 곳이라는 점은 불가능한 장소나 공간을 말하는 것이 아니라 종래의 관념을 바꾸라는 것입니다. 아무리 그리스도인이라도 성서적 정보나 인식이 아니라 과거 교리적으로 문학적으로 포장되어진 식견으로 예수가 가리키는 장소나 공간으로 착각을 하는 경우가 너무 많다는 사실입니다. 그러나 신앙인이 가야 할 장소나 공간은 그와는 다른 곳입니다. 다른 곳, 그곳은

장소와 공간으로서의 예수를 뜻한다고 볼 수 있습니다. 그를 체험하고 인식한 신앙인이라면 장소와 공간의 신비함은 여기에 있지 않다, 즉 현실적이고 세속적인 데 있지 않다는 것을 알 것입니다. 장소와 공간의 신비성, 그리고 초월성을 왜 예수와 전혀 다른 곳에서 찾아야 하는지 이해할 수가 없습니다. 그는 우리가 있어야 할 공간이자 장소입니다. 그는 우리가 갖춰야 할 자세요 태도입니다. 그는 우리가 갖고 있어야 할 소유의 대상입니다. 물론 소유란 나의 사적 대상으로서 누구와도 공유되어서는 안 되는 재산과도 같은 존재라는 말은 아닙니다. 정신적 가치나 영성적 수준의 척도로서의 존재의 소유라는 말입니다.

시인이 말하고 있는 것, 즉 과거와 현재로서의 나 자신은 괴로움, 외로움, 그리움이라는 인간 실존의 경험에서 벗어날 수 없습니다. 공교롭게도 이러한 실존은 신앙 실존에서도 동일하다는 것입니다. 예수가 겪은 자신의 괴로움과 외로움, 그리고 신에 대한 그리움의 체득이 고스란히 우리 인간의 삶에서도 나타날 수밖에 없습니다. 새로운 삶을 위해서 신앙 실존은 괴로움과 고독이라는 것을 받아들여야만 하고, 새로운 세계에의 동경, 새로운 시작으로서의 행동의 결단을 위해서는 신에 대한 그리움, 가난한 이들에 대한 그리움은 우리의 신앙 실존의 과제로 삼아야 합니다. 괴로움과 외로움, 그리고 그리움의 실존적 감정들은 예수 안에 있는 하나님의 현실이기도 합니다. 그래서 우리가 보고 싶어 하고 경험하고 싶어 하는 신앙의 대상으로서의 하나님은 예수의 삶 안에 투영되어 있습니다. 그를 보면 하나님의 마음과 현실, 우리를 대하는 그분의 생각을 읽을 수 있습니다. 우리가 하나님의 이름을 호명이름할 수 있는 용기가 생기는 이유가 여기에 있습니다. 하나님을 보지는 않았지만, 또 영원히 볼 수 없다고 하여도 하나님의 이름을 호명한다고 하는 것은 예수를 통한 삶의 전능을 믿고 보았기 때문입니다. 호명의 전능성은 불능이라는 것을 남겨 놓지 않는다는 사실을 예수를 통해서 알게 되었기 때문입니다. 괴로움, 외로움, 그리고 그리움의 인간 실존은 현실적으로 매우 힘든 삶의 과정들을 나타내는 기분들입니다. 그런데 이러한 실존적인 기분들을 하나님의 현실로 받아들이고 그것을 예수를 통해서 동일하게 느끼게 함으로써 그 실존적인 기분들이 결단코 인간만의 것이 아니라는 데에서 우리는 전능은 아니라 하더라도 불능의 가능성만은 생각하지 않을 수 있는 것입니다. 그런 의미에서 이름으로 구하는 것, 즉 예수의 호명을 통하여 무엇인가를 얻고자 하는 인간의 욕망까지도 채워주시겠다는 의지는 이 세상의 불능의 가능성을 열어놓지 않겠다는 것으로 들립니다.

예수의 호명을 거론하는 신앙인은 많지만 그 호명이 무엇을 의미하는지는 잘 모르는 경우가 많이 있습니다. 호명을 그저 사적인 욕망으로 한다면 다른 것, 다른 곳을 지향한다고 볼 수 없습니다. 우리가 예수를 호명하는 궁극적인 이유는 다른 것과 다른 곳을 바라서입니다. 그것이 아니라 사적 욕망으로서의 이것, 저것을 원해서라면 그 호명의 방향성을 잘못 짚은 것입니다. 호명을 통하여 얻고자 하는 것을 다 들어주시겠다는 약속은 그 호명의 방향성과 일치할 때에만 가능한 일입니다. 호명의 방향성이 실종이 되고 오로지 이름만이 남아 있다면 그것은 그저 음성이나 소리로만 존재하는 것에 지나지 않습니다. 소리나 음성이 실존적 몸에서 비롯된 것이 아니라면 울림이 있으려야 있을 수가 없습니다. 그렇기 때문에 다른 것과 다른 곳의 발견이 어렵게 되는 것입니다. 다른 곳과 다른 것으로서의 예수의 존재가 우리에게 새롭게 다가오게 하려면 호명의 방향성에 따른 올바른 울림이 전제되어야 합니다. 예수의 호명이 불능이 아니라 전능이 되려면 한갓 소리로만 내지르는 말이 되어서는 안 됩니다. 예수의 호명이 결국 하나님의 호출이라는 명료하고 확신에 찬 소리가 아니라면 호명의 결과로서 주어지는 전능은 결코 나타나지 않을 것이기 때문입니다.

적어도 예수가 우리에게 전능을 약속했다는 것은 하나님의 호출에 대한 무한한 신뢰가 있었기 때문입니다. 자신의 삶이 하나님의 호출임을 보여주었고, 사람들에게는 그 삶을 통해서 하나님의 호출이 언제든지 가능하다는 것을 알게 해주었던 것은 자신의 호명과 하나님의 호출의 일치를 믿지 않았다면 어려웠을 것입니다. 그러므로 하나님을 우리 앞에 호출하기에 앞서 예수를 호명할 수 있는 사람, 그 호명을 통해서 하나님의 호출을 저울질 하지 말아야 합니다. 호명은 달리 예수를 통해서 하나님 안으로 들어감을 뜻합니다. 호명을 통한 하나님의 호출은 그분이 나와 인간의 괴로움, 외로움, 그리고 그리움의 실존적 기분을 어루만져 줄 것이라는 믿음을 가지고 다른 곳, 다른 것의 존재로서의 하나님 안으로 들어가는 것이나 다름이 없습니다. 진정한 호명과 호출은 바깥으로 불러내는 것이 아니라 오히려 안으로 들어가기 위한 것임을 명심해야 합니다. 인간의 관계에서 호명이나 호출이 타자나 대상을 자기 자신의 방향으로 틀 잡기 위한 것이라고 생각할 수 있지만, 이치적으로 볼 때 내가 타자나 대상 안으로 들어가기 위해서, 만나기 위해서 호명하고 호출하는 것입니다. 신과의 관계도 이와 동일한 맥락에서 이해할 수 있습니다. 예수를 호명하고 그것을 통하여 하나님을 호출하게 될 때, 우리는 그 안으로 들어가 일치를 하게 되는 것이고, 이로써 우리가 얻고자 하는 것, 우리가 가고자 하는 곳으로서의 존재를 바라보게 되는 것입니다.

사람들은 살아가면서 앞으로도 무엇인가 계속 취하고 싶어 할 것입니다. 그리고 죽고 난 후의 이상적인 장소도 마련이 되었으면 하고 바랄 것입니다. 종교는 그것을 그저 현실적으로 약속하고 있는 것이 아닙니다. 좀 더 적극적인 의미에서 신 바깥이 아니라 신 안으로 들어가라, 그러면 모든 것을 성취하게 되리라는 것을 말하고 있습니다. 그런데 호명과 호출을 소리로만 하려고 합니다. 바깥에서 말하는 사람들의 목소리는 안으로 들어가고 싶어 하지 않는 욕망의 메아리일 뿐입니다. 분명히 예수는 자신이 다른 곳, 다른 것이라고 말합니다. 그렇다면 시선과 응시를 욕망하는 현재나 바깥이 아니라 길이요 문이요 거울인 예수인지

모릅니다. 그 신앙실존의 근간이요 바탕인 그다른곳/그다른것에 다다라야만 우리

도 삶의 전능과 불능 사이에서 헤어 나올 수 있을 것입니다.

혼자라는 착각과 신앙실존의 불확실성

요한복음 14:15-26

인간은 신앙을 갖고 있든 갖고 있지 않든지 간에 혼자라고 느낄 때가 참 많이 있습니다. 그것을 철학에서는 '실존적 고독'이라고 말을 합니다. 하지만 신앙의 본질적인 측면에서 보면 인간은 외롭지 않은 존재입니다. 나라는 존재, 그것은 끊임없이 사유를 하고 타자와 관계를 맺고 있으니 외로울 틈이 없을 것 같습니다. 더군다나 초월적 존재를 믿는다는 것 자체가 나 아닌 다른 존재에 대한 확신을 전제하고 있기 때문입니다. 비록 눈에 가시적으로 보이지 않지만 당연히 인간과는 절대적으로 다른 존재를 상정하고, 그 존재가 나의 염원과 고충, 그리고 삶의 애환들을 잘 들어 줄 것이라고 생각을 합니다. 일종의 어떻게 보면 철학적 토대주의와도 같습니다. 마치 데카르트가 믿어 의심치 않는 존재인 '나'라는 존재가 있다는 것을 규명함으로써, 서구 철학의 획기적인 발상을 가져온 것처럼, 나를 보살펴주고 내세까지도 보살펴 줄 초월적 존재가 확실히 있다는 신앙적 토대주의는 우리를 안심시키기에 충분합니다. 이렇게 데카르트의 회의주의는 주관적 토대주의라는 말로 해석하기도 합니다. 그렇다고 사유하는 내가 있다, 그 사유하는 나에 대한 확실성과 절대성, 명증성에 대한 비판이 없는 것은 아닙니다. 나라는 존재의 그 나ch/Ego는 자명한가?, 라는 의문을 던지면서 그 나라는 존재가 세계를 보는 것이 아니라 역으로 대상 세계가 보인 것이 아닌가?, 라는 반론을 제기하는 것입니다. 프랑스 철학자 모리스 메를로-퐁티Maurice Merleau-Ponty의 입장이 그런 경우입니다.

여기에 신앙의 토대적 확실성은 바로 성령이라는 존재의 곁에-있음, 함께-있음의 존재론적 확신에 기반을 둡니다. 그것은 주관적 토대주의에 입각하여 성령이 존재한다, 성령이 함께 한다고 생각하는 것이 아니라 부여받는 것, 예수라는 존재에 의해서, 그 역할을 대신할 존재를 선물로 부여 받아 나와 함께 있게 한다는 것을 예수가 약속을 했다는 것입니다. 이처럼 예수의 존재가 현존한다는 느낌과 인식을 갖게 만드는 것은 바로 성령이라는 분이 있기 때문입니다. 그것은 우리가 원한 것이 아니라 예수가 보낸 것이고 예수가 요청한 것이고 예수가 우리를 위해서 마련한 선물입니다. 작가 천양희의 「실패의 힘」이라는 시를 보면 이런 문장이 눈에 들어옵니다.

> 내가 살아질 때까지/ 아니다 내가 사라질 때까지/ 나는 애매하게 살
> 았으면 좋겠다.

신앙에서 애매성이란 존재한 적이 없습니다. 그리스도교 신앙에서 애매하다는 것은 결국 불신과 불확실성과 연결되기 때문에 결코 애매성을 논한 적이 없습니다. 더군다나 예수의 삶과 상실의 경험에서도 애매성이 아니라 더욱 굳은 확신과 약속, 그리고 구원에의 확증, 미래에 대한 소망들이 증폭되어 나타났습니다. 그러므로 시인이 말하듯이 내가 능동적이고 적극적으로 살아가는 것이 아니라 살아지는 경우라 하더라도, 그리고 끝내 사라지는 그 순간까지도 애매성을 용납하지 못하는 종교가 바로 그리스도교라는 사실입니다. 왜냐하면 예수는 우리를 위해서 협조자요 진리의 담지자를 보내서 함께 있도록 하겠다고 약속을 했기 때문입니다.

기실 그와 같은 협조자요 영원히 우리와 함께 존재할 것이라는 성령은 우리가 앞에서 언급했던 데카르트적인 주관적 토대주의에 의해서 확증될 수 있는 존재가 아닙니다. 오히려 그는 우리의 신앙적 자아에 의해서 보는 것이 아니라 보이는 것입니다. 아니 요한복음사가의 표현대로 알려짐으로써 알게 되고, 우리와 함께 살아지게 됨으로써 우리 안에 계시게 된다는 것을 깨닫게 될 뿐입니다. 외롭지 않도록, 우리의 신앙이 자꾸자꾸 새로워질 수 있도록 하는 토대는 우리의 인식이 아니라 성령이라는 존재를 보내 주신 예수로부터 이루어진다는 것입니다. 물론 그 과정에서 우리는 역설적이게도 우리 스스로가 살아지는 것인지, 사라지는 것인지 그 애매모호함 속에서 자신의 삶의 주체성을 찾기 위해서 다시 주체성의 토대론을 찾으려고 할지도 모릅니다. 하지만 그러면 그럴수록 신앙의 토대는 나로부터 설정되는 것이 아니라 예수, 그리고 그가 보낸 성령에 의해서 이루어진다는 것을 새삼 깨닫게 될 것입니다. 왜냐하면 인간 실존의 고독이 깊어지면 깊어질수록 친구요 변론가요 협조자인 성령이 더 깊이 나의 삶에 개입한다는 것을 느끼게 되기 때문입니다. 그런데 더 근원적으로는 신앙의 근본적인 토대는 예수에 대한 인식에 있습니다. 예수가 보내겠다고 한 존재인 성령을 받아들일 것인가 말 것인가, 그에 대한 확신을 가질 수 있는가 없는가는 예수에 대한 토대, 나의 존재의 토대인 예수에 대한 확인이 없으면 불가능합니다. 여기에서 신앙의 애매성이 사라집니다.

신앙의 애매성을 넘어서게 하는 예수의 말 중에, 매우 위로가 되는 말은 우리를 고아처럼 내버려두지 않겠다는 말입니다. 고아는 실존적으로 내던져진 존재, 배려 받고 보호 받을 수 없는 정신적, 육체적 고립과 소외의 신분입니다. 그뿐만 아니라 신앙적 고아 역시 의지와 의존의 대상이 전혀 존재하지 않는 상태를 일컫습니다. 텍스트에서 말하는 고아는 아마도 1세기 당시의 요한공동체의 상황을 반영하는 말이라고 여겨집니다만, 어떠한 박해와 고난, 그리고 신앙적인 고립

상태, 유기 상태라고 하더라도 예수를 믿는 신앙인을 꼭 지키겠다는 약속이라고 해석할 수 있습니다. 그에 대한 전제 조건이 있습니다. 예수에 대한 사랑입니다. 사랑하는 존재에게 자신을 나타나 보이겠다는 말은 홀로 남겨져 있다고 하더라도 사랑의 힘으로 사랑의 현존 그 자체인 존재를 끊임없이 드러내는 것을 의미합니다. 그러면서 동시에 자신이 사랑하는 존재와 일치가 되면서 신앙의 고독과 실존적 고독을 오히려 더 승화시켜 나가는 신앙인이 될 수가 있는 것입니다. 천양희 시인은 바로 그것을 '홀로 우월함'으로 표현합니다.

> 비가 그칠 때까지/ 철저히 혼자였으므로/ 나는 홀로 우월했으면 좋겠다.

인간이 오롯이, 절대적으로 혼자인데 과연 우월할 수 있을까요? 혼자일수록 열등의식에 시달리고 자신을 한없이 낮고 비천하게 끄잡아 내릴 수 있는 상태, 그것이 홀로 실존입니다. 혼자가 독립성과 주체성을 가진 존재가 되기 위해서는 내면에 쌓인 내공, 즉 말, 혹은 음성적 언어의 흔적들이 각인되고 기억되어 있어야 합니다. 홀로 내버려져 있을 때 나를 지킬 수 있는 것은 내면의 묵직한 신앙의 언어, 곧 하나님의 말씀입니다. 그 말씀을 잘 지키면 예수의 실존이 우리에게 머무는 것이고, 예수에 대한 사랑을 드러내는 것입니다. 당연한 논리이지만 신앙인이 진정한 주체성을 갖지 못하는 이유는, 내면에 바로 거룩한 음성적 언어의 흔적들이 잔존하는 잉여의 힘이 없기 때문입니다.

성스러운 음성, 말로 각인된 기억들에 의해서 체득한 신의 현존이 내면에서 작동되면 그야말로 신앙인은 살아지는 것입니다. 동시에 자신의 토대라고 생각했던 자아는 사라지는 것이고 오직 예수의 현존만이 남아 활동하게 됩니다. 그런데 그 성스러운 언어, 말의 흔적을 잘 생각나도록 하는 존재는 바로 성령입니다. 성령은 말에 의해서 새겨진 하나님의 체험들을 떠올리게 합니다. 생동하게 하고 홀로가 아니라 함께 그리고 같이 살고 있다는 것을 알게 해줍니다. 홀로라고 하는 두려움과 실존적 고독을 이겨내게 해주는 원동력이 됩니다. 시인의 시는 이렇게 끝을 맺습니다.

> 지상에는 나라는 아픈 신발이 아직도 걸어가고 있으면 좋겠다/ 오래 된 실패의 힘으로/ 그 힘으로"시집, 『새벽에 생각하다』, 문학과지성사에서

프랑스 철학자 알랭 바디우A. Badiou는 "철학은 논리적 봉기"요, "혁명의 욕망"이라고 말했습니다만, 바로 시인은 실패를 통해서 신앙의 논리적 전복을 꾀하고 있는 것입니다. 시인은 실패가 아픔과 고통, 그리고 좌절이 될 수 있지만, 역설적으로 오히려 힘이라고 말합니다. 홀로의 실존은 홀로 된다는 것이 실패일 수도 있지만, 실제적으로 홀로이기 때문에 실패할 수도 있습니다. 그렇지만 실패는 곧 힘이라는 발상은 신앙에서도 고스란히 적용이 됩니다. 홀로 있음으로 해서 공동체성을 갖지 못하기 때문에 삶과 신앙의 실패가 발생할 수 있다고 단정 지을 수 있습니다. 하지만 홀로는 자신의 내면에서 거룩한 음성을 불러낼 수 있는 신앙 실존의 긍정적 동기가 될 수 있습니다. 홀로-있기는 곧 성령과-함께-있기라는 등식이 예수가 원했던 공식이었기 때문입니다. 홀로-있는-존재일수록 성령과-함께-있기를 강하게 염원할 수 있습니다. 홀로-있음은 내면에 있는 말씀이 활동할 수 있음, 성령이 그 성스러운 말씀의 흔적들을 들추어내도록 자신의 토대를 그에게 넘겨 줄 수 있음을 나타냅니다. 그러므로 홀로-있음과 고아는 결코 결핍된 존재, 신앙의 불완전성을 나타내는 말이 아니라 하나님의 현존이 정신적으로, 육체적으로 더 강력하게 침투할 수 있는 신앙인의 실존적 토대입니다. 동시에 비트겐슈타인이 "철학자는 해방의 단어를, 즉 지금까지 우리의 의식을 막연히 짓눌러 온 것이 무엇인지를 마침내 파악할 수 있게 하는 그런 단어를 찾고자 분투한다"고 말했던 것처럼, 그것들은 요한복음사가가 예수의 입을 빌려서 그리

스도인들에게 던진 해방의 단어, 신앙적 자유로움의 단어라고 볼 수 있습니다. 이렇듯 홀로-있음은 내팽개쳐져 있음이 아니라 "나라는 아픈 실존"과 함께 있음이요, 내면의 성스러운 말의 작용을 통한 해방이요 자유의 가능성이라는 것, 그리고 성령의 접근통로, 성령의 더불어 있음의 은총 상태임을 간과하지 말아야 할 것입니다.

이루지 못한 하나 됨의 수치,
반어법적인 하나 됨과 일치

요한복음 17:1-11

그리스도교 공동체에서 제일 중요한 신앙 덕목을 대라면 단연 '사랑'이라고 말할 것입니다. 꼭 그리스도인이 아니어도 굳이 부인하지 않을 것입니다. 그 다음으로 손을 꼽으라고 한다면, '하나 됨' 혹은 '일치'합일라고 말할 수 있을지 모릅니다. 이것은 예수가 유언으로 남긴 것으로 간주되어 시종일관 그리스도교 공동체에 올리는 신앙적 권고 사항입니다. 그런데 실상 그리스도교 공동체는 하나가 되지 못하고 있습니다. 사람도 자신의 부모가 돌아가시기 전에 유언으로 남긴 말은 잘 지켜보려고 애를 씁니다. 하물며 그리스도인은 신앙의 비조인 예수의 유언을 잘 지키고 있지 못하고 있으니 수치요 치욕이나 다름이 없습니다. 교회 공동체는 말할 것도 없고, 형제와 자매, 심지어 부모와의 관계도 잘게 잘게 찢어져 있는 것을 볼 수 있습니다. 이런 분열은 사회와 국가, 그리고 세계에서도 쉽게 찾아볼 수 있습니다. 특히 국교는 아니더라도 다수가 그리스도인인 나라이거나 심지어 그리스도교를 국교로 하는 나라에서조차도 세계에 대해 폭력을 휘두르고 살인과 위협, 협박과 공갈 등으로 다른 이웃 나라와의 갈등을 조장하고 분열을 일삼는 것을 보면 예수의 유언을 결코 하등의 신앙 가치로 여기고 있지 않다는 생각을 갖게 합니다.

　손택수 시인의 「나무의 수사학1」이라는 시를 잠깐 톺아보겠습니다.

　　　꽃이 피었다, / 도시가 나무에게 / 반어법을 가르친 것이다 / 이 도시의
　　　이주민이 된 뒤부터 / 속마음을 곧이곧대로 드러낸다는 것이 / 얼마나
　　　어리석은가를 나도 곧 깨닫게 되었지만 / 살아 있자, 악착같이 들뜬
　　　뿌리라도 내리자 / 속마음을 감추는 대신 / 비트는 법을 익히게 된 서
　　　른 몇 이후부터 / 나무는 나의 스승

　예수가 말한 것처럼, 그리스도인은 하나님의 사람들입니다. 하나님의 사람들
인 그리스도인이 예수의 염원처럼 하나가 되기 위해서는 위험에 노출된다 하더
라도 타자에게 속-마음을 내보일 수 있어야 합니다. 아니 좀 더 정확하게는 겉과
속이 같은 마음을 가지고 있어야 합니다. 물론 그러다가 삶의 곤란함 혹은 곤경
에 처하는 경우가 왕왕 발생하기도 합니다. 속-마음을 드러내는 순간, 사람들은
그 속을 헤집고 들어와 타자에게 폭력을 행사하고 상처를 주기도 하니 어느 누가
사람과 사람의 관계를 사랑과 신뢰를 통해서 일치된 마음을 가지고 신을 섬기고
삶을 나누려고 하겠습니까? 그리스도인뿐만 아니라 많은 사람들이 시인이 말하
고 있는 도시민이나 이방인과 같은 낯선 사람들의 집단이 되고 있는 것이 현재의
사회 모습이고 교회의 모습이기도 합니다. 그러니 사람들은 속-마음을 감추고
하나 같이 가면을 쓰고 타자를 대합니다. 진실은 사라지고 오직 가식의 진리만이
난무할 뿐입니다. 그러면서 우리는 사랑을 운운하고 하나님에 대한 신심을 논하
는 매우 모순된 신앙 행태를 보이고 있는 것입니다.

　신앙의 공동체는 여러 다양한 사람들이 공존을 해야 하고 서로 다른 생각들과
가치들을 의사소통을 통해 합의하면서 하나의 마음, 하나의 정신, 하나의 사랑
으로 나아가야 합니다. 그러기 위해서는 어떻게 해야 할까요? 작가의 시 후반부

를 읽어보겠습니다.

> 그가 견딜 수 없는 건/ 꽃향기 따라 나비와 벌이/ 붕붕거린다는 것,/
> 내성이 생긴 이파리를/ 벌레들이 변함없이 아삭아삭/ 뜯어 먹는다는
> 것/ 도로변 시끄러운 가로등 곁에서 허구한 날/ 신경증과 불면증에
> 시달리며 피어나는 꽃/ 참을 수 없다 나무는, 알고 보면/ 치욕으로 푸
> 르다 시집, 『나무의 수사학』 수록

적어도 예수가 남긴 유언이 다 소진되지 않게 하려면, 그래서 끝내 하나 되는 공동체, 서로 다르나 각자를 존중하면서도 하나를 지향하려면 도시의 자동차 길가에 서 있는 나무처럼 치욕스럽다 하더라도 견뎌야 하며, 수치스럽다 하더라도 서로 간의 마음을 신뢰하려는 의지를 포기해서는 안 됩니다. 그런 의미에서 나무는 우리의 스승입니다. 그가 사시사철 온갖 계절과 기후의 변화나 뜻하지 않은 변수에도 견뎌내는 것을 보면 오늘 우리가 하나 되는 공동체를 이루는 좋은 실마리를 발견하게 됩니다. 시인이 말하는 것처럼, "치욕으로 푸르다"는 마지막 표현은 오늘날의 신앙 공동체에게 주는 메시지와도 같습니다. 설령 공동체 내에서 아무리 복잡하고 난감한 일들이 벌어졌다고 해도 나무가 숱한 치욕에도 불구하고 버티는 것처럼, 그래서 끝내 푸르름을 간직하는 것처럼, 우리도 그렇게 삶을 살고 신앙을 유지시켜 나가야 합니다. 나무라는 하나의 생명체가 살아가기 위해서 오로지 고착된 상태로 외부/바깥에서 영향을 주는 것을 온 몸으로 다 받아내야 한다는 것을 잘 알고 있습니다. 신앙 공동체의 구성원들 하나 하나는 모두가 공동체를 이루는 유기적 생명체입니다. 신앙 공동체가 잘 형성되어 나가고 와해되지 않으려면 온갖 외부 조건과 영향으로부터 자유로워져야 합니다. 자유롭다고 해서 아예 무시를 하겠다는 것이 아니라 더 적극적으로 수치스럽고 치욕스러운 것들을 감내할 수 있어야 한다는 것을 뜻합니다. 이것은 공동체 내부/안에서

도 마찬가지입니다. 공동체를 구성하는 각 개인들이 서로를 수치스럽고 치욕스럽게 할 수 있습니다. 그러나 나무가 묵묵히 자신을 지켜내면서 꽃을 피워내듯이 공동체 구성원 역시 하나 됨이라는 신앙의 꽃을 피울 수 있어야 합니다.

공동체가 와해되고 단결하지 못하는 이유는 기실 외부의 조건 때문에 그런 것이 아닙니다. 오히려 내부의 조건, 내부의 분열에서 기인하는 경우가 많이 있습니다. 한 종단의 생사여부는 외부의 영향력에 어떻게 대응하느냐 하는 것에 달려 있기도 하지만, 내부의 문제, 내부의 균열로 인해서 심각한 위기에 처하는 것임을 간과하지 말아야 합니다. 애초에 태생부터가 그리스도교는 치욕과 수치의 공동체였습니다. 그래서 그리스도교는 항상 그 수치와 치욕을 어떻게 씻어낼 것인가를 고민해 왔습니다. 시속에 등장하는 반어법, "꽃이 피었다"는 분명히 도시와 생래적으로 다른 결과물일 것입니다. 도시의 속과 겉은 분명히 다를 텐데, 나무 역시 반어적으로 도시의 속성과는 다른 반응으로 도시를 치욕스럽게 합니다. 앞에서 말한 것처럼, 생존의 법칙과 원리를 터득한 사람들은 속-마음을 감춥니다. 신앙도, 기도도 마찬가지입니다. 하나님과 종교신앙 공동체에 내놓고 싶은 것만, 내놓더라도 흠이 되지 않을 것 같은 마음만 보일 뿐입니다. 그런데 사실 알고 보면 도시의 나무, 도시의 마음이 타자와 소통을 하려고 마음을 먹는다면 어느 정도의 상처는 감수해야 합니다. 도시의 종교, 도시의 마음, 시민의 종교, 시민의 마음, 종교의 마음이 서로 일치되고 하나 되기 위해서는 타자에 의해 어쩔 수 없는 수치와 치욕을 경험할 수 있음을 두려워해서는 안 됩니다.

나무의 수사학에서 배울 수 있는 것은 종교의 수사학, 종교 언어, 종교적 마음, 신앙공동체의 일치와 화해의 마음의 수사학이 어떠해야 하는가를 알게 해준다는 것입니다. 예수가 말했습니다. '모두가 하나님의 사람들'이라고 말입니다. 그러한 인식이 생기면 서로 달라도 소통할 수 있고, 틀려도 하나가 될 수 있고, 수치와 치욕의 감정을 불러일으킨다고 해도 일치하고 하나가 될 수 있다고 믿는다면, 그것이 종교 공동체의 신앙적 수사학으로 자리 잡게 되는 것입니다. 공동체적 삶을 살다보면 나무처럼 가만히 서 있는 나를 귀찮게 하고 괴롭게 하는 일이 다반사로 일어납니다. 그럴 때 나무는 신경이 날카로워지고 부정적 감정이 생기며 급기야 치욕과 수치를 느끼게 됩니다. 그러나 안/내부와 바깥/외부의 경계를 무너뜨리는 나무에게서 푸른 잎이 돋아나고 아름다운 꽃이 만개한다는 사실을 알아야 합니다. 작가가 '나무는 나의 스승'이라고 말한 이유가 여기에 있습니다. 내부/안을 시끄럽고 혼란스럽게 만드는 여러 가지 요인이 있습니다. 그런 힘에 의해 종교심과 신앙심의 균형이 깨지면서 평정심과 평상심을 잃고 오직 마음의 문제임에도 불구하고 바깥/외부만 탓하는 게 우리들입니다. 하지만 고독하게 서서 외로운 신앙 투쟁과 주체성을 묵묵히 지키려는 사람에게는 상호일치와 공통적인 정신과 종교의 유대감으로 함께 신을 향해 나아가는 순수함, 협력이 생길 것입니다. 그뿐만 아니라 그로인한 종교 공동체가 좋은 향기, 곧 하나 됨의 신앙적 향기, 인격과 덕성의 향취, 신과의 합일을 통한 온전하고 순수한 자기를 찾게 될 것입니다.

그러므로 숨고 피하는 것만이 능사는 아닙니다. 균열이 생기고 부정하고 싶은 나와 공동체라도, 바깥/외부의 소란스러움이 안/내부를 낯설고 고통스러운 이질적인 것으로 볼품이 없게 만든다고 속단하지 말고 그럼에도 성장하고 견디는 내면, 그리고 내면과 내면의 일치를 포기하지 말아야 합니다. 포기하고 주저앉는다면 빛은 사라지고 남는 것은 결국 더 이상 돌이킬 수 없는 주홍글자, 곧 수치와 치욕이 나와 공동체를 맴돌게 될 것입니다. 대부분 도시의 나무들은 온갖 이방인들이 그들을 흉물로 만들어 버려서 마치 숙명처럼 흉측한 사물성으로 전락하고 마는 것을 볼 수 있습니다. 동일한 지평에서 도시의 반어적 의미와 행태의 모순 속에 존재하는 종교는, 종교적 망측함, 종교적 공동체의 흉터로 힘없이 축 늘어진 나무가 되고 있습니다. 그러나 그렇게 힘없고 나약해지고 상처 난 나무들이라도 시인에게는 수사학적 언어가 연발하는 상상력의 대상이 되곤 합니다. 종교도 마찬가지입니다. 오늘날 찢길 대로 찢긴 종교의 현실과 모습을 보면 그저 눈을 돌려 외면하고 싶은 심정이 들 것입니다. 그러나 우리가 수치와 치욕의 수사학을 넘어서는 일치, 한마음, 한사랑, 한믿음, 한몸 등을 위해 노력한다면 사람들은 종교의 그 모습을 시적인 언어로 묘사하고 싶은, 이른바 시적인 전망이 생기게 될 것입니다.

예수인 듯 아닐 수 없는 듯

요한복음 7:37-39

성령聖靈, Holy Spirit이란 어떤 존재일까요? 그리스도교에서는 성령을 교리적으로 삼위일체 하나님 중의 제3위격persona, 즉 영靈으로서의 하나님이라고 말을 합니다만, 우리나라의 정서상 잘 와 닿지 않습니다. 그것을 달리 동양적 정서로 번역한다면, 성스러운 기운, 영적인 기운 정도로 말을 할 수가 있을 것 같습니다. 그래서 정양모 신부는 성령이라는 말 대신에 '영기'靈氣라고 표현을 하기도 합니다. 다시 말해서 신령한 기운이라는 정도로 해석을 할 수 있을까요? 그런데 이것은 가만히 보면 예수에게서 흘러 나오는 물과 같은 기운인 것 같습니다. 예수를 믿게 되면 그로부터 받는 기운이 있게 되는데, 그것을 성스러운 기운, 영적인 기운이라고 본 것입니다. 과거 그리스도교 역사에서 이른바 '필리오케'Filioque 논쟁 때문에 동방교회와 서방교회가 갈라지는 시발점이 되었습니다. 9세기경 콘스탄티노플교회에서는 "성령은 성부에게서 나온다"고 주장하였고, 로마교회에서는 "성령은 성부와 성자에게서 나온다"고 함으로써 "성자"를 추가합니다. 필리오케Filioque는 '성자로부터 흘러 나온다'는 바로 그 라틴어를 의미합니다. 요한복음 7,37-39절의 내용을 근거로 해도 필리오케가 과히 틀린 말은 아닌 듯합니다. 예수는 목마른 사람들로 하여금 언제든지 당신에게 와서 물을 마시라고 하시면서,

당신을 믿는 사람은 그로 인해 샘솟는 물이 강물처럼 흘러 나온다고 했으니 말입니다. 그렇다면 성스러운 기운은 예수로부터, 예수 안에서 흘러 나온다는 것이 신학적으로 문제가 있을 법하지는 않습니다. 그러면 이 성스러운 기운, 영적인 기운은 예수를 믿으면 예수 안에서 길러 올릴 수 있는 게 않을까요? 우리는 예수를 믿으면서 그로부터 힘을 얻고 위로를 받고 영감을 얻으며 일치된 삶을 살려고 합니다. 예수와 떼려야 뗄 수 없는 관계를 끈끈하게 유지한다는 것, 그로인해 예수로부터 어떤 자양분을 얻으려고 한다는 것은 분명히 예수에게서 흘러 나오는 신비한 힘, 영적인 에너지가 있기 때문입니다.

유희경의 「나무로 자라는 방법」이라는 시를 들여다보겠습니다.

> 한 남자가 있었다. 그는/ 두 눈이 빨개지고/ 두 손이 비어 아플 정도
> 로/ 아무도 아니었다/ 나무가 애석한 까닭에 대해서/ 남자도 새도 가
> 지도 방금,/ 지워질 듯 떨어져버린 잎도/ 할 말이 없다 대개 그렇듯/
> 잠시 어떤 시간이 지나간다.

요즈음 남자다 여자다 하는 성정체성은 별로 중요하지 않지만, 저마다 한 그루의 나무처럼 아니무스나 아니마와 같은 존재를 품고 살고 있는지 모릅니다. 인간은 남자 안의 여성성, 여성 안의 남성성 같은 에너지가 있는 것입니다. 그 존재의 에너지를 어떻게 나의 성장의 힘으로 만들 것이며 동시에 바깥으로 끄집어내어 창조적인 삶을 살 것인가 하는 것입니다. 흔히 남성의 여성성, 여성의 남성성은 서로 조화를 이루어야 하는데, 한쪽만 선택을 하거나 강요받는 사회는 분명히 정신적으로 건강하지 못한 게 사실입니다. 작가가 말하는 존재의 부재, 즉 '남자는 아무도 아니었다'는 표현은 자신 안에 자라는 신비한 기운을 알아차리지 못하는 것을 뜻합니다. 다시 말하면 영기에 의해서 잎이 닿는 소리, 바람의 소리, 뜨거운 감동의 소리를 듣지 못하는 것이며, 인간 안에 있는 내재적 신비성, 내재

적 기운을 깨닫지 못하고 있는 상태를 말하는 것입니다. 대부분 동서양의 종교들이 그렇듯이 어떤 초월적인 정신ruach−비록 히브리어가 번역이 되면서 라틴어 *Spiritus*는 남성으로, 그리스어 *Pneuma*는 중성이 되었지만−이나 지혜sophia를 나타내는 개념들은 '여성명사'입니다. 정신적으로 갈증을 느끼면 느낄수록, 또 영적인 갈망이 강하면 강할수록 내 안에서 예수로부터 흘러 나오는 기운, 즉 여성적 위로와 평안, 돌봄과 안정, 사랑과 신뢰의 기운을 찾게 되어 있습니다. 그래야 존재 의식의 부재, 혹은 존재 의식의 망각, 자기 실존에 대한 불명확성과 불명료성으로부터 탈주를 할 수 있기 때문입니다. 그러므로 성령, 즉 예수 안에서, 예수로부터 성스러운 기운을 찾고 느끼는 것은 나의 진정한 나 됨, 나의 신적인 기원성을 인식하는 것이나 다름이 없습니다.

시인은 계속해서 이렇게 말을 합니다.

> 남자는 나무를 심지 않았고/ 나무의 둥치를 만져본 적 없고/ 몸을 기댄 적도 없지만,/ 남자와 나무의 속도는 같다/ 그것은 당신이기도 하고,/ 당신이 아닐 수 없기도 하다/ 당신이 남자와 나무를/ 알지 못하더라도 그러하다.

인간이 자신 안에 있는 근원성을 알게 되면 그 근원적 사유를 가능하게 하는 존재와 일치를 경험하게 됩니다. 이는 이끄는 존재와 이끌리는 존재가 서로 다르지 않다는 것을 의미합니다. 성스러운 기운, 영적인 기운은 자신의 속도가 아니라 바로 인간의 속도, 영적 속도를 가늠하여 그 기운을 느끼게 하고 체험하게 합니다. 그리스도인의 신앙의 속도가 어떠하든 그 더딤이나 빠름과 상관없이 예수로부터 연원하는 신령한 기운은 당신 아닌 것을 드러낼 수가 없습니다. 만일 예수로부터 기원하는 성스러운 기운이 예수 자신과 동떨어진 존재, 예수와 근접하지도 않는 전혀 뜻밖의 존재라면 반드시 의심을 해봐야 합니다. 성스러운 기운은 예수이거나 예수와 거의 흡사한 존재입니다. 예수로부터 흘러 나오거나 예수 안에서부터 연원한다는 것은 성스러운 기운이 그와 전혀 다르지 않다는 것, 즉 동일하다는 것을 말합니다. 우리가 만일 예수 안에서, 예수로부터 성스러운 기운을 느끼고 체험한다면 그것은 예수와 동일한 연장선상에서의 어떤 존재에 대한 신적인 감정일 것입니다. 다시 말해서 위선과 가식, 그리고 과잉과 욕망적 에너지의 분출, 인위적인 신적인 감정과 기운을 의도하는 것이 아니라면, 적어도 예수에게서 얻고자 하는 힘, 예수로부터 발생하는 기운은 인간의 메마른 마음과 정신을 어루만져 줄 것입니다. 그뿐만 아니라 지속적인 삶의 힘과 기운들을 가득 안고 살아갈 수 있을 것입니다. 영적인 기운, 신령한 기운은 나의 생각과는 다른 예수의 것이며 예수의 실재가 나에게 나타나는 것이기 때문입니다. 따라서 예수와 예수로부터 파생되는 기운은 서로 다르지 않습니다. 예수에게서 흘러 나오는 기운은 다만 예수의 본질과 존재의 자기 변형에 불과하다고 볼 수 있습니다. 그러므로 그 기운을 멀리 있거나 혹은 무슨 특별한 것으로만 생각할 필요는 없습니다. 예수의 실제와 실재를 표현해주는, 예수의 정신과 부합하는 행위를 가능하게 해주는 마음을 내게 주는 것도 마른 나의 정신에서 길어 올리지 못하는 어떤 생각에 선하고 정직한 행위의 동기를 부여해주는 것은 결국 예수로부터 흘러 나오는 그의 기운이라고 볼 수 있기 때문입니다.

시인은 다음과 같은 말들로 끝을 맺습니다.

> "방금 떨어진 것은 나무의 잎맥이고/ 나무의 전생이며 지독하게/ 갔
> 다가 돌아온 남자의 일상이고/ 무표정한 당신의 민낯/ 한 남자가 있
> 고 한 그루/ 나무와 당신,/ 아주 멀리 떨어져서/ 아무도 아무것도 아
> 닐 만큼/ 어떤 시간이 지나가고 나도/ 모르고 있을 그만큼의 『당신의 자
> 리-나무로 자라는 방법』수록

우리가 기운을 내서 삶을 산다고 할 때, 그러면 그 기운은 어디서 오는 것일까요? 그 기운은 내 마음에 자라고 있는 마치 한 그루의 작은 나무와 같이 서서히, 천천히, 조용히 자라는 예수의 생각과 정신으로부터 나온다고 볼 수 있습니다. 그것은 예수에게서 나온 생각과 정신입니다. 내가 예수와 일치를 하고 그 존재로부터 자라 나온 그의 정신적인 수액이 바로 우리로 하여금 기운을 차리게 하는 것입니다. 매일 또 매순간 예수로부터 파생된 기운들은 과거에도 현재에도 미래에도 여전히 우리를 지키며 진정한 신앙인이 되도록 만드는 일상의 말, 일상의 생각, 일상의 영감, 일상의 선한 마음 등을 표현하게 할 것입니다. 사람들은 성령이라고 하면, 정말 대단하고 특별한 영적 기운이라고 생각합니다. 하지만 하나님의 능력이 나타나고 어떤 초월적인 현상이 보이고 하는 것만 생각하니까, 일상적으로 우리에게 보내는, 우리에게 느껴지는 하나님의 기운, 예수의 기운에 대해서 민감하게 느끼지 못하는 것이라고 봅니다. 시인의 말을 빌린다면, "무표정한 민낯"으로 일관하는 것이 그 때문입니다. 성령을 입버릇처럼 말하지만 정작 영적인 기운, 신성한 기운이 표정에 나타나지도 않은 모순적인 모습은 그리스도인들이 성령에 대한 매우 편협한 편견을 가지고 있기 때문인지도 모릅니다.

오늘날 종교나 교회에서 신적인 감정이나 느낌, 혹은 신령한 기운들의 작용이 사라지는 듯합니다. 그러나 실상은 사라지는 것이 아니라 다만 지속성을 가진 평범한 성스러움을 나타내 보이는 것을 우리가 잘 못보기 때문입니다. 시간의 흐름에 따라서 성령의 존재도 온갖 다양하고 아름다운 시어들처럼 사람들에게 내보이기를 원합니다. 시어들이 단지 문장의 나열에 지나지 않고 은유와 절제되고 정제된 언어들인 것처럼, 성령은 인위적이고 작위적인 방식으로 자신을 드러내려는 모든 시도들에 대해서 종교 공동체와의 일정한 거리를 두고 있는 듯합니다. 낯선 존재, 멀어진 존재가 되었습니다. 그렇게 밀착된 관계였던 신령한 존재는 이제 아무도 아무것도 모르게 자신을 감추고 있는 것입니다. 시간은 성령의 은유를 지시했고 또 뱉어냈지만 오히려 그 시간이 이제는 그러한 은유를 숨기고 있고 이해하지 못하도록 하고 있습니다. 중요한 것은 지금이라도 하나님의 영의 그루터기, 예수 안에 있는 성령의 둥치를 발견해야 합니다. 그것은 예수 안에서, 예수로부터 그 진정한 기운의 실제를 찾으려고 하고 깨달으려고 하는 사람에게만 눈에 띨 것입니다. 예수 안에 있는 영원한 시간, 절대 정신, 공적인 생각, 하나님의 마음을 읽으려 했던 궤적, 세상을 바꾸려고 지속적인 이상의 공간을 지향하는 것 등, 이 모든 것들에 바탕을 둔 그의 정신세계와 사유세계, 그리고 행위세계가 곧 우리들의 성스러운 기운, 신령한 기운의 기초가 되어야 할 것입니다. 그럼으로써 예수를 생각하고 그를 마음에 품을 때마다 그와 같은 기운이 우리 안에서 샘솟듯이 흘러 나와야 할 것입니다.

사랑앓이와 사랑할 이, 그리고 사랑하리

마태복음 28:16-20

그리스도교에서는 지독하리만치 신을 꼭 세 분을 모시고 있는 것처럼 교리화하였습니다. 이른바 성부, 성자, 성령은 세 위격persona이면서 하나의 본질이라는 삼위일체교리를 확정325년 니케아 공의회, 성자는 "성부와 동일 본질[homoousios]을 갖는다"라는 문구를 채택/ 381년 콘스탄티노플 공의회 재확인하고 지금까지 교회는 삼위일체 신앙을 고백해오고 있습니다. 이는 외로운 인간 예수의 이미지가 후대의 저자와 신학자들에 의해서 정교하게 체계화된 신으로서의 세 분으로 전환되었다고 볼 수 있습니다. 홀로 있음의 과단성은 복수성을 통해서 그 자신 안에서의 외로움과 고독을 극복하면서 동시에 무한한 사랑의 존재임을 드러냅니다. 여기서 이병률의 「여름감기」라는 시를 감상해 보겠습니다. 먼저 1연과 2연입니다.

> 미안하다고 구름을 올려다보지 않으리라/ 좋아, 라고 말하지도 않으리라/ 그대를 데려다주는 일/ 그대의 미래를 나누는 일/ 그 일에만 나를 사용하리라.

여름과 감기는 어울리지 않는 한 쌍으로 존재합니다. 우리는 여름에는 감기가 없으며 또한 감기에 걸리지도 않는다는 상식을 가지고 있습니다. 하지만 여름

감기를 앓아본 사람은 그 병이 얼마나 지독하며 잘 낫지도 않는다는 사실을 모르지 않습니다. 삼위일체의 하나님도 마찬가지입니다. 인간의 구원을 위해서 신은 자신의 외로움과 고독을 이겨내야 한다는 사실, 인간의 고통과 죽음, 그리고 삶의 지난한 과정들에 개입하여 신열처럼 찾아오는 모든 인간사를 사랑으로 감싸려면 적어도 하나님은 자신의 외로움과 고독, 그리고 홀로 있음이라는 것을 여름 감기처럼 견뎌내야 합니다. 참으로 묘한 것은 여름 감기 역시 복수성을 상징한다는 사실입니다. 여름이라는 뜨거움, 그리고 그 뜨거움 위에 뜨거움이거나 차가움을 더 얹어서 몸은 결코 나의 몸이 아닌 상태가 되어버리는 괴상한 체험을 하게 됩니다. 삼위일체 하나님은 인간의 역사 속에서 이미 이름이 그렇듯이 이상한 형상을 띠고 현존하는 것과 같은 형국이라고 할 수 있습니다.

그래서 시인은 하늘을 올려다보며 미안하다고 말하고 싶어하지 않았는지 모릅니다. 하늘은 미안해야 하는 존재가 아닙니다. 하늘을 가리고 있는 구름 또한 미안한 존재가 아닙니다. 그렇다고 좋은 존재도 아니라는 것은 때에 따라서 삼위일체 하나님은 구름의 형태처럼 예측불허의 존재 상태로 나타나기 때문입니다. 그것을 '무엇'이라고 말하기도 전에 다시 구름은 자신의 모양을 바꾸거나 아예 사라져 버리는 것은 삼위일체 하나님이 갖고 있는 속성과도 같습니다. 그러니 우리는 하늘을 향해, 또는 하늘을 가리키고 있는 구름을 향해 한없는 '사랑앓이'를 할 수밖에 없습니다. 그럼에도 불구하고 하늘은 '사랑할 이'이기도 합니다. 시인은 "그대를 데려다주는 일/ 그대의 미래를 나누는 일/ 그 일에만 나를 사용하리라"고 나지막이 읊조립니다. 삼위일체 하나님이 구원의 경륜에 따라서 우리의 이성을 초월하여 나타날 때는 자신의 사랑과 마음, 그리고 자비와 측은지심은 물론이거니와 자신의 전능함까지도 인간과 나누려는 것을 알게 됩니다. 역으로 인간은 그러한 삼위일체 하나님의 속성과 능력을 통하여 자신의 미래, 자신의 삶의 방향성, 그리고 자신의 사용 가치조차도 자신의 것만이 아니라 하나님과 공유된, 하나님의 일과 관련된 것임을 깨닫게 됩니다. 아버지와 아들, 그리고 성령의 이름으로 세상에 현존하는 그들과 나의 삶이 맞닿아 있다는 고백과 실천의 의지는 결국 세상을 변화시키는 원동력이 되기도 합니다. 우리가 삼위일체 하나님을 교리로서 인정하고 고백하는 것이 단순히 말이 아니라 구체적인 삶의 실천이라고 말할 수 있는 것은 바로 이와 같은 이유 때문에 그렇습니다. 그래서 삼위일체 하나님은 '사랑앓이'의 대상이기도 하지만, '사랑할 이'가 되는 것입니다. 그를 사랑하게 될 때, 다시 말해서 삼위일체 하나님으로서의 예수를 사랑하게 될 때 우리는 우리 자신을 당신의 종말론적 미래를 위해서, 그리고 당장 필요로 하는 당신의 거룩한 일을 위해서 사용되도록 내어놓게 됩니다.

3연과 4연을 읽어보겠습니다.

> "한 사람이 와서 나는 어렵지만/ 두 명이라도 어디 땅을 사서/ 당신의 뿌리를 담가야겠지만/ 그것으로도 어려우리라/ 꽃집을 지나면서도 어떻게 살지/ 좁은 골목에 앉아서도 어떻게 살지/ 요 며칠 혼자 하는 말은 이 말뿐이지만/ 모두 당신으로 살아가리라.

삶을 산다는 것은 녹록치 않습니다. 젊었을 때는 혈기가 왕성하여 그 에너지를 몽땅 돈을 벌고 사랑을 하고 가족을 꾸리고 자식을 낳아 기르는 데 온 정성을 다 기울입니다. 삶의 몰입 시기는 그러나 따로 있는 듯합니다. 나이가 좀 들어가기 시작하면서 자신의 삶을 천천히 음미하고 성찰하는 삶으로 바뀌기 시작합니다. 그렇지만 여전히 남는 과제, 즉 어떻게 살지, 무엇을 먹고 살지, 노후는 어떻게 보낼지, 죽음은 어떻게 맞이할지 등에 대한 고민들은 늘 삶의 연속선상에 있습니다. 다만 젊었을 때는 에너지의 과잉으로 그것을 생각할 겨를이 없을 뿐이고 늙어서는 에너지의 결핍으로 '삶'에 대해서 어떻게 살 것인가, 혹은 누구를 어떻게 사랑할 것인가를 진지하게 생각하게 되는 에너지만을 사용할 뿐입니다. 시인이 말한 것처럼, 그럴 때는 우리는 당신으로 살아간다고 말할 수 있어야 합니다. 삼위일체 하나님은 아버지의 심정, 아들의 심정, 그리고 이들의 심정을 보이지 않게 표현하는 영초월적 정신의 마음으로 그때그때 우리를 살게 한다는 사실, 그게 우리가 곰곰 떠올려야 할 신앙의 정서, 신앙의 확신이라고 봅니다. 만일 그리스도인이 그와 같은 고백이 없다고 한다면 하나님이라는 존재, 하나님이라는 이름은 공허하기 짝이 없을 것입니다. 더군다나 성서에 존재하지도 않는 개념인 삼위일체 하나님이라는 교리적 존재는 말할 것도 없을 것입니다. 그러므로 우리가 사는 것은 내가 사는 것이 아니라 삼위일체 하나님이 사는 것이고, 삼위일체 하나님의 마음이 우리의 삶의 심연을 낱낱이 들여다보는 시선으로 사는 것이라고 믿어야 합니다.

5연과 6연을 좀 보겠습니다.

> 힘주지 않으리라/ 무엇이 해변으로 걸어가게 하는지도/ 무엇으로 저 햇빛을 받아야 하는지도/ 무엇으로 이토록 삶에게/ 안내되고 있는지도 모르리라/ 하지만 세상에는 공기만으로도 살아가는/ 공기란空氣蘭이라는 식물이 있음을 알았으니/ 당신으로 살지는 않으리라.

우리가 성령의 기운으로 살아간다는 것은 공기의 힘으로 살아간다는 것과 다르지 않습니다. 성령은 바람이고 공기입니다. 원래 히브리어의 '루아흐'ruach는 바람소리를 상징했다는 설이 있습니다. 시인은 역설적이게도 당신으로 살아가지 않겠다는 말을 합니다. 이 또한 살게 하는 실체를 깨달았기 때문입니다. 살게 하는 힘, 그 근원은 사소한 존재라고 일컬어지는 요소들에 의해서 우리의 삶이 영위되어진다는 것을 모를 리가 없습니다. 아무리 우리가 삶을 산다고 자부하고 아침부터 저녁까지, 그리고 잠이 들고 다시 깰 때까지 모든 하루의 과정들이 습관적인 사건들이라 또 아무 의심 없이 늘 그렇게 연속적으로 발생할 것 같지만 그것은 오만에 불과합니다. 사실 삶을 가만히 들여다보면 그 무엇이 우리를 살게 하는지 잘 모릅니다. 당연히 그리스도인은 하나님이 살게 하지요, 라고 대답하는데 그 고백이 너무 성의가 없습니다. 아니 하나님의 존재감이 없을 정도로 가볍게 말을 해버립니다. 시인은 명확하게 표현합니다. "공기"라고 말입니다. 콕 집어서 우리를 숨 쉬게 하는 존재가 살게 하는 것입니다. 삼위일체 하나님인 성령은 우리로 하여금 당신에게 몰입하고 수시로 당신을 인식하지 않는다 하여도 서운하게 생각하지 않으시고 끊임없이 숨을 불어 넣어주시며 살게 하는 것입니다. 당신, 곧 공기 혹은 바람이라는 존재가 없으면 우리는 금방 죽어버립니다. 그렇게 인생은 간단합니다. 삶은 그렇게 어디서 불어오는지도 모르는 거룩한 바람에 의해서 살도록 되어 있습니다. 공기를 통해서 들숨날숨을 하는 우리 자신을 인식하지도, 그렇다고 공기 그 자체를 인식하지도 않아도 우리가 자연스럽게 살아갑니다. 우리가 삼위일체 하나님인 성령을, 그리고 그 성령으로 인해서 매순간 살고 있는 나 자신을 즉각적으로 인식하지 않아도 삶을 산다는 것은 그야말로 대은총입니다.

마지막 연은 이렇게 끝을 맺습니다.

> 물 없이 흙 없이/ 햇빛도 없이/ 사람도 없이/ 나는 참 공기만으로 살
> 아가리라 「눈사람 여관」 수록

우리가 바라는 무엇이 없어도 좋습니다. 그것이 돈이 되었든, 집이 되었든, 심지어 사람이 되었든 상관이 없습니다. 그러나 바람, 즉 숨을 쉬도록 만드는 공기는 나와 평생 떼려야 뗄 수 없는 관계입니다. 하나님은 물로도, 햇빛으로도, 땅으로도 존재합니다. 그러나 그보다 하나님의 기운을 가장 민감하게 느끼게 만드는 것은 공기입니다. 그 기운이 우리 몸속을 돌고 당신의 체온으로 우리를 살게 합니다. 바람은 시대를 읽게 하고 시의적절한 기운을 읽게 합니다. 나아가 내 몸

속으로 파고드는 바람은 내가 어떻게 살 것이며 무엇으로 살 것인가를 묻게 만드는 철학과 사유의 원천이요 신앙의 근원적 매체입니다. 그러니 자부하건대 바람이, 공기가 신의 실재내지 실체라고 말할 수밖에 없을 것입니다. 우리의 삶과 인생을 투명하게 만드는 기제는 바로 바람임을 부인할 수가 없습니다. 이 힘들고 뼈아픈 삶을 어떻게 그리고 무엇으로 살 것인가, 라는 질문에 대한 대답은 결국 삼위일체 하나님의 성령의 기운으로 살아야 한다는 결론으로 귀결됩니다. 먹먹한 인생에서 찬바람, 더운 바람, 스산한 바람, 매서운 바람 등을 맞을 때 다음과 같은 복음서의 구절을 잊지 말아야 합니다. "내가 세상 끝날까지 항상 너희와 함께 있겠다." 이보다 우리에게 더 위로가 되는 말은 없을 것입니다. 그분이 세계 속에서 당신의 현존을 드러내며 우리를 위해서, 우리를 향해서 살고 있다는 것을 너무나도 잘 알고 있기 때문입니다. 그러므로 우리가 그분을 사랑할 수밖에요. 겨우 살아가는 인생이라는 난제 속에서 그러한 사랑의 감정만이 우리를 살게 하는 아버지 하나님, 아들 하나님, 성령 하나님의 존재를 들여다보게 됩니다.

잃어버린 목자시대

마태복음 9:35-10:8

안미옥 시인의 「여름의 발원」은 이렇게 입을 열고 있습니다.

한여름에 강으로 가/ 언 강을 기억해내는 일을 매일 하고 있다.

사람들의 기억, 그것은 지나간 사건들에 대한 우연성을 필연성으로 바꾸고 싶어하는 몸부림과도 같은 것인지 모릅니다. 자신들의 인생에서 수많은 우연들이 존재하지만, 특별히 떠올려야 하는 사건들은 기억됨과 동시에 필연이 되는 것입니다. 다시 말해서 지금은 그렇지 않지만 그때 그곳에서 일어난 사건은 오늘의 아쉬움과 회한, 그리고 미래를 위한 바람 등이 기억이라는 정신적 능력에 담겨 있는 것입니다. 이런 의미에서 우리도 새로웠던 과거의 기억들, 정치적 기억들, 종교적 기억들이 편린처럼 솟아올라 있는 것을 하나둘씩 정리를 하고 싶어하는 것 같습니다. 과거 역사적인 사건들의 획을 그었던 목자들이 있었습니다. 그 목자들에 대한 기억을 새삼스레 떠올리는 것은 풀려버린 의식, 녹아서 해체가 되어버린 역사적 사건들이 그립기 때문입니다. 게다가 지금 그 사건은 오늘을 반성하고 여기에 있어야 할 당위성을 지시하고 있기 때문입니다.

우리나라를 비롯하여 세계에는 수많은 종교지도자들이 있습니다. 하지만 이미 종교지도자들이 고통으로 신음하는 사람들, 가난하여 곤란을 겪고 있는 사람들을 향해 예수와 같은 마음을 품고 연민을 느끼고 있는지는 의문입니다. 그들의 시선과 마음은 이미 풀어진 눈동자요 허풍 가득한 실언들만을 품은 가슴만이 난무하는 세상이니 과연 우리의 기억들은 다시 오늘과 내일을 위한 기억으로 재탄생할 수 있는 여지가 있는가 하는 것입니다. 목자는 목자 스스로 존재할 수가 없습니다. 민중이 있고 그 민중들이 처한 현실이 있을 때 목자가 필요하고 또 존재 당위가 될 수 있습니다. 그런데 오늘날 목자들은 스스로 목자라고 말합니다. 민중들은 그들을 목자라고 부른 적이 없건만 자신을 가리켜 목자라고 하니, 목자의 우월성과 자만성만 드러낼 뿐입니다. 만일 목자가 진정으로 목자가 되고자 한다면 민중의 삶이 지닌 과거, 현재, 미래의 기억들을 공유하면서 그 기억들에서 파생된 삶의 결실들을 길어 올릴 수 있어야 합니다. 그뿐만 아니라 민중들 안에서 반드시 훌륭한 삶의 결실들이 나타날 것이라는 확신을 가지고 민중들의 삶에 부합하는 목자들이 되어야 합니다. 예수의 행적들과 그가 원하는 목자의 상을 보면 삶의 부당함, 부조리, 부정의, 삶의 기본적 욕구의 불만족 등에 깊이 개입하여 그들의 삶을 위한 연민의 실천적 행위들을 주저하지 않았습니다.

안미옥의 시로 조금 더 들어가 보겠습니다.

> 강이 얼었더라면, 길이 막혔더라면/ 만약으로 이루어진 세계 안으로
> 들어가고 싶어/ 아주 작은 사람이 더 작은 사람이 된다/ 구름은 회색
> 이고 소란스러운 마음/ 너의 얼굴은 구름과 같은 색을 하고 있다.

'만약'이라는 가정과 조건을 나타내는 말은 과거의 기억에 대한 재편성과 안타까움을 이끄는 것으로서, 현재와 미래가 결정된 반복불가능성과 번복불가능성의 현실적 표현입니다. 오늘날 과거 그리스도교 기억의 원형인 예수와 같은 목자상은 찾기 어렵습니다. 마찬가지로 제자들과 같은 목자가 되어 과거의 기억 이

후의 기억, 예수 이후의 기억을 되찾으며 우리의 삶의 현실 속에서 그가 꿈꾼 이 상들을 실현하려는 것을 볼 수가 없습니다. 분명히 현실은 다릅니다. 이글어진 삶을 바로 잡으려고 자기 자신을 낮추고 보잘 것 없는 존재로 드러내면서 민중의 삶에 깊숙이 들어가는 목자, 감정의 기복에 따라서 어쩔 수 없이 하루에도 셀 수 없을 만큼 변해야 하는 나약한 얼굴을 한 목자는 민중 속에서 그들과 함께 할 수 있습니다. 인격적 대우를 받지 못한다 하더라도, 사태에 의해서 이성과 감정의 변화가 많은 얼굴을 가진 존재라 할지라도 만약을 동경하며, 그와 같은 목자가 민중과 삶을 나누기를 바라야 합니다.

그러면 목자 이후에 목자를 바랄 수 있을까요? 시인에게서 답을 찾을 수 있습니다.

> 닫힌 입술과 닫힌 눈동자에 갇힌 사람/ 다 타버린 자리에도 무언가 남아 있는 것이 있다고/ 쭈그리고 앉아 막대기로 바닥을 뒤적일 때/ 벗어났다고 생각했다면 벗어나지 못한 것이다/ 한쪽이 끊어진 그네에 온몸으로 매달려 있어도/ 네가 네 기도에 갇혀 있다는 것을/ 아무도 아는 사람이 없었다.

목자는 민중을 위해서 갇혀 있습니다. 목자는 민중을 위해서 입을 사용합니다. 목자는 자신을 가두고 오로지 민중을 위해서만 일할 때만 자신을 열어 보입니다. 아니 정확하게는 목자 스스로 여는 것이 아니라 민중에 의해서 열려진다고 말해야 합니다. 민중의 욕구가 있을 때만이 목자는 지팡이를 쥐고 자신을 나타낼 수 있기 때문입니다. 목자가 아무 때나 지팡이를 휘두르게 되면 폭력이 됩니다. 목자가 말하고 행동하는 것이 민중을 위한 장, 민중을 위한 것이 아닐 때는 목자는 목자로서의 권위와 능력이 가능하지 않은 상태가 되는 것입니다. 그러므로 스스로 민중을 위해서 벗어났다고 생각할 때가 가장 위험합니다. 민중을 위해서 자신이 지팡이를 들고 목적지를 가리킨다고 할 때가 목자 자신을 가두게 되는 어리석음을 범하게 됩니다.

목자는 인종을 가릴 것도 아닙니다. 목자는 선악을 가릴 것도 아닙니다. 목자는 양과 질을 가릴 것도 아닙니다. 목자는 지위고하를 가릴 것도 아닙니다. 목자는 다수와 소수를 가릴 것도 아닙니다. 만일 목자가 민중을 위해서 나서야 할 때라면 그 무엇도 가려서는 안 됩니다. 스스로의 생각에 매달려 판단하는 것이 목자가 아니라, 민중의 생각에 의해서 목자가 앞장을 서 주어야 하기 때문입니다. 목자와 민중의 차이는 지팡이가 있느냐 없느냐의 차이입니다. 그러므로 당연히 민중이 원할 때는 목자는 지팡이를 들고서 선두에 서 주어야 합니다. 사회와 인간의 여러 부류층에서 소외된 존재, 즉 길 잃은 양들을 찾으려면 전선戰線의 맨 앞에 서는 위험쯤은 감수를 해야 합니다. 민중이 세운 목자, 민중이 원하는 목자는 민중의 의지에 부합하는 존재가 되지 않으면 자신의 세계와 의식이 전부인 양 민중의 원의와는 상관없는 지팡이만 휘두르는 존재가 되고 맙니다. 지팡이는 민중의 지팡이요, 민중을 위한 지팡이인데, 자칫 자신의 생각에 갇히게 되면 민중은 보이지 않고 오직 자신이 휘두르는 지팡이와 그것이 가리키는 잃은 양들, 즉 소외된 존재자들에게 향할 수도 있음을 주의해야 합니다.

그와 더불어 중요한 것이 민중의 목소리를 대변하는 일입니다. 달리 말해서 민중이 원하는 목소리를 대신 내주는 역할을 담당해야 한다는 말입니다. 밑바닥 삶을 사는 민중의 외침, 그리고 이 땅에서 듣고 싶고 또한 반드시 이루고 싶은 소리의 현실은 "하늘 나라"입니다. 그런 의미에서 하늘 나라는 고급 언어가 아니라 민중 언어입니다. 엘리트의 현실이 아니라 민중의 현실입니다. 부자의 이상이 아니라 민중의 이상입니다. 이러한 언어 혹은 소리가 구체화되려면 그것을 앞에서 말해주는 사람이 있어야 합니다. 그것을 미리 앞에서 그려주는 사람이 존재해야 합니다. 그가 바로 목자입니다. 목자는 민중의 하늘 나라를 공감하고 공통적으로 꿈을 꾸는 존재입니다. 그래서 말로만 그려내는 것이 아니라 하늘 나라를 위해서 몸소 보여주는 스승이요 행동가와도 같은 존재이기도 합니다.

앞에서 과거의 기억들이 필연성을 띤 현재와 미래의 특별한 사건으로 와 닿기를 바라는 것이 인간이라고 말했습니다. 그것은 과거와 달리 현재에 그와 같은 필연적인 사건과 사태가 발생하지 않고 있기 때문입니다. 또한 우연과 우연이 겹치는 시간들의 연속이라고 할지라도 지금 여기에서의 특별하고 필연적인 사건으로 인식되고 행동으로 나타내기 위해서는 잃어버린 과거의 목자, 곧 예수와 같은 목자가 필요합니다. 지금 우리 시대는 민중을 위하고 민중의 의지와 정신, 그리고 뜻을 자신의 소명으로 알고 민중들과 함께 역사와 신앙, 그리고 세계를 바꿀 새로운 목자, 우리가 잃어버린 목자를 염원하고 있습니다. 자신을 시대의 증여자요 헌신자라고 깨닫는 사람, 지팡이를 쥐고 군림하거나 지배하려는 목자가 아니라 민중에게 자신을 한없이 내어 줄 수 있는 목자, 그 목자를 필요로 하고 있습니다.

그런데 필자는 그 목자를 기다려야 할 존재가 아니라 우리 스스로 목자가 되는 꿈을 꾸고 있습니다. 시대의 부르심에 목자만 응답을 해야 하는 것이 아닙니다. 부르심vocatio은 하나님의 구원을 무상으로 받은 모든 존재자들에게 다 해당되는 것이기 때문입니다. 그렇다면 목자의 역할은 특별히 목자가 되어야 할 사람이 존재해서가 아닙니다. 또 목자가 되어야 할 사람이 따로 구별되어 있는 것이 아닙니다. 다만 시대적 상황을 민감하게 읽어내며 자신의 사적私的 기도나 바람에 갇혀 있는 것이 아니라 하나님이 주신 공적인 마음과 공적인 기도를 잊지 않는 사람이라면 목자가 될 충분한 자격이 있는 것입니다. 그러기 위해서는 내가 지금 나의 생각, 나의 기도, 나의 방향성, 나의 고집스러운 신앙에 빠져 있음을 알아

차리고sati, 正念: 빠알리어로 '잊지 않고 기억한다'는 뜻이며, 발생하는 순간순간 몸과 마음을 사실대로 알고 관찰해서 기억함을 뜻함. 마음챙김이라고도 함/ mindfulness 있는지를 먼저 살펴봐야 할 것

입니다. 그것을 지각하지 못하는 사람이 부르심과 구원의 무상성無償性을 알 턱이 없기 때문입니다. 잃어버린 목자의 발견과 출현은 바로 거기에서부터 시작됩니다. 하나님으로부터 주어진 생명과 삶, 그리고 구원의 무상성.

오래된 존재와 신앙의 화석

마태복음 10:24-39

스승은 나이가 적고 많고가 문제는 아닐 것입니다. 그런데 일반적인 통념은 스승이란 오래된 존재, 즉 나이가 많은 사람을 일컫는 것 같습니다. 그래서 스승이란 오래된 존재입니다. 오래 전에 인간에게 전해 내려온 보고들을 풀어놓는 지혜를 가진 존재라고 해도 과언은 아닐 것입니다. 물론 개중에는 과거의 산물로 취급받는 진리만 반복적으로 읊조리는 사람이 아니라 특별한 깨달음을 통한 파격에 가까운 진리를 말하는 사람도 더러 있었습니다. 그렇다면 예수는 파격을 말한 사람입니다. 김익진은 「시간의 화석」에서 첫 문장을 이렇게 시작합니다.

사람이 걸어온다 빅뱅의 잔해다.

스승은 빅뱅의 잔해가 되어 우연히 발견된 존재가 아닙니다. 스승은 오래된 존재가 되어버린 잔해처럼 흩어진 진리를 하나로 모아 파격적 해석을 내놓는 사람입니다. 파격, 그것은 예수에게 퍽이나 어울리는 개념입니다. 복음서의 이야기를 찬찬히 읽어보면 그의 이야기는 하나같이 당대의 시선을 거부합니다. 당대의 삶의 방식을 뒤집는 전복을 감행합니다. 그래서 불편합니다. 사람이 걸어온다는 시인의 말 속에는 오래 전 화석이 되어버린 진리를 까발리고 새로운 진리를 깨우쳐 주려고 찾아오는 수많은 우연성 속의 필연성의 기회인 것처럼 보입니다.

시인의 다음 시구를 살펴보겠습니다.

> 수백억 광년의 불꽃/ 백 년도 채 안 된 건물과 도시 위로/ 오래된 것들
> 이 걸어 다닌다.

툭툭 던져진 예수의 말씀들은 그리스도인에게는 마치 수백억 광년을 떠돌다 찾아온 먼지처럼 뽀얗게 영혼을 덮습니다. 인간이 아무리 오래 살아도 백년을 넘기기가 어렵다고 하는데, 오래된 존재로부터 파생된 진리는 먼지처럼 사람의 영혼에 앉았다 사라졌다를 반복합니다. 거기에 예수라는 오래된 존재, 그러나 파격적인 존재의 언어와 그 언어가 가리키는 진리를 깨닫는다면 영혼뿐만 아니라 육체도 차곡차곡 예수의 정신이 스며들게 될 것입니다. 이미 빅뱅이 있기 전에, 빅뱅의 순간에 인류의 진리는 터져 나왔고 그것으로부터 파생된 것은 죽음과 죽임이 아니라 생명이요 살림이었습니다. 그러니 백년도 채 되지 않는 사람의 인생을 관여하는 것이 지금 우리 사이를 걸어 다니는 오래된 존재의 진리 먼지들임을 잘 알아차린다면 그렇게 가벼운 인생이 아니라는 사실을 새삼 깨닫게 됩니다. 오래된 존재의 진리 조각에 의해서 나의 인생과 생명이 의미를 얻는 것이라는 것을 잊지 말아야 합니다. 더불어 오래된 존재의 진리 조각으로 지금 여기에서 사는 것이지만, 동시에 그 진리 먼지의 조각으로 다시 돌아간다는 것을 깨달아야 합니다. 그러므로 진리의 먼지 조각으로 구성된 우리가 예수에 대해 오래된 존재라고만 생각하고 사람들 사이를 어슬렁거린다는 못된 마음을 갖는 것은 존재의 근원을 부인하는 것이나 마찬가지입니다. 계속해서 시인은 말합니다.

> 별들의 먼지가 카페에 앉아/ 영원을 무의식으로 바라본다/ 사람이 지
> 나간다 시간의 화석이다.

우리가 예수라는 존재, 즉 오래된 존재를 긍정한다는 것은 지금 살고 있는 시간과 나의 존재를 의미 있는 존재로 받아들이는 것이며, 나를 긍정한다는 것은 예수의 존재를 인정한다는 것을 뜻합니다. 분석심리학자 칼 융Carl G.. Jung은 인간에게는 집단무의식이 있다고 주장했습니다. 개인이 갖고 있는 존재 관념도 있지만, 인류 공동체 전체의 근원성의 토대가 되는 존재를 부인하기는 어렵다는 것입니다. 우리는 사람들 앞에서 하나님 아버지에 대해서 공공연하게 말을 합니다. 한 번도 본 적이 없고 그래서 사실 안다고 말할 수도 없음에도 불구하고 예수를, 하나님을 고백하고 공언할 수 있는 것은 바로 우리 안에 그와 같은 집단무의식이 존재하는 것은 아닐까요? 혹은 그와 같은 집단무의식이 아니라 하더라도 우리의 각자 개인의 무의식에는 신에 대한 관념을 배제하기 어려운 기제들이 존재하고 있는지도 모릅니다. 각자가 신을 찾으려고 하는 열망, 적어도 신과 같은 어떤 존재에 몰입하려는 강한 의지는 무의식을 통해서 바로 영원한 것, 영원한 존재를 만나고 싶어하는 욕망이 늘 내재하고 있기 때문일 것입니다.

따라서 우리의 무의식은 예수를 모른다거나 하나님을 인식할 수 없다고 막연하게 말하기를 주저합니다. 설령 강하게 부인을 한다고 하더라도 그것은 한갓 호기일 뿐이지 실상 실존의 위기에 봉착을 했을 때는 오래된 존재를 찾으려고 하고, 혹시라도 그 존재에 대한 진리의 먼지 조각이라도 바람결에 만날 수 있을까를 바라는 것입니다. 사람들 속에서, 사람들과의 관계에서 시간의 화석을 본다는 시인의 말은 결국 신에 대한 증언의 바탕이 되는 경험적 관계란 다름 아닌 사람이라는 것을 말해주고 있습니다. 사람은 걷고 또 걷습니다. 목적이 있어서 혹은 목적이 없이 걷기도 합니다. 요즈음은 무목적성의 걷기를 하는 경우를 보게 됩니다. 나도 걷지만 타자도 걷습니다. 동일한 지평에서 걷기도 하지만 속도가 다를 수도 있고 걸어오는 타자와 만나기도 합니다. 타자를 보는 순간, 낯설다는 느낌을 받지만 동시에 아무런 의식이 없이 타자를 대할 수 있는 것은 타자가 갖고 있는 오래된 존재로부터 기원하는 진리의 먼지 조각을 공유하기 때문입니다. 그렇기 때문에 타자는 진리의 화석입니다. 그 경험 안에서, 그가 경험하는 영역 안에 동일하게 진리 먼지 조각을 갖고 있는 것을 보게 되기 때문입니다. 오래된 존재로서의 예수, 오래된 존재로서의 무의식의 하나님은 타자가 걸어오는 것을 통해 발견하게 됩니다. 신에 대한 증언은 바로 타자와의 경험을 통해서도 확인이 되고, 존재의 진리 먼지 조각을 부인하기 어렵다는 것을 알게 됩니다. 그런 의미에서 사람에 대한 무한한 긍정은 하나님에 대한 긍정으로까지 나아갈 수 있는 여지가 있는 것입니다. 사람을 긍정하지 못하는 존재가 비가시적 존재이자 비인식적 존재인 신을 긍정하고 인정한다는 것은 매우 어려운 일이기 때문입니다.

김익진의 시 마지막 부분을 읽어보겠습니다.

> 우주가 끝날 때까지/ 다시는 못 올 곳으로 사라진다/ 내가 아는 시간
> 은 지금,/ 영원히 안녕 시집 『기하학적 고독』, 문학의전당에서

어느 때는 매우 역설적으로 들려서 전혀 이해하기가 쉽지 않은 예수의 이야기들은 우리에게 항상 딜레마를 안겨줍니다. 간단명료하게 선택하거나 결단을 하면 좋으련만 우리는 항상 지금 여기라는 시간성 속에서 고민을 합니다. 진리는 먼지 조각과도 같아서 내가 매순간 확인하지 않으면 그 존재의 유무에 관심을 기울이지 않게 됩니다. 평화주의자인 듯한 예수가 칼을 주러 왔다, 집안 식구들끼리 싸움을 붙이고 원수가 되게 할 것이다, 하면서 맹목적/ 맹신적 평화주의나 혈연적 가족주의보다 좀 더 근원적인 예수정신를 선택하기를 강요하는 그의 발언은 '항상 지금 여기에서 너는 무엇을 지향하고 있느냐'를 묻게 만듭니다. 다시 말해서 예수 그 자체 혹은 예수 정신성종교의 근본이 되는 정신적 토대나 정신 그 자체에 기반을 두지 않은 평화주의나 가족주의는 허상이나 다름이 없다는 것을 말해줍니다. 이는 어떠한 진리 조각, 진리의 먼지 조각도 예수라는 존재로부터 연원하지 않으면

안 된다는 것입니다. 나아가 존재로부터 발생하는 진리의 먼지 조각은 영원하라는 명령을 부여받았습니다. 하지만 그 명령을 구체적으로 실현하는 장소는 항상 지금 여기입니다. 지금 여기의 시간성에서 예수를 기반으로 하는 평화, 지금 여기의 시공간성에서 신앙적 합의를 위한 의사소통과 토론, 지금 여기의 절박한 상황에서 예수를 향한 신앙의 우선성을 선택하지 않는다면 오래된 존재인 예수의 근원성은 사라지고 말 것입니다.

마르틴 하이데거M. Heidegger는 전통철학을 일컬어 존재 망각의 역사Geschichte der Seinsvergessenheit라는 말을 했습니다. 철학은 지금까지 존재자Seiende에 대해서 물었지만, 실질적으로 중요한 것은 존재자의 존재 물음, 즉 있음Sein에 대해서 근본적으로 묻지 않았다는 것입니다. 마찬가지로 예수의 고민은 지금 여기의 시공간성 속에서 단지 자신을 말 그대로 고루하고 오래된 존재, 낡고 오래된 존재, 더 이상의 사용가치나 교환가치도 없는 무가치한 존재, 망각되는 존재로 치부될 것인가에 있었습니다. 이것은 바로 예수를 믿었던 1세기 그리스도교 공동체에서도 똑같은 고민이었을 것입니다. 그러므로 빅뱅 이후 우주의 무한한 팽창 다음에 극한의 시간성과 공간성의 확장은 다시 본래 상태로의 환원으로 무한히 작은 입자로 작아져 사라지는 것에 대한 두려움, 그것을 어떻게 극복할 것이냐 하는 신앙적 작업이 우리 앞에 놓여 있습니다. 존재의 시원성, 존재의 먼지 조각, 존재에서 파생된 진리 먼지 조각은 결코 안녕이라는 인사조차도 허용하지 않는다는 것을 보여주어야 합니다. 예수를 사랑하는 자, 최소한 신앙에서 예수라고 하는 존재에 대해서 우선성을 두려고 노력하는 사람에게는 그가 결코 과거의 인물이나 언젠가 사라질 먼지 조각에 지나지 않는다는 것을 인정하지 않을 것입니다. 그렇게 하려면 우리 스스로 존재의 먼지 조각의 일부임을 나타내야 합니다. 아주 오래 전 그가 짊어져야만 했던 십자가는 진리의 먼지 조각으로 이루어진 신앙의 소산물입니다. 그것을 지금 여기라는 시공간성에서 매순간 짊어지겠다는 각오가 무너지지만 않는다면 예수의 존재, 예수의 무한한 가치는 그것으로서 충분하다고 생각합니다. 사라지지 말라는 강한 저항, 우주가 생명이 다해도 우리 스스로가 십자가를 우주의 시공간성의 중심이 되도록 끝내 지고 또 지려고 한다면 예수의 존재 먼지 조각, 진리의 편린은 인간의 내면에 남아서 걸어오고 걸어가는 모든 사람들 속에서 발견하게 될 것입니다. 그럼으로써 예수는 죽은 이름이 아닌 산 이름으로서 신앙의 화석 혹은 반드시 기억해야 할 화석이 될 것입니다.

환대하는/받는 사람

마태복음 10:40-42

사람^{타자}은 어디서 오는 것일까요? 이상한 질문 같지만 안에 있는 사람은 바깥에서 온다고 할 것이고, 바깥에 있는 사람은 안에서 나온다고 할 것입니다. 그리고 일정한 장소에 있는 사람은 자기를 중심으로 어느 곳^{집, 직장, 학교와 같은}으로부터 자신에게로, 일정한 목적지를 향해서 온다고 말할 것입니다. 우리가 이렇게 말할 수 있는 근거는 자신을 중심으로 하는 주체적인 장소나 자기의식이 있기 때문입니다. 그러나 반대로 생각해 보면 우리에게 오는 사람은 대상 혹은 객체가 아니라 환대를 받아야 하는 주체입니다. 복음서에서 예수가 말하고자 하는 방향성과 지향성을 보면 주체, 즉 자기를 중심으로 하는 시선에서 타자를 바라보도록 하지 않습니다. 오히려 타자의 시선에서 자기를 바라보도록 유도하는 말이 곳곳에서 등장합니다. 우리가 타자를 맞이한다고 할 때, 다시 말해서 환대한다고 할 때 우리의 입장이나 처지, 느낌, 인식과 같은 여러 조건들을 고려하면서 맞이하는 것이 아닙니다. 타자를 맞아들이는 것은 예수를 맞아들이는 것이라는 말씀만 보아도, 타자는 곧 예수라는 존재를 덧입고 나타난다는 사실입니다. 따라서 우리가 타자를 맞이하면서 그를 환대한다고 말할지 모르나, 정작 가만히 보면 예수가 우리를 환대하는 것입니다.

약자를 통해서, 혹은 신앙인이 되고자 하는 사람들을 통해서 나타나는 예수의 모습은 그들을 통해서 우리 자신을 환대하는 자로서의 우월한 기득권자로 보지 않도록 합니다. 환대하는 자는 결코 강자나 가진 자가 아니라 외부의 사람을 통해서 자신이 예수에게 환대 받은 존재라는 것을 깨우치는 한때 약자였음을 알게 됩니다. 따라서 환대는 모든 사람이 예수 앞에서 동등한 사람이라는 것을 발견하게 됩니다. 환대는 위와 아래, 있음과 없음, 강자와 약자의 관계에서 벌어지는 행위가 아니라 신앙의 동등성, 사랑의 동등성을 확인하는 행위임을 기억해야 합니다. 바깥에서 오는 사람을 맞아들이는 사람은 무슨 대단한 위치나 된 듯이 그를 받아들이면 안 됩니다. 바깥과 안이라는 경계는 주체와 대상과의 관계를 설정하면서 발생하는 묘한 인식의 장소입니다. 하지만 바깥과 안은 실제로 존재하지 않습니다. 아무리 공간상으로 안이 존재한다고 한들 인식론적, 존재론적으로 생각해보면 바깥이 안이 될 수 있기 때문입니다. 다만 어디에서 사람이 오는가는 누가 그 사람을 보냈는가를 되짚어봐야 한다는 점입니다. 바깥에서 왔다고 하지만 만일 그 사람이 예수의 존재가 덧입혀진 사람으로서 우리에게 나타났다면 그곳은 바깥이 아니라 안이 될 수 있는 것입니다. 그렇기 때문에 오히려 그가 우리를 맞이하고 환대한다고 말할 수 있습니다. 이것은 말을 만든다면 예수 때문에 벌어지는 상호환대라고 환언할 수 있다고 봅니다.

그런 의미에서 타자를 맞아들임은 자리의 확인입니다. 그가 있어야 할 자리, 그가 와야 할 자리, 우리가 가야 할 자리, 우리가 보아야 할 자리에 대한 확인입니다. 오는 존재에 대해서 혹은 가는 존재에 대해서 예수가 들고나는 자리인 양 환대하는가, 하나님의 본래 자리로 오기 위해서 당신 자신을 선물로서 친히 오고 계시는 것인가를 근본적으로 물어야 할 이유가 여기에 있습니다. 권영오 시인의 「처서」를 읽어보겠습니다.

배 지난 자리를/ 물이 다시 덮어주듯/ 그대 지난 자리에/ 여치가 와서 우네/ 울음은/ 저기 저 멀리/ 당신도 저 멀리 시조집, 『철학하는 개』, 책만드 는 집에서

환대는 그분이 있어야 할 자리를 쳐다보는 것입니다. 마땅히 예수가 있어야 할 자리를 생각한다면 먼 데서 온 그곳의 자리가 어떤 자리인가를 알게 되고, 자연스럽게 타자를 환대하게 됩니다. 과거 우리가 예수에게 환대를 받았고 우리의 신앙의 자리를 확인했던 것처럼, 타자도 우리로 하여금 자신이 떠난 자리를 확인하면서 자신은 하나님의 선물이고 초월자가 보낸 사람이라는 것을 깨닫게 됩니다. 그래야만 바깥과 안, 기존의 신자와 새로운 신자, 강자와 약자가 동등하다는 인식이 생깁니다. 약자, 비신자, 혹은 신앙의 초입에 들어선 존재가 처음 떠난 자리는 빈자리가 아니라 애초에 하나님의 자리이자 예수의 자리였습니다. 그래서 그 자리에서 출발한 존재임을 간파하게 되면 맞이해야 할 대상은 신앙의 전언을 가지고 온 하나님의 선물임을 알게 됩니다. 그 자리는 다시 하나님의 자리가 되기 때문에 그분이 그 자리를 덮어주고 멀고 먼 곳, 신앙의 먼 곳이라고 착각을 했던 곳이 결코 먼 곳이 아니라 우리가 멀게만 생각했던 우리의 자리였음을 기억하게 되는 것입니다. 환대는 그렇게 서로가 하나님의 자리에서 왔음을 재확인하는 신앙적, 윤리적, 자각적, 반성적 행위입니다.

시인은 그 먼 데서 들리는 소리를 울음소리라고 표현하고 있습니다만, 그 소리는 공통의 존재의 소리입니다. 그 울음소리는 나의 소리이기도 했고 타자의 소리였습니다. 그보다 먼저 하나님의 소리이기도 했습니다. 그래서 늘 멀리 들리는 듯, 나의 감정이 이입되는 근원적인 소리, 시원적인 소리인 것처럼 들리는 것입니다. 그 시원의 소리를 가지고 오는 존재, 그 아픔의 소리를 간직한 채 우리에게 오는 존재, 그 존재는 근원적 소리의 아픔을 함께 가지고 오는 하나님의 사람

입니다. 그 아픔의 소리, 혹은 소리의 아픔을 외면하지 말아야 합니다. 하나님의 자리에서 아픔의 소리를 내던 약자는 자신의 실존의 소리를 떨쳐내지 못한 채 하나님의 소리를 먼 데서부터 우리에게 들려주고 있습니다. 그런데 사실 그곳은 먼 데가 아닙니다. 내가 멀다고 느낄 뿐입니다. 예수가 먼 곳에 있었던 적이 없으며, 그가 믿었던 하나님도 살가운 아빠로서 존재했기 때문입니다. 그러므로 우리를 찾아오는 나그네는 아픔의 소리를 내는 존재입니다. 그 사람은 아픔의 소리를 낼 수밖에 없습니다. 신앙의 안에 있다고 자부하는 사람들에게는 바깥에서 온다고 생각하는 사람을 영원히 타자화시키고 배제시키느라 여념이 없기 때문입니다.

타자가 지나온 자리와 흔적 마다 늘 예수의 흔적이 함께 녹아 있습니다. 타자가 있었던 자리는 고통, 고난, 어려움, 질병, 위기, 혼란과 같은 무수한 실존의 한계들을 경험했던 곳이기에 예수의 울음은 그치지 않았습니다. 타자를 위해서 울음을 울었던 장소, 타자의 자리를 공감했던 그곳을 예수가 채우고 있으며 그 타자의 자리를 대신해서 자신의 자리인 양 도맡아 슬픔의 소리로 가득 메우고 있습니다. 사람들은 단순히 타자를 맞이한다는 것이 교회나 종교의 의무라고 믿고 있습니다. 그나마 그렇게 생각하는 것은 다행입니다. 그러나 타자가 있었던 과거의 자리를 바라보지 못한다면 그 의무는 아무런 소용이 없습니다. 타자가 있었던 실존적 자리는 과거의 나의 자리이기도 했던 곳인데, 그것을 깡그리 잊어버리고 타자를 환대한다면 그것은 우리가 그 환대를 통하여 그의 과거의 자리를 덮어준다고 볼 수 없기 때문입니다. 환대는 이렇듯 약자가 있었던 자리, 빈자리, 그러나 예수와 함께 머물렀던 자리를 사랑으로 메워주는 것이기도 합니다. 따라서 그 자리는 물리적으로 먼 거리에 있지만 신앙적 혹은 심리적으로는 결코 먼 거리가 아닙니다. 그 자리를 멀게만 여기고 타자가 떠난 자리에 관심을 기울이지 않는다면 진정한 환대는 이루어질 수가 없습니다. 먼 데서 슬퍼하는 울음만이 존재하는 것은 타자와 공유하는 예수의 슬픔에 대한 공감입니다. 하잘 것 없고 보잘 것 없는 타자를 맞이하는 것은 이렇게 신앙적 실존의 공감이 아니면 불가능합니다. 설령 환대를 한다고 하더라도 형식적일 수밖에 없습니다. 환대라는 윤리적, 철학적, 사회학적 용어가 교회적인 언어나 종교적인 언어로 자리매김을 하려면 환대의 대상이 되는 존재가 환대를 받을 만한 존재이기 때문에 그러하다면 문제입니다. 환대를 받을 자격이 없는 물리적, 심리적 거리가 먼 데 있었던 존재를 예수인 듯이 맞이하려고 한다면 환대의 무자격자는 존재하지 않습니다. 환대의 무자격자, 부적격자, 결격사유자라고 범주와 구획, 그리고 경계를 설정해놓은 적이 없습니다. 그런 존재는 늘 예수가 그들이 있었던 자리가 원래 그들의 자리가 아님을 알고 덮고 또 덮어서 그들이 먼 데 있는 존재, 신앙의 관심 바깥이 아닙니다. 그들은 또 다른 예수의 자리에 있었던 존재이기 때문에 그들을 맞아들이고 환대하는 것은 상을 받아야 할 존재임을 나타냅니다. 아직 우리는 신앙의 안에서 바깥에 있는 이방인에 대해서 맞서고 있습니다. 맞서는 데서 맞이하는 종교로 전환해야 합니다. 타자의 자리를 까발리는 율법적 종교에서 타자의 자리를 덮어주는 은혜의 종교로 탈바꿈해야 합니다. 그럼으로써 이제 멀리 있었던 예수, 그리고 신앙적으로 멀리 제쳐 놓았던 타자를 동일한 지평, 가까운 지평, 우리와 같은 신앙의 지평으로 받아들이고 환대하는 종교인이 되어야 할 것입니다. 기억하십시오. 사람^{타자}은 예수의 자리/로부터 옵니다.

이해할 수 없는 신앙의 유희자

마태복음 11:16-19·25-30

    사람이 산다는 것은 참으로 알쏭달쏭합니다. 어느 때는 알듯도 하다가도 실상 살아보면 인생의 경험적 시간이 채워지면 채워질수록 더 모르겠다는 생각이 드는 것이 생 그 자체입니다. 그러니 우리가 무엇을 안다고 하면서 삶을 이렇게 저렇게 해석하는 것이 얼마나 어리석은 일인지 말할 필요가 없습니다. 더욱이 초월적 존재에 대해서도 아무리 이성적으로, 또는 종교적으로 설명에 설명을 덧붙인다고 한들 알 수 없는 말들만 나열될 뿐입니다. 1세기 당시 예수의 삶도 사람들로서는 도저히 이해할 수가 없었을 것입니다. 삶과 정치, 그리고 경제는 모두 혼란의 혼란을 거듭하면서 사람들은 저마다 지쳐가고 있었습니다. 그런 상황 속에서 사람들은 그저 대망했던 메시아가 와서 삶을 삶답게 만들어 주기를 바랐을 터인데, 예수의 언행은 그들의 통념적인 메시아의 존재와는 거리가 멀었습니다. 자신의 시각에서 보면 그가 어떤 사람이든 그 틀에 의해서 이런저런 유형의 사람으로 평가되는 것이 당연합니다. 그러다보면 어떤 사람은 정상이지만 다른 어떤 사람은 비정상이 되기도 합니다. 유대인의 시각에서 볼 때 금욕적인 세례자 요한의 삶이나 반금욕적인 예수의 삶이나 매한가지였습니다. 보편적인 유대인의 범주는 아니었을 것입니다.

이재연의 「토성에서 오는 것」이라는 시는 이렇게 말문을 엽니다.

> 버스는 아무것도 모른다/ 왼쪽으로 오른쪽으로 바뀌는/ 갔던 곳으로
> 만 가는 습관이 있는 듯/ 중국 사람들이 몰려왔다 몰려갔다/ 연약한
> 사람은 창가 쪽으로 옮겨가/ 차가워진 바람을 매만지거나/ 자세를 바
> 꿔 앉았다.

어디로 가는지, 어디서 오는지 모르는 게 인생입니다. 버스의 바퀴가 아무리 왼쪽 바퀴, 오른쪽 바퀴가 있다고 하더라도 그것은 습관적으로 이리로 혹은 저리로 움직일 뿐, 그 자체로 놓고 보면 어디서 오는지, 어디로 갈지 알 수가 없습니다. '오직 모를 뿐.' 세례자 요한의 삶도 어디서 기원하는지, 예수의 삶도 어디서 시작하는지 알 수가 없습니다. 세례자 요한의 삶도, 예수의 삶도 모르면서 우리는 삶이 이렇다느니 저렇다느니 감히 평가를 합니다. 신앙도 이렇다 저렇다 비판을 합니다. 교회 혹은 종교도 자신의 잣대로 나열을 해가면서 조목조목 따지는 게 우리입니다. 그러면서 정작 어느 장단에도 춤을 추지 않습니다. 실상 아무것도 모르는 것입니다. 적어도 우리가 신앙에 대해서 무엇을 안다고 한다면 신앙의 춤사위에 푹 빠져서 한판 흥겹게 놀았을 것입니다. 신앙의 춤사위가 세례자 요한에 의해서 만들어진 것이든, 아니면 예수에 의해서 형식화된 것이든 새로운 삶의 이야기들을 써내려가는 두 인물을 인생의 수레바퀴로 생각하면 좋은데 그저 습관적으로만 그들에 대해서 왔다 갔다 할 뿐입니다. 습관적인 신앙, 습관적인 교회 생활은 깊이 천착해서 우러나오는 삶을 모릅니다. 물론 몰라서 습관적인 신앙이 연속되는 경우도 있을 것입니다. 그렇지만 습관적인 신앙의 틀을 깨고 한 발짝 나올 때 모름의 기온을 바꿔나갈 여지가 있습니다. 모른다고 해서 막연하게 모르는 것이 아니라 감추어져 있기 때문에 모르기도 합니다. 무엇을 안다고 하는 사람들에게는 감추고, 오히려 모른다고 하는 사람들에게 보여주는 것이 초월자

의 신비입니다.

겸손하게 모른다고 하고, 스스로 어리석다고 하는 사람들에게 신앙은 단순하게 현실성을 바라보는 시각을 길러줍니다. 예수와 놀고 그와 어울리는 사람들은 그 범주에서 보면 신앙이 결코 무겁거나 짐스러운 것이 아니라 낙천적인 희망을 가지고 삶의 구조를 뜯어 고쳐 나가게 됩니다. 예수는 자신을 이해하고 그리고 함께 삶의 구조를 개혁해 나가는 삶을 살기를 원해서 삶의 현장 깊숙이 들어와서 많은 사람들과 어울렸습니다. 삶을 모르고, 신에 대해서 모르고, 인생의 궁극적인 의미를 모르는 이들에게 신을 믿는 진정한 이유와 행위를 깨우치도록 만들어 주었습니다. 예수와 놀이를 했던 사람들은 하나 같이 순수하고 천대받았던 사람들입니다. 하지만 그들은 습관적이고 고착화된 삶의 놀이를 하는 사람들이 아니었습니다. 그들의 삶의 놀이는 유동적이고 유연성이 있는 놀이를 하면서 매번 자신의 자리를 바꿀 수 있는 저력이 있었습니다. 신앙의 놀이는 그렇게 자신의 자리를 유연성을 가지고 언제든 새롭게 전환할 수 있어야 합니다. 예수가 이 땅에 온 목적은 삶의 놀이를 다르게 하기 위해서, 삶의 놀이를 하면서 유연성을 가지고 인간의 인식의 자리를 바꿔나갈 수 있어야 한다는 것을 깨우쳐 주기 위해서입니다.

시간이 지나면 사람은 고착화되고 결국 아무것도 변화시키지 않는 무관심적인 존재가 되어버리고 맙니다. 극소수의 사람들만이 신의 계시와 택함에 열려 있습니다. "꽃이 오고 꽃이 떠날 때까지/ 꽃은 우리를 보고 있었다/ 어떤 자세로도 다 알 수는 없지만/ 간헐적으로 떠오르는 쓸모없는 예감과/ 날카로운 햇빛은 토성에서/ 오는 듯했다"시집 『쓸쓸함이 아직도 신비로웠다』, 실천문학사에서. 시인의 언어에서 드러나듯이, 계시와 선택받음은 우리가 하나님을 향해 가는 것이 아니라 반대로 하나님이 우리를 향해 오는 것입니다. 그러므로 계시와 선택은 늘 봄의 성격, 바라—봄의 주체적인 행위가 포함되어 있습니다. 열려 있음은 당신을 향해 열려 있는 것이 아니라 우리를 향해 열려 있음입니다. 그 열려 있음의 통로를 통해서 당신은 언제든 우리의 삶에 개입하고 의미를 부여하는 존재로서 등장하는 것입니다. 그렇다고 해서 초월자를 향한 열림이 전혀 불가능하다는 말이 아닙니다. 다만 예수와의 놀이는 놀이의 주체가 우리를 향해서 오지 않는 이상, 우리는 늘 습관적인 삶의 태도에서 한 치도 벗어날 수 없음을 말하는 것입니다. 놀이는 스스로 불가능합니다. 특히 신앙의 놀이는 서로 바라보고 인식하며 공감하지 않으면 불가능합니다. 멀찍이서 바라보는 사람에게는 예수와 어우러지는 삶의 놀이나 신앙의 놀이는 가당치 않은 것에 지나지 않습니다. 신앙의 놀이는 이렇듯 푹 빠져들어야 합니다. 그와 함께 놀이를 하는 존재가 그 놀이에 젖어들어야 하는데 관망하는 자세라면 놀이는 놀이가 아니라 훼방이고 소외이며 유치한 장난에 불과합니다. 아마도 신앙의 놀이, 특히 예수와의 놀이가 그렇게 보이는 이유는 먼저 예수가 우리를 보고 있었다는 것을 인식하지 못하기 때문입니다. 우리가 예수를 보는 것이 아니라 예수가 우리를 보고 있다는 인식이 싹틀 때 그와 함께 놀겠다는 마음이 생깁니다.

신앙의 모름과 삶의 불가지론에 빠져 있을 때, 역설적으로 신앙은 지금의 신앙적 소음에서 벗어나려고 노력합니다. 신앙의 소음이 여기저기서 들리고 있는 것은 기존의 신앙도 모르는 사람들이 자신도 알지 못하는 소리를 내뱉고 있기 때문입니다. 자칫 사람들은 그것을 신앙의 진정한 놀이라고 착각을 하는 경우가 있습니다. 말과 언어, 그리고 목소리가 초월성과 하늘을 지향하지 못하기 때문에 그렇습니다. 예수가 자신의 신앙 춤사위나 신앙의 놀이에 장단을 맞춰서 살아가기를 바라고 자신이 가지고 있는 습관화된 신앙을 타파하기를 바라는 마음은 자신으로부터 오는 시선을 의식하는 데서 시작한다는 것을 잘 알고 있습니다. 그렇게 해야만 신앙과 삶의 수수께끼가 풀립니다. 왜 삶은 그토록 힘겨울 수밖에 없는가는 결국 그것이 인생의 과정이고 인간이 살아가면서 만들어 가는 훌륭한 이야기라는 사실을 깨우치기 위한 것입니다. 동시에 자신의 삶이 비록 힘들고 어렵지만 인간으로서의 삶의 언어들이 하늘을 지향하고 하늘을 나는비행하는/ 닿는 말을 사용하게 될 때 지금의 고착화된 세계를 자꾸 변혁해 나갈 수 있다는 것을 알게 해주려는 것입니다.

사람들에게는 각자 저간의 사정들이 있습니다. 그 사정들은 매우 어렵고 힘겹습니다. 바로 예수는 그러한 삶의 수수께끼를 풀려고 하는 사람이었습니다. 아니 그보다 삶의 무게를 가볍게 하려고 하였습니다. 불교에서도 방하착放下着이라는 말을 합니다. 한마디로 편견뿐만 아니라 욕심을 내려놓으라는 것입니다. 삶에서 욕심과 욕망이 얼마나 사람을 고통스럽게 하는가를 잘 알았던 부처로서는 그 짐을 내려놓아야 열반에 가깝게 다가갈 수 있다는 것을 알았던 것 같습니다. 또 인간을 구성하는 색色, 육체, 수受, 느낌, 상想, 개념, 행行, 상카라, 행위, 식識, 인식이라는 오온五蘊을 말하면서 인간의 아상我相, ego이란 실제로 존재하지 않는다고 가르칩니다. 예수는 자신과 함께 하는 삶의 놀이를 즐기는 사람들에게 가벼운 짐만, 최소한의 짐만, 자리를 언제든 바꿀 수 있는 짐만 지고 가라는 것입니다. 우리가 생각했던 삶의 짐이란 다름아닌 '생각'에서 비롯됩니다. 생각을 바꾸고 생각을 한다는 나 자신이 존재하지 않는다는 생각을 하게 될 때 삶의 짐은 가벼워집니다. 예수 자신의 명에zugos: yoke, 독일어 joch, 라틴어 iugum, cf. yoga-멍에로 '연결'-religare의 가장 밑바닥은 소유하지 않음, 모름, 그리고 나를 향해서 있는 시선, 보는 시선에 대한 인식, 좀 더 신비철학적으로 말하면 절대적 주체성, 내적 주시자, 절대적으로 보는 자가 내면의 빛을 밝게 비출 때에 비로소 안식과 평안을 얻게 됩니다. 나아가 하늘을 지향하는 언어, 시공간에 얽매여서 탐욕의 강박에 빠져 있는 데서 탈주하게 될 때, 그래서 예수와 함께 놀이하는 능동적인 주체가 된다면 삶은 축제가 되고 내 인식의 그늘에 갇힌 동굴 속의 자아를 넘어서 새로운 예수 운명의 짐을 지고 그의 삶을 구현하는 인간이 될 것입니다. 그러므로 가장 급선무는 예수로부터 우리를 향해서 난 간헐적인 시선과 언어의 통로를 인식하고 그를 만나는 일입니다. 그러면 쉼과 안식을 얻게 될 것이고 그리고 그나마 가벼운 짐을 기껍게 짊어지는 것은 물론이거니와 삶과 신앙을 천천히 뒤적이면서 음미하게 될 것입니다.

하늘말씀의 근본기분

마태복음 13:1-9·18-23

농부들이 농사를 짓기 위해서 씨를 뿌리는 기분은 어떤 것일까요? 농부와 씨앗의 정서적 관계는 씨앗을 대하는 정성어린 마음과 더불어 씨앗이 싹을 틔우기까지의 바람, 흙, 빛, 물이 적절하게 작용을 해주어야 한다는 하늘마음이 녹아들어가야 할 것입니다. 단순히 농부가 씨앗을 수단으로 많은 소출이나 늘려보겠다고 하고 거대한 자본농업을 해보겠다는 식으로 접근을 한다면, 그것은 씨를 뿌리는 근본기분이 아닐뿐더러 애초부터 씨앗을 자식 대하듯 하지 않겠다는 발상입니다. 오늘날 대부분의 농부들이 농사를 짓기 위해서 대출을 받고 그 대출을 갚기 위해서 많은 피땀을 흘리지만 턱도 없는 수매가격으로 계속 빚을 지거나 생활고에 시달리는 것을 볼 수 있습니다. 반면에 부농을 일구는 자본농은 이윤에 이윤을 남기면서 씨앗을 수단화하고, 그 씨앗을 틔우는 땅을 도구화하여 자본을 획득하는 착취농이 되기도 합니다. 거기에는 땅과 씨앗을 대하는 겸손한 농부의 마음은 들어 있지 않습니다. 「오전의 기분」이라는 시에서 이기철은 삶의 기분들을 이렇게 묘사하고 있습니다.

"사각사각 사과를 깎는 기분/ 하얀 실파를 뽑는 기분/ 놀러 간 고양이를 부르고 싶은 기분/ 너의 속옷 속에 마른 손을 넣는 느낌/ 부드러운 무언가가 만져지는 느낌/ 색연필로 그림을 그리고 싶은 느낌/ 채송화 를 우둑우둑 따 버리고 싶은 기분.

시인이 언급하는 것을 오전이 주는 기분이라고 느낀다면, 사실 오전이란 다채로운 삶의 여러 형태들이 나타나고 피어나는 기분이라고 볼 수 있습니다. 과연 오전처럼 생명력이 넘치는 기분은 거의 없을 것입니다. 그도 그럴 것이 오전의 기분은 "정오의 영광"을 향해 가는 시간이자 "불타는 덤불과 정오의 태양을 향해 움직임"입니다. 햇볕이 내리쬐는 오전은 하루 중에서 가장 활기차고 희망이 생기는 시간입니다. 농부는 아침 일찍, 아니 새벽녘에 닭이 홰를 치는 동시에 일어나 씨앗을 뿌리러 밭에 나갈 것입니다. 아침의 기분 혹은 오전의 기분은 그렇게 생명을 탄생시키는 느낌들이 막 움트는 시간입니다.

씨앗을 심는 농부는 오전의 온갖 근본기분으로 설레며 씨앗을 뿌립니다. 농부는 그 씨앗 안에 모든 희망들을 담아 아들과 딸을 생각하고 자식을 대하는 느낌, 소출의 기쁨을 함께 나눌 마을 공동체 구성원들의 즐거운 기분, 그 씨앗이 자라서 열매 맺은 결실들을 식탁에 올려놓고 생명을 이어가는 익명의 가족들의 소소한 만족의 기쁨, 그 씨앗 곳곳에서 피어나는 여러 생명들의 잔치와 같은 땅에서 펼쳐지는 조화로운 생태계의 희열 등을 미리 맛볼 것입니다. 그와 같은 기분과 느낌을 가지고 땅을 대하는 농부는 허투루 씨앗을 내던지지 않습니다. 씨앗은 자칫 돌밭으로, 가시밭으로, 길밭으로 떨어질 수 있습니다. 씨앗의 잘못이 아니라 농부의 실수입니다. 씨앗 하나하나를 배려하지 못한 농부의 허물은 열매를 맺지 못한 채 죽도록 내버려 두고 마는 것입니다. 하지만 성서에서는 농부의 잘못을 말하지 않습니다. 오히려 씨앗 자체를 받아들이는 땅이 문제인 것처럼 말을 합니다.

아마도 농부와도 같은 하나님은 인간에게 좋은 하늘말씀을 전해주려고 할 것입니다. 그 하나님이 주시는 말씀을 인간이 어떻게 받아들이냐, 하는 것이 복음사가의 관점입니다. 하늘말씀을 받아들이는 인간이 깨닫고 알아차리려고 해야 하는데, 그러지 못한다는 말입니다. 사실 못하는 게 아니라 안 한다고 볼 수 있습니다. 하늘말씀은 이 세상의 것과는 다른 것을 지시합니다. 다시 말하면 하늘말씀은 '다르게 살라'는 명령입니다. 적어도 인간으로서, 혹은 종교인으로서 다르게 살아야 한다는 것을 지속적으로 말씀하고 있는 것을 알면서도 그렇게 살지 않는 것이 문제입니다. 차별화된 삶, 저마다 하늘말씀을 깨달은 풍요로움과 깊이를 가지고 세상을 밝고 건강하게 만들어 가는 역할을 해야 하는 게 인간의 본모습입니다. 그런데 우리는 물질이나 세상사의 여러 걱정, 두려움, 염려, 고난, 고통 등으로 쉽게 자신의 주체적인 다른 삶을 포기하고 타협하고 맙니다. 앞에서 시인이 말한 오전의 기분이란 매일 세상을 변혁하고 희망이 있는 삶터로 바꿀 수 있다는 것을 뜻하는지도 모르겠습니다. 다양한 삶의 세계들이 펼쳐지는 곳에서는 기분이나 느낌은 시시때때로 변하기도 합니다. 하지만 적어도 빛이 비추기 시작하는 오전의 기분은 농부가 밭에 나아가 씨앗을 뿌리는 기분처럼 자연세계와 씨앗에 마음을 담아 결실 이후에 맛보는 뿌듯함과 평화, 그리고 안정감을 내포하고 있는 것입니다.

씨앗 안에는 그러한 평화, 삶의 즐거움, 생명, 나눔, 땅을 기반으로 하는 세계의 변화, 농부와 신의 사랑, 자연의 수고스러움 등 온갖 좋은 기분과 느낌이 오전의 희망처럼 들어 있습니다. 그래서 씨앗은 한갓 예수가 민중들에게 자신의 말씀을 전달하려는 오브제가 아니라 그야말로 하늘의 마음을 담은 말씀입니다. 그와 같은 하늘말씀을 씨앗으로 받은 인간은 씨앗 안에 들어있는 그 하늘의 기분과 느낌대로 살아야 합니다. 그래야 인간 안에도 생명이 있고 삶이 있고 희망이 있습니다. 복음사가는 그리스도인들이 박해와 환난을 당하면 말씀을 깨닫지 못한 사람들은 쉬 무너진다고 했습니다. 아마도 박해나 환난이라는 말이 등장하는 것은 마태복음사가 당시의 그리스도인들이 박해나 환난을 당했다는 내적 증거라고 할 수 있습니다. 실제적으로 그들이 하늘말씀을 잘 간직한다면 그렇게 혹독한 삶의 환경이나 과정을 겪게 된다고 해도 결코 넘어지지 않을 것이라는 의미가 반영된 것입니다. 그와 마찬가지로 하늘말씀은 엄혹한 현실 앞에서도 굴하지 않을 만큼 든든한 배짱을 갖게 만드는 힘이 있습니다. 다만 내적으로 깊이 깨달아야 한다는 전제가 깔려 있습니다. 인간의 삶과 신앙을 송두리째 빼앗아 가려는 힘이 작용하게 될 때, 우리의 기분과 느낌은 한없이 우울하고 절망스러우며 자포자기의 상태로 접어들 것입니다. 하지만 하늘말씀을 깨달은 사람은 그 반대의 기분과 느낌을 가지게 마련입니다. 그러면서 그 말씀의 씨앗으로 자신의 정신과 영혼이 어둠과 부정과 폭력과 살인과 억압 등으로부터 지켜주며 오히려 그 하늘말씀을 통해서 새로운 세계를 일구는 원동력이 될 것입니다. 농부의 아주 작은 씨앗이 엄청난 결실을 맺는다는 것은 결국 세계 변혁의 힘이 상상 이상의 결과를 가져온다는 것을 의미합니다. 우리가 믿어야 하는 것이 이것입니다. 최소한 종교, 특히 그리스도교가 하나님의 말씀에 기초를 두고 그 위에 삶을 견고하게 다지는 삶을 지향한다면 하나님의 말씀의 강력한 파급력을 무한히 신뢰할 수 있어야 합니다. 그러나 다시 한 번 이야기 하거니와 그러기 위해서는 자신 안에 있는 하늘말씀의 씨앗을 잘 깨달을 때 가능한 일입니다. 하늘말씀의 씨앗 안에 담겨 있는 우주적이며 생명적이며 인간학적이며 연대적·변혁적인 힘을 믿어야 한다는 말입니다.

이기철의 시 나머지 부분을 보겠습니다.

> 또 무슨 말이 있나?/ 저 가시나무는 아무도 찌르지 못할 것 같다/ 날
> 아가지 못하니까, 뛰어가지 못하니까,/ 흰 새를 보낼게 초록 손을
> 펴/ 하모니카를 보낼게 노랠 불러 봐/ 바늘이 저 혼자 부러지는 소리/

그리스도인에게 있어 하늘말씀이 인간을 깨우고 세계를 깨우기는커녕 한갓 소음이 되지 않도록 주의해야 합니다. '더 이상 무슨 말이 없는 것일까?' 하고 묻기보다는 내게 들려지는 하늘말씀을 깊이 깨달으려고 하는 것이 더 중요합니다. 말의 홍수는 결국 소음으로 이어지기 때문입니다. 적은 말과 침묵이라도 하늘에서부터 기원하는 말씀의 씨앗을 간직한 사람은 그 말씀의 뜻, 즉 하늘의 뜻이 무엇인지를 알아차려야 합니다. 동시에 이 세계에서 하늘 백성처럼 차별화된 삶을 살 수 있어야 이 땅에 말씀으로서의 삶이 제대로 이식될 수 있습니다. 우리는 하늘말씀을 도구로 삼아 수많은 말들을 내뱉어 내는 시대에 살고 있습니다. 그 말들은 세계를 흔들지도 쪼개지도 못합니다. 폐부를 찌르는 말이 아닙니다. 그리스도교는 세계를 초월할 수도 없는 상황에서 희망의 하늘말씀으로 푸르디푸른 삶을 살 수 있도록 해주는 하늘말씀을 전해야 합니다. 또 그 말씀을 이어받은 이들은 올바른 해석을 통해서 사람들이 오전 같은 기분과 느낌으로 살도록 해주어야 합니다. 어느 동방수도자는 "희망이란 오시는 분에 대한 기다림이다. 사랑으로 가득 찬 기다림이며, 사랑에 기초를 둔 기다림이다.…희망이란 염원이며, 열망으로서 특정한 한 가지 목적을 건 것이 아니라 네 운명 전체를 건 기다림이다"라고 말합니다.

오늘날 우리가 자신의 있음과 삶에 대한 특별한 가치에 대해서 노래한다면 그보다 더 바랄 것이 무엇이 있을까요? 사람들이 부르는 노래는 많지만 슬프고 무기력한 노래나 고래고래 악을 쓰는 노래만 있을 뿐입니다. 하늘말씀의 씨앗을 깨달으면 노래는 그 깨달음에 의한 하늘 그 자체를 품은 만족과 기쁨의 흥겨운 노래가 흘러나올 것입니다. 말씀의 결실은 다른 것이 아닙니다. 통상적으로 생각하는 것들, 즉 삶의 물질적 가치를 풍성하게 누리는 것, 명예와 권력으로 타자 위에서 우월성을 느끼는 것, 삶의 실존적 한계들인 고통과 고난이 회피되어지거나, 죽음으로부터 해방되는 것이 말씀을 깨달아 결실을 맺었다는 증거가 될 수 없습니다. 다만 더 이상의 말씀이 필요 없이 하늘말씀이 완전히 내 안에서 깨달아지는 것입니다. 또한 비록 삶의 질곡들이 마음을 번잡하게 하더라도 그 아픔을 오전과 같은 기분으로 맞이할 수 있는 담담함, 즉 "오늘은 좀 아파도 괜찮겠다"라고 말할 수 있는 나와 세계에 대한 신뢰감이라고 말을 해도 지나치지 않을 것입니다. 하늘말씀의 씨앗의 근본기분을 잘 알아차린다면 말입니다.

가라지를 위한 변론

마태복음 13:24-30·36-43

아무리 밭에 좋은 씨를 뿌린다고 해도 그것이 가지고 오는 결과는 농부가 예측하는 것과는 사뭇 다른 경우가 많은 것 같습니다. 농사를 한 번도 지어보지 않은 사람이 이런 말을 한다는 것이 설득력이 떨어질 수 있습니다. 관록이 묻어나는 농부라도 씨앗과 같은 환경에 있는 토양에서 더불어 자라는 잡풀이 있을 수밖에 없다는 것은 여간 신경이 쓰이지 않습니다. 그럼에도 우리는 직접 경작을 해서 먹으려고 재배하는 농산물 혹은 상품으로 내다 팔고자 하는 농작물과 내가 원하지 않았던 잡초와 어떻게 공생관계^{잠재태적 생명관계}를 모색해볼 수 있을까요? 농사를 짓지 않는 사람이 세상 물정 모르는 말을 하는지 모르겠습니다. 그런데 예수의 이야기를 가만히 살펴보면 앞에서 말한 둘의 관계는 나^{인간}의 일이 아닌 듯합니다. 농사란 사람이 아니라 하늘의 일이기 때문입니다.

작가 신영배의 「물결 속에서」라는 시를 보면 낯설지만 알쏭달쏭한 신조어가 등장합니다.

물랑 지우개를 쥐고 있다 시를 쓰며/ 지우면 그 자리에 물랑이 생긴
다/ 어느 날은 손목에서 단어가 떨어지지 않는다/ 지우개로 지우자

손목에 물랑이 생긴다.

　도대체 물랑이 무엇일까요? 작가는 다른 시에서 이렇게 말합니다. "사라지는 당신을 생각해 책 위에 빛이 쏟아질 때 이유를 알아버릴 시와 당신을 생각해… 우리가 사랑을 나누는 곳은 물속이야 물이 왜 사라지는지 묻지 않고 발끝이 다 닳을 때까지 푸른 가슴을 끌어안지 물랑 당신을 그렇게 부르고 싶어 당신도 나를 그렇게 부르지 물랑…"시「물랑」부분. 여전히 알 수 없지만 물랑은 곧 시인의 삶과 사랑, 그리고 시라는 영역에서 떨어질 수 없는 묘한 의성어인 듯, 의태어인 듯합니다. 물랑, 어찌 보면 물주머니라는 느낌도 드는 말이기도 합니다. 하지만 물랑은 그저 나와 너가 존재하는 장소요 시인의 시작詩作, 즉 포이에시스가 시작되는 곳이기도 합니다.

　씨를 뿌린다는 것도 시를 짓는 것과 다르지 않습니다. 여든 여덟 번의 손길이 갈 수밖에 없는 쌀이 우리 식탁에 올라온다는 것은 그만큼의 잡초와 바람, 물, 햇빛, 흙과의 사투를 벌여야 합니다. 쌀만 그런가요? 밭 작물도 마찬가지입니다. 시를 쓰듯 바람을 지우고, 햇볕을 지우며, 흙을 지우고 물을 지우는 과정은 바로 새로운 생명의 세계를 잉태하기 위해서입니다. 그리고 그 생명의 세계를 통하여 수많은 사람들이 평안을 누리고 삶을 삶답게 살도록 하기 위해서 생명을 짓습니다. 그게 하늘나라인 셈법입니다. 하늘의 나라, 하늘의 마음은 씨앗에 담겨서 흙에 뿌려지지만 잠깐의 방심으로 가라지가 웃자라고 마는 것을 볼 수 있습니다. 그런데 반대로 생각을 해보면 우리의 삶이나 신앙도 긴장을 일으키게 만드는 대상이 존재함으로써 지우고 새롭게 짓는 그런 신앙과 삶을 추구하게 됩니다. 짓기 위해서는 지우는 것이 필요하지만, 지금 당장 시행해야 하는 것이 아니라 삶과 생명, 그리고 신앙이 더 튼실하게 자란 다음, 지울 것과 지어야 할 것, 없애야 할 것과 소출로 남겨야 할 것을 구분해야 합니다.

예수의 지혜는 거기에 있는 듯합니다. 우리의 신앙적 삶을 정결하고 거룩하게 할 뿐만 아니라 하늘 나라의 운동을 한답시고 지금 짓고 있는 것과 지워야 할 것을 구분하는 혜안도 없으면서 무조건 지우려고 하는 습성들이 자신을 망가뜨리고 타자를 상처 주게 됩니다. 시인이 말하고 있는 것처럼 손목에서 단어가 나오지 않을 때가 있습니다. 그럴 때 손목을 슬그머니 지우면 사유의 결, 말의 결이 생깁니다. 신앙적 삶을 통해서 하늘 나라를 만들어 가려고 할 때 지우개로 지워야 할 때가 있습니다. 그때는 신앙의 좋은 결이 생길 수 있는가를 먼저 생각해야 합니다. 하늘 나라의 공동체 안에 있는 수많은 씨앗의 결실들이 함께 자라고 있는데, 우리의 상식과 판단, 그리고 시각으로 가라지라고 믿는 어리석음으로 함부로 배제하고 제외시키려는 시도를 한다면 공동체의 좋은 신앙의 결마저도 사라질지 모르기 때문입니다. 그래서 당분간의 공존이 요구됩니다. 물론 이 공존이라는 것도 나를 위한 공존이라고 볼 수 있습니다. 다시 말해서 나를 중심으로 하는 공존입니다. 나는 공동체의 영역 안에 있으니 당연히 알곡이려니 하고 생각할 수 있지만, 그것은 나의 판단일 뿐이지 타자의 판단, 즉 신의 판단은 아닐 수 있다는 사실을 겸허하게 생각해 본다면 나의 지우개를 함부로 사용할 일은 아닌 듯합니다. 물랑, 물랑이라고 하는 그 의성어가 주는 묘한 뉘앙스처럼 말랑말랑한 유연성을 가지고 타자의 공존재적 구원 가능성을 보며 끝까지 가고자 하는 태도가 중요합니다. 기실 지운다고 해도 새로운 물랑이 또 웃자라고, 물랑은 서로 끌어안고 엉키면서 구분이 잘 되지 않지만, 거기에는 반드시 좋은 물랑이 있다는 것도 잊지 말아야 합니다. 좋은 물랑과 좋지 않은 물랑의 구분은 우리의 눈일 뿐이지 우주의 마음과 신의 마음으로 보면 좋지 않은 것이 없습니다. 모두가 그저 하나의 물랑이기 때문입니다.

시인의 또 다른 시구들을 읽어보겠습니다.

어느 날은 두 다리에 문장이 붙어 있다/ 지우고 너를 만난다/ 사라진
긴 문장만큼 걷는다/ 물랑 물랑 물랑 물랑/ 네가 사라질 것 같은 날들
이 걸어가고/ 사랑이 그만큼 걸어오는 물결이 있다.

　신앙은 농사를 짓는 것, 또 시를 짓는 것이나 다름이 없습니다. 둘 다 창조적
인 활동입니다. 무에서 유를 만들어 내는 작업입니다. 그러다 보면 지워야 할 것,
쓸데없는 것들이 존재하는 한 내가 얻어야 하는 생산물을 눈에 보이게 할 수 없
다는 강박관념에 빠질 수 있습니다. 지어야 할 것을 위해서는 지워야 할 것들이
산적해 있는 것처럼 보입니다. 지금까지 인간은 그래왔습니다. 또한 인간의 종
교, 종교 안의 인간도 부화뇌동하였습니다. 나만의 것, 혹은 우리의 것을 위해서
는 내 것과 우리 것이 아닌 모든 것들은 지워야 할 것으로 결정짓고 매번 축출을
하고 소외시켜 왔습니다. 어떤 농산물은 정말 필요하지만, 반면에 그 농산물 이
외의 다른 것들은 아예 존재할 가치가 없는 것으로 간주하였습니다. 마찬가지로
어떤 시어詩語들은 매우 아름답고 신선하지만 그 이외의 다른 시어들은 전혀 쓸데
없는 진부한 말로 치부하였습니다. 그러나 농사에서 중요한 씨앗이 씨앗 하나로
만 존재할 수 없습니다. 더불어 씨앗이기 때문입니다. 시어 하나는 문장 속에 나
열되고 시인의 손가락 사이로 빠져나와야 시어가 됩니다. 물랑의 공동체, 즉 하
늘 나라는 추수 때까지 기다려야 그 진위, 승패, 우열, 선악이 판가름 납니다. 그
럼에도 우리는 신앙을 앞세워 몰상식한 지우개를 들이댑니다. "저희가 가서 그
것을 뽑아버릴까요?" 예수는 대답합니다. "가만 두어라." 물랑공동체, 즉 하늘
나라 공동체가 몽땅 사라질지 모르니 신중에 신중을 기하는 예수의 모습은 적어
도 짓고 지우는 것은 끝까지 가서 결정을 해도 늦지 않다는 것입니다. 거기에는
진정한 물랑공동체인 하늘 나라의 진실한 구성원이라 할 수 있는 존재에 대한 배
려인데, 사실 처음에는 구분하기가 매우 어렵다는 전제가 깔려 있습니다. 시작詩

作을 할 때에 시어의 진정성도 마찬가지입니다. 시어가 참으로 그 작가의 창조적인 상상력의 산물인가 아닌가는 그 시가 익어가는 시간이 말해주는 것입니다. 신앙의 성패, 그 신앙인의 진위는 진득함, 성실함, 사랑의 지속성입니다.

지우고 제거하고 근절하는 것이 능사는 아닙니다. 지우려고 하는 자리에서 만나는 신앙인을 무조건 지워버리는 것이 아니라 지우는 과정에서의 언어적 소통, 마음의 나눔, 그리고 사랑의 행위들은 마지막까지 중요합니다. 공동체에서 제명을 하든 존재 가치를 인정하지 않든 아예 응대나 환대를 안 하든간에 끝까지 물랑공동체, 즉 하늘 나라의 상징인 교회 공동체 안에서는 끊임없는 사랑이 오가도록 해야 합니다. 지운 자리에는 길게 흠집이 나고 더 길고 긴 여운과 궁색한 변명만이 남을 뿐입니다. 어쩌면 지워져서 사라져버린 신앙인이 간 자리가 사랑의 자리였는지도 모를 일입니다. 그러므로 섣부르게 재단하고 지워서 기억에서 떨쳐내야 하는 신앙인이란 애초부터 존재하지 않는지도 모릅니다.

시인은 "어느 날은 시 한 편을 다 지운다/ 물랑물랑 온몸이/ 물결 속에서"시집 『그 숲에서 당신을 만날까』, 문학과지성사에서라고 끝을 맺습니다. 씨앗과 씨앗 사이에 촘촘히 가라지가 날지라도 그것들을 다 뽑아버리겠다는 것은 시 한 편을 다 지우는 것이나 다름이 없습니다. 신앙의 결은 개인적인 동시에 공동체적입니다. 말랑말랑한 입자들이 서로 뭉쳐 있어야 한 줄기의 물이 되고 아름다운 호수가 되며 큰 강을 이룹니다. 우리는 저마다 그와 같은 물랑공동체, 곧 하늘 나라의 가능성 안에 있는 사람들입니다. 물결과 물결이 맞부딪히더라도 신앙의 결은 결코 허무한 것이 아닙니다. 함께 수심결修心訣, 마음을 닦는 비결을 위해서 노력할 수 있으니 말입니다. 수심獸心은 나중입니다. 우리의 소관도 아닙니다. 그것은 신의 권한이자 영역입니다. 예수가 말하지 않습니까? "추수 때까지 둘 다 함께 자라도록 내버려두어라. 추수 때에 내가 추수꾼에게 일러서 가라지를 먼저 뽑아서 단으로 묶어 불에 태워버리게 하고 밀은 내 곳간에 거두어들이게 하겠다." 우리는 다만 물랑공동체, 곧 하늘 나라가 허공虛空이 아니라 무한한 것이 가득 참, 무한한 언어로 풍부함, 모든 존재가 어우러지는 무한 가능성과 무한 존재의 공간성이라는 것을 인정하고 무참할 정도로 자신의 무모한 신앙의 지우개를 타자에게 들이대지 말아야 합니다. 시인 이정섭은 이렇게 말합니다.

> 어둠 안을 때 어둠보다 빨리 안기는 어둠/ 동굴에 사는 모든 벌레가
> 자유로운 것은/ 소리를 만지는 안목을 가져서다.

우리는 왜 어둠 속에 있는 벌레만큼의 촉수나 감각을 익명의 잡풀가라지에게도 뻗지 못하는 것일까요? 그것이 얼마나 자유로운지 정작 모르는 것은 아닐까요? 소리를 만지는 안목. 그것은 자신의 거칠 것 없는 신앙의 자유에서 나옵니다.

머물러야 할 절대적 세계

마태복음 13:31-33·44-52

보잘 것 없고 하찮은 존재가 세계를 그려내는 것을 보면 세계의 근원은 작은 데서부터 시작을 하는 것 같습니다. 한 알의 작은 씨앗, 현실태가 되어 완성된 형태를 보여줄 수 있을까 아예 생각조차 들지도 않는, 그러나 잠재태라고 할 수 있는 누룩은 무엇보다도 애초에 사람이 생각했던 것보다 더 큰 결과를 가져오는 존재를 잉태하고 있다는 사실입니다. 하늘 나라는 그렇게 손에 쥔 듯하지만 내가 몸을 담고 의탁해야 하는 세계이기도 합니다. 처음부터 신앙의 세계는 인간에게 잡힐 수 있는 것이 아닙니다. 그것은 그야말로 엉성한 것 같고 성긴 것 같아서 과연 그렇게 될 것인가, 하고 의심을 할 수밖에 없는 세계에서 출발합니다. 다만 우리는 가능성을 보는 것입니다. 가능성을 가진, 잠재적인 능력을 가진 세계가 반드시 현실태가 될 것이라는 암묵적인 희망을 가지고 그 세계로 나아가는 것입니다. 어쩌면 그런 세계를 꿈꾸는 우리가 철딱서니 없는 존재인지 모릅니다. 그런 의미에서 이홍섭의 「눈이 오면 머하나」라는 시는 매우 자조적입니다.

눈이 오면 머하나/ 삼월하고도 열아흐레, 철없이/ 봄눈이 내리네.

삼월과 눈은 어울리지 않는 짝입니다. 시인의 말대로 철이 없는 것입니다. 그런데도 이상합니다. 봄과 눈이 합해지니, 곧바로 봄눈이 되어버립니다.

그리스도인들이 꿈꾸는 신앙의 세계, 이상의 세계는 사람들이 보았을 때에 고집스럽게 주장하는 설익은 세계처럼 보일 것입니다. 하늘 나라는 하늘과 나라라는 묘한 이중적 공간성을 띠고 있는 말이기 때문입니다. 하늘이라는 공간, 그리고 나라라는 공간은 추상성을 갖고 있는 개념이기에 그렇습니다. 그러나 엄밀하게 본다면 하늘은 공간space이고, 나라는 장소place이니 일정한 공간 안에 나라가 형성된다는 의미가 되는 것입니다. 철이 없는 아이들, 철모르는 아이들처럼 그리스도인들은 그 세계를 소중하게 만들어가는 존재입니다. 하늘 나라라는 범주는 철이 없는 아이들과 같은 사람들뿐만 아니라 모순과 역설을 가지고 있다고 하더라도 모든 사람들이 참여할 수 있는 무한한 사랑의 세계입니다. 하늘 나라의 확장은 봄눈이 내려서 온 세계를 뒤덮듯이 그렇게 나타납니다. 속속들이 곳곳에 미치지 않은 곳이 없는 세계가 되는 것이 하늘 나라입니다. 봄의 계절성이 유한적인 것은 맞는 것이지만, 봄의 세계에 눈이 나타난 것은 상이한 세계와 현상이 동시에 나타날 수 있다는 것을 의미합니다. 하늘 나라도 지금의 현실 안에서 이상과 중첩되는 세계임에 틀림이 없습니다.

시인의 또 다른 시구를 보겠습니다.

길을 떠나면 머하나/ 남의 집 문패만 닦고 가는/ 길손이 되어, 먹기와

만 적시다 가는/ 객승이 되어.

길을 떠나면 모두가 나그네입니다. 정처 없이 이 공간과 장소를 기웃거릴 수밖에 없는 나그네의 현실은 머물지 못하는 슬픔과 애환, 그리고 고달픔이 묻어납니다. 이상세계인 하늘 나라는 어떤가요? 나그네로 살아가는 우리 모두가 지향하는 공간이요 장소라고 볼 수 있을 것입니다. 나그네와 같은 우리 인간이 잠시 머물다가 이 장소에서 저 장소로 옮겨가는 곳이라고 하면 너무 안일한 생각일

까요? 머물 수 없는 곳, 그리고 머물지 말아야 할 곳, 그리고 머물러야 할 곳으로 발걸음을 옮기는 인간은 어느 곳에 머물러도 그곳이 완전한 곳이 될 수는 없습니다. 그렇기 때문에 그곳을 완전한 현실태로 만들어야 할 책임이 있습니다. 머물러 있는 곳, 머물러야 할 곳을 현실적인 이상 세계로 만들어야 하는 사명이 그리스도인에게 있다는 것을 잊지 말아야 합니다. 예수와 함께 떠나서 객승이 되어 두루 돌아다녔던 제자들은 바로 진정으로 머물러야 할 곳, 모두가 평화, 평안, 안정, 사랑, 정의, 평등, 자유 안에서 머물 수 있는 세계를 설파하고 또 그렇게 만들려고 노력했습니다. 우리는 그것을 모범으로 삼아 모든 인간, 모든 그리스도인은 동일하게 따르며 살려고 해야 합니다.

그러기 위해서는 과감하게 떠나야 합니다. 머물러 있는 곳을 떠나고 또 머물러 있어야 할 곳으로 떠나는 나그네의 삶은 결국 예수다운 삶이라고 말할 수 있을 것입니다. 우리는 결코 이 세계에 영원히 머물 수 없습니다. 죽어서 간다고 하는 저 세계를 상정하면서 이 말을 하는 것이 아닙니다. 지금 내가 살고 있는 이 세계가 예수와 함께 머물러 있는 공간과 장소, 즉 하늘 나라로 만들었다면 또 다른 세계로 객승이 되어 떠나는 것이 마땅한 것입니다. 모든 세계가 하늘 나라로 이루어지지 않는다면 상대적 세계, 즉 문패만 만지작거리며 떠나는 길손의 세계나 다름이 없습니다. 하늘 나라의 절대적 세계를 이루기 위해서 지금 여기가 과연 예수와 함께 머무는 절대적 세계로 변화시키려고 노력하는 곳인가, 하고 물어야 합니다. 그 절대적 세계를 위해서는 나머지 나의 세계를 상대화시킬 수 있는 용기도 필요합니다. 시인은 말합니다.

"눈이 오면 머하나/ 대관령 아흔아홉 굽이, 임자 없는 주막들/ 고갯마루마다 다리 풀린 사내들"시집 『검은 돌을 삼키다』, 달아실에서

좌절이 될 법한 이야기입니다만, 이 세계를 절대적 세계, 이상 세계로 만들기

위해서 노력하는 우리 자신은 스스로 비웃을지도 모릅니다. 끊임없이 떠나고 또 떠나면서 절대적 가치를 지닌 세계를 함께 만들어보자고 운동을 한들 사람들은 지금 있는 세계를 절대적 세계라고 말할 것이기 때문입니다. 그래서 굽이굽이 돌고 또 돌면서 수많은 언덕을 넘고 또 넘으면서 절대적 세계를 추구하는 우리 그리스도인의 발걸음은 무겁고 또 무거울 수 있습니다.

자괴감에 빠질 것이고 자존심이 상할 것이고 심지어 우리 스스로도 그 절대적 세계를 구현하는 것을 포기할 수도 있습니다. 그러나 절대적 세계에는 결국 상대적 인식과 상대적 가치, 상대적 삶을 추구하려는 존재자들의 눈에는 텅 빈 주막과 같은 머물고 싶지 않은 곳이라고 여길 것입니다. 그런 존재들에게 절대적 세계의 공간과 장소는 의미가 없습니다. 절대적 세계의 구현, 그리고 절대적 세계의 구성원이 되기 위해서 떠나야 한다고 말할 수는 있지만 그 일에 참여하지 않으려는 사람이 많다는 것을 인정해야 합니다. 굽이굽이 도는 길, 넘어야 할 수많은 언덕들, 자신들을 맞이할 곳도 없는 장소만이 기다리고 있을 뿐이기에 선뜻 동참하는 나그네를 찾기 어려울 것입니다. 그러므로 인간들 중에는 절대적 세계를 추구하는 존재자와 상대적 세계를 추구하는 존재자로 나뉠 수밖에 없습니다. 머물지 않고 반드시 머무를 수 있는 공간과 장소를 만들기 위해서 다리마저 풀린 나그네의 삶을 살지만, 인간의 궁극적인 이상 세계, 곧 하늘 나라의 실현을 위해서 떠나는 존재는 이미 절대적 세계에 있는 사람들이라고 말할 수 있습니다.

'어디서 누구와 함께 살 것인가.' 현대인들의 고민입니다. 도시를, 마을을 어떻게 이상적인 공동체를 만들 것인가 너도 나도 머리를 맞대고 많은 생각을 나눕니다. 누구는 떠나고 누구는 머물고 하면서 상대적 세계는 황폐화되고 있습니다. 또 다른 절대적 세계를 향해서 떠나는 사람들이 많아졌기 때문입니다. 영원히 머물 수 있는 곳이 없다는 반증이기도 합니다. 그런데 상대적 세계에 너무 오래 머물러 있으려고 하는 욕망이 자신이 있는 곳을 영원히 머무를 수 있는 절대적 세계로 만들지 못하는 것 같습니다. 예수와 함께 늘 예수의 정신을 구현하려는 곳, 그곳이 영원히 머물 수 있는 하늘 나라, 이상 세계라고 생각한다면 우리가 사는 공간과 장소도 보는 시각이 달라질 것입니다. 내가 머무는 공간과 장소는 누구라도 머물 수 있어야 하고 더불어 머물러 있어야 하기에 때가 되면 또 떠나야 하는 나그네라고 생각한다면 그 세계는 예수의 마음을 품고 있는 절대적 세계로서 모두가 함께 공유되는 세계가 될 수 있습니다. 나만 머물러야 한다는 이기적인 욕망은 그나마 절대적 세계가 될 수 있는 현실 공간과 장소를 상대화시키고 말 것입니다. 살면서 '더 이상 이곳에 있으면 뭐하나?' 하고 자문하기도 합니다. 그러나 누구와 있는가, 그리고 누구의 정신으로 사는가에 따라서 바로 내가 살고 있는 이곳, 이 공간과 장소가 악이 지배하는 상대적 세계가 될 수도, 선이 지배하는 절대적 세계가 될 수 있습니다. 예수를 품고 있는 이상 세계를 위해서 떠나서 돌아다녀보니 다리만 풀리고 말았다는 푸념을 늘어놓을 수 있습니다. 바로 그럴 때 절대적 세계, 곧 하늘 나라에서 예수 정신대로 살려고 하는 사람들의 삶을 돌보려고 새롭게 이상 세계를 디자인해야 합니다. 그러기 위해서 다시 일어서서 철이 없지만 순수한 마음을 가지고 모두가 예수의 정신 안에서 머물러야 할 곳, 머물러야만 하는 곳을 쉼 없이 구성하고 신앙의 삶과 인간의 삶의 얼개를 재구성하려고 힘을 내야 할 것입니다.

몽환적 존재를 넘어서

누가복음 9:28-36

　명시적이고 의도된 방향성을 가지고 삶을 따라간다고 하지만 그 목적성이 아무런 의미가 없거나 아니면 전혀 내가 의도하지 않은 방향대로 움직이는 경우가 매우 많이 있습니다. 그래서 사람들은 인생이 나의 뜻대로 안 된다고 말하기도 합니다. 사람이 산다고 말할 때 짧든 길든 생각과 행위에는 항상 방향성이 있기 마련입니다. 물론 사람에 따라서는 무목적성에 따라 사는 사람도 있습니다. 하지만 대부분의 사람들은 사고하고 행동할 때 목적 없이 움직이지 않습니다. 신앙을 한다는 것도 마찬가지입니다. 믿음과 신뢰를 전제로 하는 신앙 안에는 일정한 방향과 목적을 가지고 있습니다. 신을 향한다는 것과 그 신을 목적으로 하기 위해서 또 다른 목적으로 주어지는 신앙 행위를 해야만 한다는 것입니다. 신을 궁극적인 목적으로 삼고 그 신과 매우 깊은 유대관계를 유지하기 위해서는 '기도'라고 하는 장치가 필요합니다. 기도는 그렇게 신에 대한 자신의 깊은 신뢰 관계를 확인하고 돈독하게 하기 위해서 주어지는 그리스도인의 자기 수양의 방편이기도 합니다. 예수가 가끔씩, 아니 자주 "기도하러" 산을 오르셨다고 하는 복음사가의 세심한 관찰과 기록이 이를 증명합니다.

　고운기의 「또 가는 봄날」이라는 시는 "문득 어둠이 찾아들고"라는 문장으로 사유의 다리를 놓습니다. 시작을 어디에서부터 시작이라고 말할 수 있으며, 끝을 어디에서부터 끝이라고 말하기가 어려운 시대적인 상황에서 살고 있는 우리의 목적은, 가고 있고 찾아드는 그 시간의 언저리쯤이 아닐까 싶습니다. 계절은 가고, 시간은 가고, 하루 중 오후가 가고 다시 집으로 돌아가기 위해서는 찾아드는 시간, 즉 어둠이 인간을 감싸 안는 시간이 필요합니다. 인생은 항상 시작이 중요하다고 말하고는 합니다. 하지만 가만히 생각해보면 황혼녘 혹은 인생의 기울기가 캄캄한 밤으로 심하게 경도되어 있을 때, 우리의 목적성은 신을 지향하게 됩니다. 다시 말해서 산을 타게 되어 있습니다. 신을 만나는 장소, 신의 현현의 장소로 일컬어지는 산을 오른다는 것은 순수 목적성, 즉 기도로 찾아든 어둠을 극복하려고 하기 보다는 신을 지향하기 위한 것, 혹은 신을 보기 위함입니다. 오는 희망보다 가는 절망에 빗대어 어둠이 찾아든다고 표현한 것은 신을 목적으로 추구해야 할 시점의 경계에 있다는 것입니다. 시인은 "모란이/ 갓 쓴 작은 등불처럼 자세를 바꾸고"라고 했습니다. 신을 향한 목적은 문득, 갑자기, 돌연 찾아오는 인생의 황혼을 여명으로 바꾸라는 말이 아닙니다.

자세를 바꿈이란 욕심과 사심이 없이 하면서 고착화하고 안주하려는 신앙을 변혁하라는 메타포로 읽어 들여야 합니다. 황혼이 되면 등불을 밝혀야 하고 환한 대낮처럼 깨어 있어야만 갑자기 찾아오는 황혼에 당황하지 않습니다. 순수 목적성 혹은 궁극적인 목적성을 목적 그 자체로 여기는 사람은 황혼이 찾아온다고 해도 자세만 바꿀 뿐이지 황혼에 매이지 않습니다. 유명한 중국의 시인 이태백李太白의 추포가〈秋浦歌〉에는 "백발삼천장"白髮三千丈이라는 말이 나옵니다. 직역하면 백발이 길게 자랐다는 뜻입니다. 그러나 이 비유는 몸이 늙고 근심 걱정이나 비탄이 날로 쌓여간다는 말입니다. 사람이 나이가 들수록, 늙어갈수록 삶의 자세나 신앙의 자세를 바꾸기 어렵습니다. 늙어가는 몸, 그에 따른 걱정과 근심이 많아질 뿐만 아니라 정신도 노화를 면치 못합니다. 그럴 때 우리는 예수가 산을 오른 이유를 생각해야 합니다. 순수 목적을 만나기 위해서 기도로 삶의 자세를 바꾸기 위해서, 기도의 목적성을 두고 산을 올랐다는 사실을 말입니다. 기도를 수단으로 생각하는 경향성이 많습니다. 그런데 기도는 무엇을 이루려고 하는 수단이 아니라 순수 목적 자체를 만나기 위한 또 다른 신앙의 목적성입니다.

시인은 "안부는 늘/ 그립지 않은 손길/ 그립지 않으려는 저항"이라고 말합니다. 흥미로운 해석입니다. 안부는 더 이상 그리워하지 않으려는 저항이라는 것은, 누군가의 안부를 물음으로써 그 사람의 존재 확인은 소용이 없다는 것을 저항이라는 말로 설명을 하고 있습니다. 그리스도인에게 있어 신앙이라는 것은 끊임없이 예수에 대해서, 하나님에 대해서 안부를 묻는 행위라고 말할 수 있습니다. 그러나 시인이 말하듯이 더 이상 그리워하지 않으려고 하는 저항은 아닙니다. 반대로 그리워하지 않으려는 우리의 안일한 마음에서 일어나는 습관적인 신앙에 대한 강력한 저항이 기도가 되어야 합니다. 기도의 목적성은 자신 안에서 예수를 가두고 신앙적으로 박제화하려는 시도를 극복하려는 데 있습니다. 예수의 존재 확인, 예언자들의 존재 확인이 되는 순간 더 이상의 설명과 인식, 그리고 실천이 필요 없는, 시인이 말한 안부를 물을 필요가 없는 것처럼 착각을 합니다. 내가 그렇게 만든 존재의 박제화, 존재의 화석화, 존재의 고체화가 예수에 대해서 더 이상 궁금해 할 필요가 없게 만드는 것입니다. 그리스도인은 이것을 늘 경계해야 합니다.

시인은 마지막 연에서 이렇게 말합니다.

산 그림자 창에 비치거든/ 산을 지고 눈 비비네 시집 『어쩌다 침착하게 예쁜 한국어』, 문학수첩에서

불교 언어 중에 몽환포영夢幻泡影이라는 말이 있습니다. 꿈과 환상, 거품과 그림자라는 뜻으로, 인생의 헛되고 덧없음을 비유해 이르는 말입니다. 산이 그림

자에 비친 상은 실제의 세계가 아닙니다. 그야말로 환상입니다. 그것을 실제 세계로 인식한다면 몽환상태에 빠져 있는 자기 자신을 깨닫지 못하고 있는 것입니다. 인생의 황혼녘이 다가오면 수많은 상들이 아름답게 비치게 되는데, 실제와 가상의 경계에 있기 때문입니다. 가상을 실제로 인식하게 될 때 실제의 세계조차도 헛되고 덧없다는 것을 받아들이지 않으려는 욕망이 작동합니다. 예수는 분명히 초속超俗, 즉 속세에 얽매이지 않고 초탈한 사람입니다. 다시 말해서 세간 일반의 일에 사로잡히지 않은 인물입니다. 산에 올라 기도하면서 신비로운 환상을 바라보았다고 해서 그가 반드시 실제 세계의 현실을 외면하였다는 것을 뜻하는 것이 아닙니다. 초속은 속세를 넘어서 있을 뿐이지 아예 무시하고 등한시한다는 것을 뜻하지 않습니다. 실제세계보다 몽환적 세계가 좋다고 혹세무민하는 종교가 건강하지 못한 데에는 다 그만한 이유가 있습니다.

실제세계를 삶의 파편이고 임시적인 세계로 보는 것은 문제가 있습니다. 지금 세계는 현실 세계이고 우리가 당연히 살아가야 할 세계, 그리고 후손들이 살아야 할 세계입니다. 그렇기 때문에 현실세계 혹은 실제세계를 더 명징하게 바라보고 인식할 수 있는 그리스도인이 되어야 합니다. 나의 몸과 의식이 존재하는 시공간은 지금 여기입니다. 그래서 나의 몸과 의식이 지금 여기에 존재하는 한 예수는 동시에 지금 여기에 존재합니다. 지금 여기에 항상 깨어 있는 순간에는 예수는 몽환적 존재가 될 수 없습니다. 성서는 예수가 망상적, 가상적, 환상적 존재가 아니라는 것, 또한 그렇게 될 수 없다는 것을 설파하면서, 그는 실제세계에 존재한다는 것을 강력하게 말하고 있습니다. 설령 그가 생경하더라도 산을 등진 채 우리의 현실 속에서 깨어있다면 예수는 늘 호출되는 존재로 나타납니다. 언제든지 변화하는 세계 속에서 우리의 다급하고 애정 어린 호소는 예수를 시간 속에 가두지 않고 늘 살아있으면서 현존하고 현출顯出하는 존재가 되게 합니다. 그러므로 신앙의 호소도 없이, 문제에 대한 답을 찾기 위해서 예수를 향한 호소도 해보지 않고 쉽게 인생을 탓하고 포기하기에는 이릅니다. 탈무드에서는 시간은 멈추어 있을 뿐, 흘러가는 것은 인생이라고 말합니다. 시간이란 영원히 현재한다는 것은 종교뿐만 아니라 철학에서도 동일하게 주장합니다. 다만 사라지는 것은 나의 인생일 뿐입니다. 그러나 사라진다 하여도 결국 예수에게 호소하는 존재는 그의 현존에 의한 내 인생에의 참여와 관여, 생명의 분여分與, communicatio를 통하여 영원히 살아지는 것입니다. 내가 사는 것이 아니라 현존에 대한 의식, 현존을 지향하는 의식이 나를 살게 하기 때문입니다.

두순학杜荀鶴의 시에 머릿속 잡념을 떨쳐버리면 불조차 서늘한 법이라는 "심두멸각 화중유량"心頭滅却 火中有凉이라는 말이 나옵니다. 어떤 삶의 상황이라 하더라도 초발심, 즉 첫 마음을 잊지 말아야 합니다. 예수를 믿었을 때의 기쁨과 희망, 신뢰와 사랑, 긍정과 여유는 늘 그분을 실제세계의 중심이요 현존으로 생각할 수 있었기 때문입니다. 인생의 녹록치 않음, 세계에 대한 비관과 염세, 모든 관계에 대한 부정, 심지어 인간에 대한 환멸까지 우리에게 엄습해 오는 마음들 한켠에 묵혀두었던 초발심을 일으켜 다시 예수에게 집중해야 합니다. 그러면 몽상과 몽환이라 생각했던 예수도 늘 깨어 우리의 마음과 세계를 밝게 비추어 현실의 미몽으로부터 깨어나게 할 것입니다.

소음 세상과 진리의 목소리

마태복음 14:22-33

김초혜 시인은 「시여」라는 제목의 시를 통해 이렇게 소리를 놓습니다.

수런수런/ 몸 부딪는 소리/ 한 획 속에/ 만 획 모시고/ 언제 내 집에 당
도하실 건가?/ 그림자로만 어른거리지 말고/ 선심 쓰시듯/ 내게 안겨
오시게"시집 「멀고 먼 길」, 서정시학에서

요즈음 세상은 소음과 소음으로 연결되어 있고 그 소음은 마치 사람을 살게
하는 듯 착각하게 만듭니다. 더 이상 소음은 소음이 아닌 것입니다. 수많은 소음
들, 그것은 단순히 소음이 아니라 나를 엄습하고 폭력으로 다가오는 것들인데,
그 속에서 나를 향해 다가오는 예수의 소리는 들리지 않습니다. 소음에 묻히고
소음 속에서 그 소리는 주의를 기울이지 않는 한 더 이상의 기능을 하지 않습니
다. 그저 큰 소음에 지지 않으려면 더 큰 소음으로 소리를 질러대야 겨우 주목을
끄는 세계가 되었습니다. 그나마 사람들은 그 소음에 익숙해져서 소음마저도 미
적인 소리로 들리는 모양입니다. 아예 진리의 목소리는 잦아들고 소음이 그 자리
를 대신하고 있을 때에 예수의 소리는 자꾸 멀어져 가고 있습니다.

공동체 생활, 즉 교회 생활은 예수를 중심으로 하는 정신체계를 가진 사람들

이 모인 집단체입니다. 그런 곳에서조차도 무엇이 소음이고 무엇이 예수의 진리인지를 간파하지 못하는 게 오늘날의 현실입니다. 그러니 그것을 위기라고 말하지 않을 수가 없습니다. 여기저기서 수런수런 소리들로만 가득 찬 세상은 공적 목소리, 공동체적 목소리는 없이 가볍고 질이 낮은 소리들만 양산하고 있습니다. 그런 소음에 파묻혀 살고 있는 우리 자신은 소음과 소음이 맞부딪히는 사건들을 목도하면서 무슨 소리를 내야 하는가, 하는 고민만 할 뿐 정작 아무 소리를 내지 못하는 그리스도인으로 전락하고 있습니다. 한때 예수회 사제였다가 정상적인 환속절차를 밟지도 못한 채 방치된 존재로 살아가는 스타니스와프 오비레크S. Obirek, 바르샤바 신학, 종교학 교수는 지그문트 바우만Z. Bauman과의 대화에서 이렇게 말합니다. "우리가 열망하는 것이 진리라면, 진리는 우리 안에 있는 일치의 잠재력과 선을 해방시키고 자유롭게 해줍니다." 순풍에 돛을 달고 세계를 진리의 공동체가 되도록 만드는 곳이 바로 교회라면 적어도 교회는 일치의 잠재력과 선의 해방, 그리고 자유를 추구하는 원동력이 되는 게 당연합니다.

그렇기 때문에 진리, 곧 알레테이아aletheia는 '망각으로부터 되돌리는 것'a-letheia이 되어야 합니다. 오늘날의 위기는 바로 망각, 곧 진리이신 예수가 다가오고 있음에 대한 망각에서 비롯됩니다. 진리의 위기에 처해 있는 세계에 예수는 한 걸음으로 달려오시지만, 그 한 걸음이 다급한 세계에서는 더디게만 보일 뿐입니다. 그러나 예수의 오심은 한 걸음이 아니라 열 걸음으로 다가오고 계십니다. 언제 이 좌초되어 가고 있는 세계에 다가오시려 하는가, 언제 어려움에 처한 내게 다가오시려 하는가, 하고 의문을 품고 있지만, 우리는 소음 때문에 가려져버린 예수를 향해 물음만 던지고 있는 현실입니다. 신자 스스로, 그리고 교회 공동체 자신이 예수를 서서히 망각하고 있다는 사실을 잘 모르면서 말입니다. 망각의 극복은 자신을 깨닫고 예수를 흔들어 깨우는 데서 시작합니다. 환영이나 유령으로 존재하고 있는 듯이 그를 대하지 말고 현재의 우리 자신을 읽어내는 분, 우리

공동체를 해석하고 적절한 답을 제시해 줄 수 있는 분으로 그를 신뢰하는 그리스 도인이 되어야 합니다. 숱하게 예수에 대해서 학습을 하고 믿어 왔지만 망각은 순식간에 이루어집니다. 세상의 온갖 소음들이 난무할 때에는 자신을 향해서 오고 있는 예수에 대한 인식은 망각되고 불안하기 짝이 없습니다.

마치 소음이 진리인 양 그 소음을 좇아가다가 풍랑을 만나고 삶의 지독한 난 관에 부딪히면서 자신의 실존에 대해서 비로소 묻는 시간을 갖게 됩니다. 그러므로 예수에 대한 망각이 우리에게 당도하려고 하는 시간과 공간을 한정짓고 있는 것이고 그에 따라서 자신의 실존적 자리를 제대로 보지 못하기 때문에 불안과 공포에 시달리는 것입니다. 예수는 그럴 때마다 자신의 실존의 자리뿐만 아니라 더 확장시켜서 그 실존의 자리를 향해 오고 있는 관계의 예수까지도 볼 수 있는 눈을 길러라, 라고 말합니다. 당도는 도래입니다. 도래는 미래의 시간과 공간의 현재화입니다. 미래의 예수, 미래에 이루어져야 할 현실태인 예수를 오늘로 앞당겨서 그 실존을 지금 여기에서 사는 것은 그를 호출함으로써 가능한 것입니다. 미래의 존재를 현재로 불러들여서 오게 함으로써 지금 여기에서의 삶이 달라집니다. 지금 여기로 당도하도록 그를 부르는 교회는, 그를 한갓 유령이나 환상으로 여기지 않고 오직 현재의 위기와 어려움을 이겨내는 힘의 실재로 인식하기 때문입니다. 그래야만 삶이 변하고 교회가 위기에서 벗어날 수 있습니다. 마술이나 도술을 부리는 존재와도 같이 예수를 믿게 되면 그것은 사술邪術에 지나지 않습니다. 지금 여기로 불러들이지 못하는 경우, 우리는 그와 더불어 살 수도 없거니와 세계를 변화시킬 수도 없습니다. 소음과 소음이 맞대결을 펼치는 장에서 그 소음을 잠잠케하고 오직 침묵으로 일관하게 한다고 하더라도 그 침묵이 오히려 소음을 이긴다는 것을 알게 해주어야 합니다.

하지만, 더 이상 침묵할 수 없다면 같이 소음을 내는 또 하나의 소음집단이 되고 마는 게 교회 공동체의 모습입니다. 침묵이 가치가 없고 소음이 훨씬 더 가치가 있다고 판단이 되는 것은 참다운 침묵을 통해서 세상의 잡다한 소음을 이기는 것을 보지 못했기 때문입니다. 소음과 소음 사이를 끼어들어 침묵으로 소음의 장을 무화시키는 것은 예수의 다가오심을 통한 현존의식이라고 볼 수 있습니다. 소음의 장에 예수가 현존한다는 인식을 가지는 순간, 예수는 더 이상 그림자로 존재하는 것이 아니게 됩니다. 그림자처럼 아른거리는 존재는 힘이 없습니다. 위안이 될 수 없습니다. 그저 앞에서 말한 것처럼 유령이나 환영처럼 보일 뿐이기에 더 두려워할 수밖에 없습니다. 이상적인 담론을 펼치고 있는지도 모르겠습니다. 실제로 세상이 연출하고 있고 권력을 잡고 있는 것은 소음들의 소음이건만, 거기에 침묵으로 맞선다는 것이 세계를 구원하고 구출하는 데 어떤 능력을 발휘할 수 있을까를 회의적으로 생각하게 됩니다. 그러나 파도가 치는 풍랑 위를 걸어오셨다는 것은 단순히 "선심을 쓰듯이" 찾아온 것만은 아닙니다. 당신의 다가오심은 우리의 주도적인 행위나 하소연이 아니라 당신의 의지로 지금 여기에 오시는 것입니다. 위기와 위험, 두려움과 공포에 시달리는 소음의 세계에서 몸부림치는 사람들의 상황들은 매우 절박하고 특수한 문제인 것이 사실입니다. 그렇다고 해서 그것을 무슨 수학적 진실이나 과학적 명증성을 가지고 타개해 나갈 수 있는 문제가 아닙니다.

다만 무수한 세상의 소음을 뚫고서 예수를 향해서 목소리를 낼 수 있는 존재가 그를 오게 할 수 있습니다. 소음과 소음이 맞대결을 펼치는 시공간에서는 진리의 목소리, 예수와 같은 목소리가 이 세상에 이식되어 소음의 기득권을 와해시키고 전복시키는 것을 원하지 않습니다. 소음은 소음으로서 존재하기를 원합니다. 하지만 소음과 진리의 목소리는 짝을 같이 할 수 없습니다. 예수로부터 들려오는 목소리는 소음을 넘어서는 생명의 목소리요 구원의 목소리입니다. 그가 다가온다는 것은 그와 동일한 목소리를 가지고 온다는 것을 의미하는 것이고, 그 목소리를 교회 공동체에게 주면서 그 목소리를 내는 공동체가 되어야 한다는 것을 깨닫게 하는 것입니다. 그러나 회의는 금물입니다. 의심을 품는다는 것은 수 많은 소음에 오염이 되었다는 말도 됩니다. 예수에 대한 소리를 들은 적도 없으 니 의심과 회의를 품는 것은 당연하다 할 것입니다. 그럼에도 품어야 할 것은 그 의 진리의 목소리와 현존의 감각, 현존에 대한 확신입니다. 그것을 안고 있어야 수런수런 여기저기서 흘러나오는 소음에 대해서 흔들리지 않고 신앙적 주체성을 가지고 살아갈 수 있습니다. 그리스적 맥락에서 파레시아parrhesia, cf. 마가복음 8,31- 32; "드러내놓고", "공개적으로", "표현의 자유를 가지고"라는 말이 있습니다. 말인즉슨 "위험 을 감수하고 자기 자신이 믿는 진실을 말하는 용기"를 일컫는 말입니다. 용기 있 게 진실을 말한다는 것은 예나지금이나 위험합니다. 더군다나 교회 공동체가 아 무런 힘도 없을 때는 더욱 그렇습니다. 그러나 예수는 그럴 때일수록 파레시아, 즉 진실을 말하라고 종용합니다. 더욱이 소음이 강하지면 강해질수록 파레시아 는 더욱 필요한 법입니다. 소음과 소음의 대결의 장에서 교회 공동체는 어떻게 살아남을 수 있을 것인가는 중요한 관건이 아닐 수 없습니다. 진리의 힘이 약해 지는 것 같고 진리의 공동체라 자부하는 교회 공동체 안에서조차도 이미 크고 작 은 소음들의 집합장소가 되어버렸기 때문입니다. 그 속에서 예수는 자신의 한 마 디를 통해서 열 마디의 진리를 전달하면서 자신의 현-존, 미래의 현재화, 즉 오 고-있음, 끊임없는 도래를 통해서 세계의 얕은 소음, 가벼운 소음, 그러나 자극 적인 소음들 틈으로 비집고 들어와서 그 소음 위에 평화와 평안, 안정과 회복의 소리를 주고 있음을 알아야 할 것입니다. 시인이 말하듯이, 그분은 "선심을 쓰듯 이", 후한 마음으로, 선량한 마음으로 인간에게 다가와 자신의 현존을 알리십니 다. 그러니 이제 우리가 품어야 할 소리, 우리가 안고 있어야 할 존재가 무엇인지 더 이상 수런수런 하면 안 될 것입니다.

다르지 않은, 동시에 같지 않은

마태복음 15:21-28

　신이라는 존재, 혹은 신앙이라는 행위, 혹은 구원이라는 신앙적 선물은 그 누구의 독점은 아닙니다. 간혹 예수의 말씀이라고 하는 복음서의 기록조차도 마치 무슨 유대교적 전통의 신앙적 편견이 있는 듯이 보일 때가 있습니다. 예수가 이방 여인에 대한 편협한 구원관을 갖고 계신 것처럼 복음서는 묘사하고 있지만, 복음의 서사는 이방 여인의 인종이나 종족에 관심을 기울이고 있지 않다는 것은 분명합니다. 복음을 믿고 복음대로 산다는 것은 인종과 종족, 국경, 문화를 초월합니다. 만일 복음이 인종주의와 종족주의에 매달려 있다면 그것은 그리스도교가 보편적 구원의 종교라고 말할 수 없을 것입니다. 애원과 간청의 감정적 호소, 간절함과 신뢰의 마음은 예수의 마음을 변화시키고 인종과 종족적 경계를 넘어서는 구원의 행위를 가능하게 만듭니다. 신앙의 서사가 우리 삶에서 다반사로 일어나기 위해서는 적어도 예수를 향한 애원, 간청, 신뢰가 담보되어야 합니다. 물론 그런 감정적 행위만으로 사태를 바꿀 수는 없습니다. 아마도 신앙이 이방 여인과 같이 꺼들리는 행위만을 긍정적인 것으로 말했다면, 지금의 그리스도교는 매우 유치한 종교가 되고 말았을 것입니다. 인간의 신앙적 투자 혹은 투입에 상응하는 결과물 혹은 생산물을 내놓아야 하기 때문이다. 그러나 신은 그런 적이 없습니다.

　김병호의 「생일 아침」이라는 시에는 제목과는 달리 생경한 자기 자신의 모습과 깨달음에 대해서 진솔하게 풀어놨습니다.

　　면도를 하다 거울을 봅니다/ 도금이 벗겨진 메달 같습니다/ 의류 수
　　거함 앞에 떨어진 속옷이나/ 멍이 달짝지근한 복숭아 낙과나/ 한겨울
　　에 쫓겨난 아이의 맨발 같기도 합니다/ 아직 한참을 늙어야 할 얼굴입
　　니다/ 어떤 표정이 오늘을 길러 왔을까요/ 아침은 처음부터 아침이었
　　을까요"시집,『백핸드 발리』, 문학수첩에서

　면도와 생일. 생일은 일 년에 한 번씩 돌아옵니다. 면도란 남자에게 하루를 시작할 때 자신의 얼굴을 확인하며 정신을 가다듬는 거룩한 수행과도 같은 의식입니다. 자신에게 면도와 생일은 매번 낯설지만 익숙한 사건들입니다. 낯설고 익숙함이란 형용모순적인 이야기는 신앙에서도 통용되는 말이기도 합니다. 앞에서 말한 이방 여인을 위한 구원 사건과 유대교적 관념에 따른 구원 사건은 그 범주와 내용, 그리고 해석이 다를 수밖에 없습니다. 아니 달라야 한다고 생각한 사람들이 전통적인 유대인이었던 것입니다. 하지만 넓은 의미에서, 대승적인 차원에서, 예수는 그 맥락 안에서 유대교적인, 전통적인 구원이 어떻게 달라져야 하는가를 유연성과 순발력 있게 해석하고 적용합니다. 그것은 자신에게 낯선 일이지만, 하나님의 관점에서 보면 모두가 자신의 자녀들이라는 것이 명확해지기 때문입니다. 다시 면도와 생일로 가보겠습니다. 면도와 생일은 둘 다 인간의 리추얼, 즉 의례와 같습니다. 의례는 낯섦을 익숙한 것으로, 보편적인 사건으로 다가오도록 하는 기능과 역할을 합니다. 남자는 면도를 통해서, 사람들은 생일을 통해서 새롭게 태어납니다. 낯섦과 익숙함 사이를 아예 일상화와 보편화시키는 것, 그것이 예수가 추구하고자 했던 구원의 의미요 범주가 아닐까요?

예수와 같은 포용적인 관점을 가지려면, 우리의 낯섦, 즉 면도를 통해서, 베일지도 모르는 칼날로 매끈하게 신앙의 가시털과 잔털을 제거해 나가는 작업을 해야 합니다. 몸의 고착화된 의례를 제거하든, 아니면 고루해져버린 정신과 신앙의식을 제거하든 종교교회는 그런 뼈를 깎는 고통, 신앙적 피부를 다듬는 시간이 필요합니다. 신앙적 표피는 아플 것입니다. 그러나 의례를 통한 자신의 내면은 자유로움과 해방, 그리고 하나님이라는 거울을 통한 영성적 새로움을 깨닫게 될 것입니다. 나의 신앙적 표피를 걷어내야 타자와 내가 속살로, 속의 신앙적 심층으로 만날 수 있습니다. 때에 따라서는 신앙적 표피를 잘못 건드렸다가 멍이 들고 피가 나고 상처가 아물 때까지 조심스러워 해야 하는 상황도 있습니다. 아무데도 쓸모없는 폐기물, 이방 여인이 자신을 빗댄 개와 같은 존재가 될 수도 있습니다. 거울 속에 비친 자신의 얼굴조차 그저 한없이 낯설게 보이는 때가 있으니 말입니다. 신앙적 거울, 하나님의 거울은 말할 것도 없을 것입니다. 거울의 범주 안에 반사된 자신의 모습이 낯섦에서 익숙함, 그리고 새로움으로 나아가는 데는 많은 시간이 필요합니다. 하지만 거울의 범주 안에 내가 있다는 것은 이미 안도감과 평안함이 느껴집니다. 구원도 그렇습니다. 타자가 하나님의 거울에 비친다면 그 거울 바깥이 아니라 거울 안의 범주 안에 있는 존재로 받아들이면서 동일한 평화와 사랑을 느낄 수 있도록 해야 합니다.

예수는 한겨울에 맨발로 쫓겨난 아이와도 같은 이방 여인을 측은하게 여겼습니다. 이방 여인이 자신의 신앙적 표피와 신앙의 피부를 긁어대며 얼마나 유대인과 동일한 신앙의 피부를 가지려고 했는지 잘 알기 때문입니다. 요즈음은 반려견이 상전이고 사람과 동일한 대우를 받지만 고대 근동사회나 1세기 예수 사회에서는 개란 정말로 천하고 하찮은 존재였습니다. 그런 것을 너무나도 잘 알았던 여인은 자신의 딸을 위해서, 아니 자신이 속한 종족과 인종, 지역의 구원 가능성을 위해서 신앙의 피부가 선천적으로 더러운 개라고 시인하고 있습니다. 엄동

설한에 맨발로 겨울 바닥을 걸어본 사람은 압니다. 아리고 시리고 아프다 못해 감각조차도 사라져버리는 단계에 오면 그 발은 더 이상 나의 몸의 일부가 아닙니다. 발의 피부와 표피는 나의 마음과는 달라진 상태라고 판단이 들 때는 때가 이미 늦은 것입니다. 이방 여인의 마음, 그리고 딸을 향한 애정 어린 마음은 구원의 범주, 하나님의 거울 한 귀퉁이에 자신들이 투영되기를 바라는 마음이 깔려 있는 그 고통이 느껴집니다. 현대 사회에도 그런 사람들이 지천입니다. 종래의 기득권을 가진 종교인들은 자신과 동일한 전통과 계보를 갖고 있지 않은 존재자를 한겨울 맨발 취급을 합니다. 예수는 그런 것을 타파했습니다. 나의 피부나 너의 피부나 동일하게 늙어가야 할 피부라는 것을 깨닫게 해주었습니다. 아무리 좋은 피부를 가지고 있다고 하더라도 나쁜 피부를 가진 사람과 유한 조건, 한계상황에서 완전하게 탈주할 수 있을까요? 신앙은 새로운 신앙의 피부를 생성시키기 위해서 같이 늙어가야 하고 동일한 생물학적 유한성과 동일한 시공간의 제한성을 놓고 본다면, 모두가 같은 하나님의 자녀들이요 우주의 씨앗들입니다. 시인은 말합니다.

"어떤 표정이 오늘을 길러 왔을까요."

오늘의 내가 있기까지 숱한 새로움이 반복했습니다. 하나님의 거울로 자신을 비추면서 스스로 하나님의 자녀임을 확인해왔습니다. 오늘의 내가 하나님의 자녀라고 생각하고 있는 것은 거울의 범주 안에 있는 나를 매일 확인했기 때문입니다. 어느 덧 낯섦이 익숙함과 보편성으로 바뀌었던 것입니다. 처음에 나도 하나님의 거울에 비치지 않았을 때는 낯설었습니다. 타자에 의해서 내가 비추어지지 않는 이상, 나의 피부와 나의 잔털이 어떤 상태인지 확인할 길이 없었습니다. 어느 날 하나님의 거울을 보는 순간 나라는 존재가 그분의 범주 안에 있구나, 하는 자각이 생기기 시작했습니다. 그리고 매일 아침 면도를 하듯, 매년 생일을 맞이하듯 낯섦을 익숙함으로 바꾸면서 새로운 신앙인으로 탈바꿈되었던 것입니다. 그러니 내가 지금 하나님의 거울, 곧 하나님의 구원의 범주 안에 있다고 해서 자만할 일도 아닙니다. 나아가 지금 당장 하나님의 구원의 범주 안에 있지 않은 많은 사람들을 이방인 취급하고 낯선 피부, 더러운 몸의 표피를 바라보듯 하면 안 됩니다. 그들이 자각하고 있든 아니면 몰자각하고 있든 하나님의 거울은 늘 비추고 있고, 하나님의 구원의 범주는 한없이 넓다는 것만 알아두면 됩니다.

처음부터 아침은 없었습니다. 아침은 아침이라고 인식하는 사람에게만 아침이 될 수 있습니다. 누가 규정하느냐에 따라서 아침은 아침이 되기도 하고 안 되기도 합니다. 사람마다 다르고 인식의 능력에 따라 다르고 생활의 패턴에 따라 다양하게 생각할 수 있습니다. 신앙의 매끈한 피부로 선택받은 사람은 처음부터 선택을 받았던 것은 아닙니다. 선택을 받으려면 적어도 선택을 받을만한 동기와 원인이 나한테 있어야 합니다. 하나님의 구원의 범주, 하나님의 시야에 들어오려면 내가 먼저 그 범주와 거울을 향해 있어야 합니다. 그런데 사실 하나님은 우리의 시선을 당신을 향해서 두지 않는 순간에도 늘 우리를 향해서, 아니 모든 인간을 향해서 두고 있다는 것입니다. 그러니 신앙의 아침은 누구에게라도 열려 있습니다. 이제 인간이 할 일은 그 아침을 맞이하려고 하는 의지, 신앙의 의지, 삶의 의지가 필요합니다. 그런 의지가 있는 모든 사람들은 동일한 하나님을 향한 의례, 하나님을 위한 의식으로 새로운 인생, 혹은 이미 하나님의 거울에 등장하는 사람들과 함께 동일하게 그분의 거울에 늘 등장하는^{비춰지는} 삶을 살아가게 될 것입니다. 시인은 말합니다.

"아침은 처음부터 아침이었을까요."

이름에 대한 긴장과 여유

마태복음 16:13-20

    이름값을 해야 한다는 무게감은 과거나 현재에도 여전히 이름을 가진 모든 인간, 동물, 식물, 사물에 이르기까지 부담이 아닐 수 없습니다. 우리는 이름에 가치를 매겨서 적어도 이름에 어울리는 삶을 살아야 한다는 강박관념이 팽배해 있습니다. 이름에는 그 사람의 희망과 지위와 명예와 같은 것들이 함축되어 있습니다. 이름에 대한 부담이 큰 것은 아마도 이 때문이 아닐까 싶습니다. 자신의 이름이 남에게 불리기만 한다면야 얼마든지 멋있고 아름다운 이름을 지으면 족할 것입니다. 하지만 이름은 불리는 즉시 그 이름에 걸맞은 미래가 그 사람에게 펼쳐지기를 바라는 소망이 매우 강하게 입력되어 있습니다. 성서에도 수많은 이름들이 등장하는데, 그 이름마다 인류학적인 의미, 생물학적 의미, 신앙적인 의미들이 나타나 있습니다. 유대인처럼 이름에 대한 긴장감이 많은 민족이 또 있을까 생각할 정도로 이름이 어떻게 불리는가, 어떻게 불려야 하는가에 대한 고민이 컸던 것을 알 수 있습니다. 그 긴장에는 여유가 필요한 법입니다. 이름값을 못한 경우에 자신이 갖는 패배감, 자괴감, 심지어 원망과 실망은 클 수밖에 없습니다.

    "사람의 아들을 누구라 하느냐?" 즉, 누구라고 인식하는가, 누구라고 평가하는가, 누구라고 보고 있는가에 대한 궁금증은 자신과 민중의 생각 차이의 폭을 가늠하겠다는 질문이 아닙니다. 이름은 자칫 자신을 올려다보는 기능을 할 수가 있습니다. 이름은 그저 호명에 지나지 않을 수도 있건만, 거기에 소리나 음성적 성격 이상의 것을 타자에게 강요할 때는 이름에 스스로 권위를 부여하겠다는 의지가 내포되어 있는 것입니다. 그러므로 이름은 자신을 불러주는 타자에게 어떻게 다가갈 것인가와 그 사람과 어떻게 친밀도를 형성할 것인가에 대한 수평 관계적 지칭어가 되어야 합니다. 그러나 복음서에서는 이미 예수를 수평 관계적 지칭어로 보지 않습니다. 수많은 사람들은 이미 그의 이름에 권위를 달기 시작했습니다. 예언자를 넘어서서 하나님의 아들이라는 함의까지 달아주었으니, 이것이 과연 예수의 뜻이었겠는가는 또 다른 신학적 논쟁거리일 듯 싶습니다. 원시 그리스도교 공동체 이후 제도적이고 체계적인 교회에서는 예수를 하나님의 아들로까지 격상하려고 했을 것입니다. 그러나 이제는 예수의 이름이 가진 긴장을 풀고 여유를 가질 필요가 있습니다.

김승희의 작품 「내려가는 언덕」이라는 시를 미독味讀, 내용을 충분히 음미하며 읽는다 해보겠습니다.

> 이만큼 올라왔으니/ 이제 내려가야지/ 솥단지를 깨고/ 들판으로 나가 밥을 풀어줘야지/ 내려갈 때 발끝은 더 떨리고/ 모가지는 더 무겁다고 하지/ 올라가기 좋은 언덕보다/ 내려가기 좋은 언덕이/ 더 좋은 삶이라지/ 이제 발을 풀어주고 밥을 풀어주고/ 이름을 풀어주고/ 거울 속에 잠긴 얼굴도 풀어주자 시집,『도마는 도마 위에서』, 난다에서

시몬 베드로가 고백을 했던 이름, 곧 "하나님의 아들 그리스도"는 그리스도교 역사에서 매주 중요한 믿음과 교의로 자리를 잡으면서 신앙의 척도로 여겨왔습니다. 예수의 이름이 올라갈 때까지 올라간 것입니다. 본래 예수 자신의 생각이 아닐 수 있습니다. 오죽하면 그의 이름이 당시에 흔하디흔한 이름인 예수였을까

요. 평범함, 익숙함, 민중성, 공유성, 공통성, 보편성이라는 측면을 예수의 부모가 강조하려고 했다는 사실과 그 이름에 어떤 수직적 권위를 담아내지 않으려고 했던 예수라는 이름을 통해 타자를 구속하고 경직되게 하는 지칭어를 거부했을 것입니다. 도리어 그는 이름을 풀어냅니다. 이름이 갖고 있는 긴장감을 풀어내어 베드로에게 양도합니다. 이름의 가치, 명명을 통해서 그 이름에 다가가려고 하는 이에게 자신의 이름이 갖고 있는 힘을 그에게 주려고 합니다. 이름은 그 이름을 갖고 있는 사람에게 다가가기 위한 장치입니다. 예수는 이와 반대로 그 이름을 부른 이에게 다가가고 내려가는 길을 택합니다.

오늘날 무엇이 되어야 하는가, 하는 성공과 업적의 압박, 반드시 이름대로 되어야 하고, 이름대로 살아야 한다는 강박이 삶을 병들게 하는 것 같습니다. 무엇이 되어야 한다는 것, 어떤 위치에 있어야 한다는 것, 어떤 조직에 있어야 한다는 것, 어떤 입장에 있어야 한다는 것은 이름에 무위적인 가치를 부여하는 것과는 상반된 것입니다. 이름은 이름을 부르는 사람에게 오히려 이름값을 주도록 해야 하고, 자신의 이름의 가치를 통해 더불어 누릴 수 있는 여유로운 사회가 되어야 합니다. 우리 사회는 이름을 불린 사람이 이름값을 다 가져가고 그 이름의 여유와 권위를 다 누리려고 합니다. 이제는 그 이름값을 나눌 때가 되었습니다. 예수는 베드로에게 그 이름값을 알게 한 분이 바로 하늘에 계신 아버지라고 말하면서 자신의 이름값이 지닌 그 원천이 어디로부터 왔는가를 깨우쳐줍니다. 자신의 이름값조차도 스스로 만들어 낸 것이 아니라 하늘로부터 기원했다는 것은 자신을 덜어내고 낮추는 행위입니다. 이름을 통해서 신앙의 언덕, 삶의 언덕을 내려갈 줄 아는 인물이었던 것입니다. 현대인은 이름을 가지고 올라가려고 하지 내려와서 같이 나눌 생각은 안 합니다. 그것이 종교인이든 권력자이든 자본가이든 다 마찬가지입니다. 예수는 시몬 베드로에게 자신의 이름값을 양도합니다.

교회는 그렇게 이름을 풀어내는 곳입니다. 풀어내서 나누는 곳, 풀어서 함께 그 힘을 공유하는 곳입니다. 시몬 베드로에게 예수가 가진 이름값을 양도했다는 것은 결국 예수가 교회에 이름값을 이관하면서 자신의 이름처럼 살기를 바란다는 의미가 담겨 있습니다. 따라서 시인이 말하듯이 "발을 풀어주고 밥을 풀어주고 이름을 풀어주고 거울 속에 잠긴 얼굴도 풀어주"어야 하는 곳이 교회여야 합니다. 교회라는 이름이 풀어내는 곳이고 교회에다 자신의 이름을 양도한 예수도 교회가 이름을 통해서 억압하고 구속하는 일을 하지 않기를 바라는 마음이 짙게 드리워져 있는 것입니다. 이제부터라도 예수의 이름값을 제대로 하는 교회가 되어야 합니다. 이름값이 너무 높아서 민중들이 감히 범접하지도 못하는 공동체가 되어버리면 본래 예수가 의도했던 방향성을 너무 벗어난 것입니다. 이름값은 낮으면 낮을수록 좋은 것입니다. 이름은 타자가 나에게 다가오게 하기 위해서가 아니라 내가 내려가서 그 타자에게 이르기 위해서 필요합니다. 그러기 위해서 자신의 이름에 대한 인식이 먼저 요구됩니다. 예수가 자신의 이름값을 베드로에게 양도할 때에 동시에 인식시켜준 것이 그의 이름값입니다. 예수의 이름값을 받을 만한 인물이 되기 위해서는 그만한 이름값이 수반되어야 하는지도 모르겠습니다. 교회가 바로 그 문제에 답을 해야 합니다. 베드로처럼 자신의 이름, 곧 하나님의 나라와 뜻을 위해서 따로 불러 모아진 공동체ek+kaleo로서의 역할을 감당하려는 가치에 매달리려고 하는가에 대한 성실한 답변을 찾아야 합니다.

　교회는 예수의 이름을 위임받았습니다. 예수의 이름값을 해내야 하는 막중한 책임을 부여받았습니다. 그런데 예수의 이름값은 높아지는 것이 아니라 낮아지는 것입니다. 내려가서 지친 민중들의 발을 풀어주어야 하고, 가난한 이들의 배고픈 위를 풀어주어야 하는 게 예수의 이름값입니다. 언덕을 내려가듯이 원래 이름을 가진 존재의 값은 높지만 스스로 높다고 생각하지 않았던 것처럼, 교회도 신앙의 언덕을 자꾸 높게 하려고 하지 말고 교회라는 이름조차도 풀어내서 이름값이 가진 무게를 낮춰야 합니다. 그렇게 풀어내면 하늘에서도 풀게 되어 있습니다. 민중이 땅에서 매여 있는 것을 풀어주면 하늘에서도 풀어주게 됩니다. 예수라는 이름이 가진 값이 바로 그것입니다. 민중을 위한 값이 높은 것입니다. 예수의 이름이 구원이다, 천국이다, 영원한 생명이다와 같은 값의 무게에 치중하게 되면 민중을 위한 값은 하찮게 낮아지는 게 이치입니다. 하지만 예수는 늘 그렇게 수심이 가득한 채로 살아가는 민중이 더 자신의 이름값과 같다는 것을 깨우쳐 주었습니다. 그러므로 교회는 그늘진 그들의 얼굴을 풀어주는 역할을 해주어야 합니다. 애달픈 민중의 삶을 위해서 예수의 이름값을 풀고 또 풀어서 그 이름값이 무화Nichts가 되는 것이 예수가 원하는 일일 것입니다. 앞으로 누구라도 예수의 이름값으로 인해서 긴장을 하고 갈등을 해서는 안 됩니다. 예수의 이름값은 어느 누구의 소유도 아닙니다. 오직 자신의 이름값에 예수의 이름값을 더한다고 하더라도 예수의 이름값만이 가장 보편적이라고 인식하는 사람들의 것이라는 것을 알아야 합니다. 예수의 이름이 우리에게 어떻게 다가왔는가를 생각해보면─그의 이름값이 무겁게 다가오지 않았기에 내가 그의 이름을 부를 수 있었습니다─예수의 이름값을 가늠할 수 있을 것입니다.

기억의 부정否定과 진부한 신앙언어의 살해

마태복음 16:21-28

재일조선인 작가이자 동경경제대학 교수인 서경식은 "기억을 살해하기 위해서는 그 전제가 되는 말을 살해하지 않으면 안 된다"고 말한 바 있습니다. 이는 말을 일부로 바꿔 말하고 왜곡함으로써 궁극적으로 완전한 질적인 변화를 가져온다는 것입니다. 실제로 일본은 '퇴각'을 '전진'으로, '전멸'을 '옥쇄'玉碎로, '패전'을 '종전'으로 치환하여 도를 넘은 심각한 역사인식의 망각을 자처해왔습니다. 이렇듯 말을 파괴하여 과거의 사건과 기억을 온전하게 달리 보도록 만드는 것을 볼 수 있습니다. 김영승은 「반성608」이라는 시를 썼습니다.

> 어릴 적의 어느 여름날/ 우연히 잡은 풍뎅이의 껍질엔/ 못으로 긁힌
> 듯한/ 깊은 상처의 아문 자국이 있었다/ 징그러워서/ 나는 그 풍뎅이
> 를 놓아주었다.

전반부의 내용을 보면 상처투성이인 자신의 모습을 보는 듯이 이야기를 합니다. 자신의 모습은 그렇게 상처를 끌어안고 살아가야 할 운명처럼 풍뎅이도 그리 보였던 것입니다. 예수의 죽음 선언에 대한 제자들의 반응도 자신의 모습들이 상처투성이가 될까봐 두려워했던 것은 아닐까요? 예수가 상처투성이의 인간으로

죽어가는 것이 두려운 것이 아니라 예수의 죽음으로 정작 기억의 죽음과 현재의 죽음을 부정하는 것처럼 보입니다. 그래서 예수의 죽음이라는 언어를 무화시키고 부정하면 자신들의 죽음조차도 무화되는 것이고 존재의 지속성을 영원히 보장받을 것이라는 착각에 빠지는 것입니다.

예수는 죽음이라는 언어를 살해하고 삶, 생명, 일어섬이라는 언어를 살리고자 합니다. 하지만 제자들은 말을 죽이고 언어를 죽입니다. 실제를 죽이는 데까지 이릅니다. "안 됩니다"라는 말은 새로운 생명적인 언어에 대한 살해입니다. 궁극적으로 살아남에 대한 살해입니다. 예수와 제자들의 언어적인 대립은 생명과 죽음이라는 대척점에 서 있습니다. 부정에 부정을 거듭하면서 기억과 언어, 그리고 신앙의 사건을 여전히 고착화된 형태로 간직하고 싶은 제자들의 태도는 현재 우리의 모습과 전혀 다르지 않습니다. '안 된다'는 말을 수없이 내뱉으면서 신앙의 언어들, 즉 생명적인 사건들이 일어나기를 바란다는 것은 어불성설입니다. 안 된다는 부정은 과거의 언어입니다. 단지 좋았던 기억들, 과거 희망을 가지고 미래를 조망했던 기억들을 끊임없이 회고하면서 진부한 현재를 누리겠다는 발상과 다르지 않습니다. 안 된다는 과거의 언어만이 능사가 아닙니다. 새로운 삶을 가지고 오고 새로운 세계 변혁을 꾀하려면 과거의 언어는 살해를 해야만 합니다. 좀 더 순화된 표현을 쓴다면 과거의 언어에서 탈피를 해야 한다는 말입니다. 신앙의 언어를 새롭게 가다듬는다는 것은 새로운 신앙과 각오를 다지는 것이기도 합니다.

살다보면 수많은 상처를 받게 되고 또 주기도 합니다. 상처는 곧 자기 자신에 대한 부정입니다. 상처를 있는 그대로 볼 수 있어야 하는데, 그 상처의 적만 찾아다니는 꼴이 되고 맙니다. 그러니 자신의 모습이 징그럽게 여겨질 수밖에 없습니다. 징그러운 자신의 모습은 과거의 생각과 언어에서 탈피하지 못한 것을 뜻합니다. 징그러움, 수치스러움, 부끄러움 등은 자신을 직면하지 못하고 오직 외부로 투사되거나 아니면 간접적으로만 보이는 자기 자신의 소극적인 내면의 느낌을 이야기한다고 볼 수 있습니다.

종교에서 사탄이라는 개념 혹은 실재를 많이 사용하는 것은 자기 자신에 대한 직접성을 타자에게 이관, 이전시키는 것처럼 보일 때가 있습니다. 핑계입니다. 우리가 신앙을 통해서 특별히 가장 많이 부딪히거나 사용상의 한계를 느끼는 것이 바로 신앙 언어입니다. 사탄의 일과 사람의 일, 그리고 하나님의 일 사이의 높은 언어적 장벽이 존재하는 것이 사실입니다. 사탄이라는 용어를 극복하고 그 대상의 개념에서 탈피하고 새로운 세계를 열 수 있는 언어를 사용해야 합니다.

시인은 "나는 이제/ 만신창이가 된 인간"이라고 고백합니다. 사실 고백이라는 개념에 방점이 찍혀 있는 것이 아니라 만신창이라는 말에 무게 중심이 많이 이동합니다. 신앙의 고백들이 갖고 있는 순수성이 매우 강합니다. 이제 인간이라는 존재의 목소리가 아니라 하나님의 일을 하기 위해 그에 보조를 맞춘 신앙언어가 있어야 합니다. 아무리 자기 자신의 고백의 실패 혹은 낡은 언어를 던져버리고 새로운 신앙의 언어를 모색함으로써 하나님의 새로운 세계를 열어가고자 애를 쓴다고 한들 상처투성이의 풍뎅이를 놓아주지 않는 이상 여전히 나는 쓸모없는 인간이 되고 마는 것입니다. 언어의 해체 혹은 언어의 살인은 모든 것을 봉합할 수 있는 가능성이 열립니다. 하지만 종래의 언어, 안정된 언어, 이미 고착화된 수사학적 언어까지도 바꾸지 않으면 사탄이라는 낯선 존재가 되는 것입니다. 언어를 통해서 도약을 하고 새롭게 신앙을 바라보고 예수와 코드를 맞추지 않으면 신앙은 그야말로 죽은 신앙이 됩니다. 원래 예수가 의도했던 것은 모든 민중들이 생명의 언어를 죽이고, 오히려 죽음의 언어를 여전히 사용하자는 것은 아니었습니다. 새로운 세계를 꿈꾸는 사람들은 종래의 고착화된 죽음의 언어와 맞서며 과거 신앙의 기억에만 안주하지 않습니다. 예수의 죽음 선언으로 화들짝 놀라버린 제자들은 언어에서 벗어나지 못한 과거 언어의 중독자입니다. 그들이 과거 언어의 중독자가 되어버린 세계는 사탄을 이기지도 못할 뿐만 아니라 예수의 죽음을 통한 새로운 세계의 출현을 고대하기 어렵습니다.

시인은 마지막 연에서 이렇게 말합니다.

그리하여 주主는/ 나를 놓아주신다.

예수의 상실에 대한 두려움으로 죽음이라는 언어를 부정하고 새로운 언어를 배태하지 못한다면 과연 구원을 받을 수 있는 것일까요? 예수를 향한 언어와 기억이 과거에 놓여 있게 되면 신앙의 발전은 기대하기 어렵습니다. 예수가 움직이는 대로 언어로 수繡를 놓을 뿐만 아니라 새로운 그림을 그릴 수 있어야 합니다. 그런데 우리는 자신의 생각대로 그림을 그리려고 합니다. 그러다보면 실패를 하고 그것을 만회하지 못한 신앙인은 자신의 상처만을 보듬어 안고 아무런 외부적인 행동을 취하려고 하지 않습니다. 자신 안으로 들어가면 들어갈수록 상처와 실수의 언어만을 보게 될 뿐입니다. 우리가 인간의 상징으로서의 풍뎅이를 놓아줄 때, 그를 구원하고 연민을 느낄 때 예수로 인한 구원 또한 가능할 수 있게 됩니다.

만신창이가 된 인간의 모습, 지성적이지 못하고 사리판단을 제대로 하지 못해서 이렇게 저렇게 힘겹게 살아가는 인간에 대해서 예수는 해방을 안겨주려고 합니다.

파괴를 하고 거부해야 할 것은 예수의 수난과 죽음이 아닙니다. 이미 그 부정적인 언어를 부정하고 거부하겠다고 작정한 예수에게는 그 수난과 죽음의 부정에 대한 부정이 더 요구된다는 것을 가르쳐주고 있습니다. 부정과 거부를 해야 할 정확한 신앙의 목표를 상실한 채 오히려 긍정하고 받아들여야 할 신앙의 본질에 대해서는 부정과 거부를 반복적으로 행한다면 예수에 의한 실질적인 구원은 어려운 것이나 다름이 없습니다. 그렇기 때문에 예수는 더 단호한 신앙 행동을 요구합니다. 자신을 방기하고 십자가를 지고 따름이라는 행동방식을 요청함과 동시에 목숨에 대한 부정, 목숨에 대한 부정적인 언어를 파기하고 목숨에 대한 새로운 언어를 생산하고 미래를 지향하는 해석을 내놓는 것입니다. 나 자신의 방기放棄, 나의 과거 언어적 사유에 대한 방기는 풀어줌, 놓아줌, 혹은 해방이라는 결과를 가져옵니다. 예수에 대한 기억과 그에 대한 언어, 그리고 그의 삶의 방식에 대해서 긍정해야 할 신앙인이 되레 거부하고 부정하는 언어를 쏟아낸다면 인간의 궁극적인 해방, 풀려남, 놓임은 영원히 불가능합니다. 물론 실수가 있을 수 있습니다. 그로인해 신앙의 자기 상처가 생기기 마련입니다. 자신을 증오하고 징그러워할 수 있습니다. 수치가 극에 달할 수 있습니다. 정작 예수를 향해서 사용해야 하는 긍정의 언어를 부정의 언어로 바꾸었기 때문입니다. 그렇게 되면 앞에서 말한 것처럼, 신앙이 왜곡되고 날조되기도 합니다.

중요한 것은 예수에 대한 긍정적 시인입니다. 만신창이로서, 징그러운 존재로서 신앙을 겨우 유지한 채 살아가지 않으려면 예수에 대한 긍정적이고 역설적인 언어로 신앙의 부정성을 넘어서야 합니다. '안 됩니다'가 아니라 동일하게 그 목숨을 방기하겠습니다, 안 된다는 언어를 살해하겠습니다, 그리고 버리는 것이 얻는 것이고 잃는 것이 찾는 것이라는 언어로 탈바꿈하겠습니다, 라고 고백해야 합니다.

신앙이 왜곡되지 않으려면 언어를 제대로 사용해야 합니다. 단지 인위적이고 가식적인 언어만으로는 세계 구원은 요원하게 보일 것입니다. 예수가 죽음의 언어를 파괴하려고 스스로 수난과 죽음을 자처한 것처럼, 우리도 신앙적으로 기억하고 학습되며 화석이 되어버린 언어들을 파괴하고 새로운 신앙의 말을 재건하려고 노력해야 할 것입니다. 예수와 반하는 언어를 내뱉는 뜻하지 않는 사건은 분명히 신앙적 상처가 될 것입니다. 하지만 그럴수록 인간의 그 밑바닥의 수치와 징그러움을 직면하고 더 이상의 진부한 과거의 언어를 붙잡지 않으려고 방기한다면, 그 언어의 틈사이로 구원의 새로운 빛이 들어오는 것을 알게 될 것입니다. 작가 원재훈은 말합니다. "글을 쓰는 순간에 밤하늘의 별처럼 대낮에 숨어 있던 대상이 드러난다. 텅 빈 세상에 '나'라고 적으면 '나'라는 존재가 글을 통해 보이기 시작한다." 예수에 대한 고백적 언어도 어떤 말을 사용하느냐에 따라서 현존과 비현존, 구원과 비구원으로 나뉩니다. 그 언어가 예수를 그려내기 때문입니다.

작은 것이 큰 것

마태복음 18:15-20

인간의 관계적 삶이든 공동체적 삶에서든지 개인의 잘못이라는 것이 어느 누구의 잣대에 의해서 규정되어지는 경우가 있습니다. 그것은 집단의 규율, 어쩌면 규율을 정할 수 있는 권력계층에 의한 시선과 판단이라고 볼 수 있습니다. 물론 사람들은 말할 것입니다. 그래야만 개인과 개인의 격格, 바름/바루다, 혹은 공동체 구성원 간의 질서를 유지할 수 있다고 말입니다. 반드시 그렇다고 인정하기는 어렵습니다. 그 규칙과 규율, 혹은 법이란 항상 특정 대상을 배제시키거나 구성원이 아닌 듯이 취급하는 경우가 왕왕 있는 게 현실이기 때문입니다. 그래서 잘못이나 죄를 따지는 게 어려운 일입니다. 복음서에서도 잘못을 저지르고 죄를 지었다고 판단되는 대상에 대해서 몇 번의 유예절차를 거치는 것도 그런 이유라고 생각합니다. 그러나 지금까지 교회 공동체는 그와 같은 이성적이고 합리적인 절차와 상관없이 공동체의 규칙이나 법으로 구성원을 지배하거나 강제하고 심지어 추방을 한 경우가 너무 많이 있다는 사실입니다. 우리는 마태복음사가의 이야기를 통해서 좀 더 유연한 인간관계, 교우 관계를 생각해야 합니다. 이를 테면 "풀린다"는 동사에 주목을 하자는 것입니다.

문효치의 「쇠치기풀」이라는 시를 눈여겨보겠습니다.

　　풀이라/ 불러본다/ 내 맘도/ 풀어진다.

시어들의 나열이 언어유희라고 생각되기 싶습니다. 하지만 실제로 세상의 온갖 풀들은 밟히고 무시당할지라도 한 번도 스스로 마음을 가두고 옹졸하게 한 적이 없습니다. 그래서 풀은 주목을 받지 못하지만 자신만의 세계를 온 세상에 펼칠 수 있었던 것이라고 생각합니다. 사실 용서라는 것도 푸는 것입니다. 개인과 개인, 개인과 공동체의 관계를 푸는 것입니다. 거기에는 그것이 잘못이다, 그것이 죄이다, 라는 규정을 받아들이게 함으로써 권력계층이 다른 피지배계층을 단죄하거나, 혹은 잘못이나 죄를 규정하는 엘리트 계층의 선언을 일방적으로 수용하는 것을 의미하지 않습니다. 관계를 푸는 것, 마음을 푸는 것, 그래서 여전히 어긋나더라도 개인과 개인이 사랑하고, 개인과 공동체가 여전히 하나라는 것을 확인하는 것입니다. 그대는 잘못이다, 그대는 죄인이다, 라는 선언과 판결, 결정의 목소리는 타자를 푸는 것이 아니라 가두는 것이고 배제시키는 것입니다. 개인의 잣대나 상식 혹은 공동체의 규율에 맞지 않음에도 불구하고 그를 부르고 품을 수 있는 용기가 진정한 종교적 용기입니다. 그와 같은 종교적 용기가 사람을 살리고 공동체를 살리는 것이지 권력자의 권위적 발언이나 성문화된 규율이 사람과 공동체를 살리는 것이 아닙니다.

생각이나 가치, 지향성 혹은 이념 등이 맞지 않을 뿐이지 그렇다고 해서 다른 개인이나 다른 공동체를 틀렸다고 규정하는 것이 아닐 것입니다. 그러므로 다름을 어떻게 끌어안느냐 하는 것이 오늘날 인간과 공동체의 숙제입니다. 다양한 사유와 행동, 그리고 실천들이 등장하는 이때에 꼭 종교라고 해서 어떤 획일화된 신앙 사유를 강요한다는 것은 설득력을 상실한 것이나 다름이 없습니다. '절차적 호명' 또는 '절차적 설득', 즉 타자를 배려하는 호명은 그가 충분히 공동체의 논리를 이해하도록 여유를 갖게 하는 목소리입니다. 자칫 종교의 절차적 호명이 타자에게 공동체의 규칙을 끊임없이 강요하여 강제적 설득을 시도하는 것으로 비춰질 수 있습니다. 게다가 절차적 호명을 통해 종교는 타자에 대해 할 일을 다 했다고 자위하는 안일함과 무책임한 목소리가 될 수 있다는 것을 간과해서는 안 됩니다. 종교 공동체는 한 번, 두 번, 그리고 세 번에 걸쳐 설득을 하되횟수가 중요하지 않습니다 여러 구성원을 데리고 가서 절차적 설득을 위한 호명을 한다고 하지만, 실상은 그 타자에게는 위압과 폭력으로 느낄 수 있는 여지가 있음을 기억해야 합니다.

그래서 시인의 중간 연이 시사하는 바가 있습니다.

　　초록으로 번져오는/ 풀/ 풀/ 그 내음.

초록의 안정감이 풀풀 풍겨지는 시구입니다. 공동체와 개인, 개인과 개인이 풀고자 한다면, 적어도 각자가 가진 기본 틀을 풀어내야 합니다. 분명히 공동체가 어떤 특정 타자에게 죄를 묻고 생각을 헤아리고 하는 것은 그를 구속하고 정죄하고자 하는 데만 목적이 있는 것은 아닙니다. 그를 '얻으려고' 하는 것입니다. 따라서 어느 쪽에 초점을 맞출 것이냐, 하는 것이 치리의 관건입니다. 얻으려고 할 것이냐, 아니면 잃어도 상관이 없는 것이냐, 하는 물음을 묻고 그 무게 중심을 분명히 정해야 합니다. 그렇지 않으면 공동체 구성원을 잃을 수 있습니다. 얻으려고 한다면 종교 공동체의 풀려고 하는 의지, 내음, 마음의 진정한 목소리와 진정성으로 다가가야 합니다. 타자가 들으려고 하지 않는 이유는 바로 풀려고, 풀어줄려고 하는 공동체의 진정성이 있는 신앙적 내음, 신앙적 향기, 즉 예수의 향기가 없기 때문입니다. 우선적으로 이미 그 타자를 이방인이나 세리, 심지어 이단자로 결정을 짓고 다가가서 대화를 하고자 하는 것은 예수로 인한 해방적 공동체, 푸는 공동체와는 전혀 다른 의지입니다.

풀려고 하는 내음, 상호간의 내음은 화해와 이해, 용서와 놓아줌이라는 의미가 들어 있습니다. 푼다는 것, 풀린다는 것은 상호 간의 속내를 이해하고 구속하지 않고 놓아줌이라는 열린 마음이 아니면 안 됩니다. 용서_{容恕}란 타자를 나의 마음 같이如心 생각하지 않으면 허물을 덮어주기 어렵습니다. 누구나 살다가 보면 '잘 못'할 수도 있고, '잘못'할 수도 있습니다. 개인과 개인의 이해의 차이, 능력의 차이, 인식의 차이 때문에 한 개인이 다른 개인의 마음에 못 미칠 때가 있는 법입니다. 그러다 보면 개인이든 공동체이든 그것을 잘못이나 죄라고 규정을 해버립니다. 그러나 타자를 나의 마음 같이 헤아리려는 역지사지易地思之의 신앙적 향기를 갖고 있다면 잘 못한다고 하지, 잘못이라고 말하지 않습니다. 그것을 식별할 수 있어야 좀 더 타자에게 관대해질 수 있습니다. 어쩌면 역지사지하는 마음이 신앙의 내음, 푸는 신앙적 향기라고 볼 수 있습니다.

시인의 마지막 연은 이렇습니다.

뭉쳤던 네 마음마저/ 풀밭 위의/ 달 같애" _{시조집 『나도바람꽃』, 시월에서}

풀밭 위 달의 모양이 어떤 것을 뜻하는지 분명하지 않지만, 내용상 아마도 둥근달을 연상시키는 것 같습니다. 둥근달처럼 마음이 둥글둥글하게 변하는 것, 풀은 그렇게 유연성이 있으면서 모든 변화를 다 담아내는 넓은 그릇과도 같습니다. 공동체와 타자, 그리고 개인과 개인 간의 허물, 잘못, 그리고 죄라 할지라도 풀 위에서는 관점에 따라서는 무한히 변하는 둥근달에 지나지 않습니다. 달은 늘 둥근달도 아니고 그렇다고 초승달이나 반달만도 아닙니다. 하지만 분명한 것은 달은 늘 둥근달일 뿐입니다. 다만 달이 지구 주위를 공전하는 동안 달의 위치가 바뀌고 그에 따라 태양빛을 받아 반사하는 부분이 달라지므로, 달의 위상이 매일 달라지는 것입니다. 다시 말해서 지구에서 보는 달의 밝은 부분이 달라져 달의 모양 변화가 생긴 것입니다. 따라서 달을 향한 태양빛이 우리를 속이고 있다는 사실입니다. 관점에 따라서는 보름달, 상현달, 초승달 등으로 변하는 것처럼 보일 뿐입니다. 풀은 그런 달을 매우 유연하게 반영합니다. 풀 위에 누워 있는, 풀 위에 비친 달은 시종일관 같은 마음입니다. 마찬가지로 용서란 타자가 죄를 지었건 또 씻지 못할 잘못을 저질렀건 똑같은 마음으로 바라볼 때 가능합니다. 풀이 누워 있을 때는 누운 대로, 서 있으면 서 있는 대로 달이 비춰지게 되고 달의 모양이 달라집니다. 하지만 달은 달일 뿐입니다. 그런데도 그렇게 생겨 먹은 듯이 달을 탓하는 게 우리 인간입니다. 풀이 그렇게 반영하는 것입니다. 풀은 곧 우리의 마음과도 같은 것이라, 마음을 어떻게 먹느냐에 따라서 받아들이는 정보를 다르게 해석하고 느끼게 마련입니다.

이제 중요한 것은 두세 사람이 모인 공동체라도 하나의 마음을 모아서 서로를 위하는 공동체가 되는 일입니다. 마음을 모아 구하면 하늘에 계신 하나님이 무슨 일이든 다 들어주신다는 말씀이 주는 의미는 작은 것, 소박한 것이 큰 일을 이룰 수 있고 해낼 수 있다는 말로 들립니다. 작은 것, 소박한 것이 큰 것이 되려면 우선 맹자가 말한 역지즉개연易地則皆然, 처지가 바뀌면 모두 그러했을 것과 다른 사람의 고통을 자기의 고통으로 생각하는 '인익기익'人溺己溺 혹은 '인기기기'人飢己飢가 필요합니다. 뭉쳤던 마음은 풀 위에서는 찌그러진 달처럼 보입니다. 마치 대나무 대롱으로 표범으로 본다는 관중규표管中窺豹와도 같은 단견短見입니다. 그러므로 뭉친 마음을 푸는 일이 공동체가 사는 길입니다. 풀에 반영되어 있는 뭉친 마음을 바로 보려면, 먼저 풀을 잘 보아야만 합니다. 풀을 풀로서 보고 풀이라고 부를 수 있는 마음, 그 순수한 마음을 갖고 신앙의 향기를 함께 모으려고 하는 사람들 속에는 예수가 현존합니다. 다투려 하지 않고 서로를 이해하고 끌어안고 보듬어서 가만가만 각자가 가진 신앙의 향기를 존중하려고 한다면 굳이 와해되거나 조각이 날 일도 없습니다. 그 속에는 예수가 현존하기 때문입니다. 단순히 두세 사람이 아닙니다. 개인이 공동체의 규율에서 조금 빗나간다고 하더라도 공동체가 개인을 압도하려고 하지 않고, 오히려 그에 대해 세상을 초록으로 물들이는 소중한 풀 한 포기라고 생각하는 공동체 안에 예수가 현존하는 것입니다. 풀은 바람에 의해서 춤을 춥니다. 또 빗방울에 더 영롱해지고 향기가 진해집니다. 늘 하늘의 직접적인 감통感通을 하는 존재입니다. 그 풀을 하찮게 여기지 말아야 합니다. 풀이 없으면 꽃도 없기 때문입니다.

풀   −김수영

풀이 눕는다

비를 몰아오는 동풍에 나부껴

풀은 눕고

드디어 울었다

날이 흐려서 더 울다가

다시 누웠다

풀이 눕는다

바람보다도 더 빨리 눕는다

바람보다도 더 빨리 울고

바람보다 먼저 일어난다

날이 흐리고 풀이 눕는다

발목까지

발밑까지 눕는다

바람보다 늦게 누워도

바람보다 먼저 일어나고

바람보다 늦게 울어도

바람보다 먼저 웃는다

날이 흐리고 풀뿌리가 눕는다   1968. 5. 29.

용서의 비책, 방책, 대책

마태복음 18:21-35

사랑은 용서입니다. 달리 표현하면 사람은 용서입니다. 용서는 내가 타자와 같은 마음의 감정을 지니고 있지 않으면 어렵습니다. 그러나 수없이 같은 마음을 가지고 타자를 바라보려고 하지만 나는 나이고, 너는 너라는 생각이 지배를 합니다. 아니 좀 더 가만히 들여다보면 너를 나와 완전히 동일하게 생각하려고 합니다. 전혀 동일할 수 없는 존재가 동일하게 여기려고 한다는 것이 소유와 폭력을 낳게 됩니다. 동일하다는 것은 획일성을 의미하거나 타자의 마음 상태를 전혀 고려하지 않은 나의 잣대의 절대성에 의한 틀을 일컫는 것도 아닙니다. 다만 마음을 바꿔서 생각하는 것, 즉 주체인 내가 대상인 타자가 되었을 때도 과연 똑같은 처지로 바라볼 수 있는가, 하는 것입니다. 여기에는 측은지심이 작용을 해야 가능합니다. 그렇지 않으면 용서라고 하는 것은 그야말로 하나의 이상론이나 속수무책의 관계를 그럴 듯하게 설명하는 것에 지나지 않습니다. 다음은 김경후의 「속수무책」이라는 시입니다.

내 인생 단 한권의 책/ 속수무책/ 대체 무슨 대책을 세우며 사느냐 묻는다면/ 척 내밀어 펼쳐줄 책.

속수무책이라는 말이 갖는 뉘앙스는, 역설적으로 용서에 대입해보면, 용서를 무한히 하는 사람에게는 "어찌할 도리나 방책이 없어 꼼짝 못함"이라는 뜻이 내포되어 있습니다. 일곱 번씩 일흔 번이라도 용서하라는 용서의 미학과 결연한 의지는 상대를 무력화시킵니다. 어떤 잘못을 하더라도 무한히 용서를 해대는 사람에게는 그야말로 속수무책입니다. 작가가 말한 것처럼, 인생에서 우리는 숱한 인간의 군상을 만나지만 어쩌면 용서하기가 어려운 상황에 맞닥뜨릴 때가 있습니다. 종교생활에서도 이 용서라는 특별한 관계적 용어는 신자와 신자 사이에서 완벽한 적용사례를 발견하기가 그리 쉽지가 않을 것입니다. 그래서 인생에서 혹은 종교생활에서 타자가 상처를 입히거나 나를 힘들게 할 때, 단 하나의 처신법은 무한히 용서하라는 것, 무한한 용서가 삶의 대책이자 비책이라는 것을 알려줍니다. 그것은 타자가 저지른 잘못의 무화, 실수의 잊음을 통해서 나도 언제든지 타자의 상황이 되면 그렇게 될 수 있다는 가능성의 인정에서 비롯됩니다. 그가 그렇게 할 수밖에 없는 요인은 단 한 가지만 있는 것이 아닙니다. 지금까지의 삶의 여러 요인들이 인자가 되어 타자를 괴롭게 하거나 치명적인 실수를 저지르기도 합니다. 그것은 내가 타자가 되어 보지 않는다면−이것은 결국 많은 시간이 필요하지만−절대로 이해할 수가 없습니다. 그러므로 차라리 타자의 잘못이나 실수, 그릇된 행위로 인한 상처를 완전히 무화시켜버리는 것이 상책일 수 있습니다. 절대적 잣대는 나에게 있는 것이 아니라 오직 하나님에게 있기 때문입니다.

시인은 또 이렇게 말합니다.

썩어 허물어진 먹구름 삽화로 뒤덮여도/ 진흙 참호 속/ 묵주로 목을 맨 소년 병사의 기도문만 적혀 있어도/ 단 한권/ 속수무책을 읽는다.

아무리 종교 서적을 읽고 신심을 고취시키는 책을 읽는다고 하더라도 결국 내가 타자의 마음을 읽지 못하고 처지를 헤아리지 못한다면 아무 소용이 없습니다.

그저 단 하나의 유일한 방법은 그를 무한히 용서하는 것 이외에 그 어떤 것도 나와 너의 관계를 영원히 지속하기가 어렵다는 것입니다. 그것은 단순한 논리입니다. 내가 하나님으로부터 무한히 용서를 받았기 때문에 타자에 대해서도 응당 용서를 해야 합니다. 내가 그를 용서하지 않는다면 하나님도 나를 용서하지 않을 것입니다. 관계의 영속성은 비단 인간과 인간 사이만 중요한 것이 아닙니다. 하나님과 인간과의 관계의 지속성도 중요합니다. 그러기 위해서 하나님이 우리를 어떻게 용서하셨는가를 생각해본다면, 그 방책이 떠오르게 됩니다. 우리는 수평적 관계에서 나와 타자 사이의 감정적 골만 생각합니다. 따지고 보면 나와 타자도 삶의 전쟁터에서 희생당한 상처 입은 감정적 동물이라는 점입니다. 한발 물러서면 그도 삶의 전쟁터에서 같은 포탄을 맞으면서 살아가는 전우이자 내가 죽으려 할 때 나를 보호하고 같이 전선戰線을 사수하기 위해 옆에서 총을 쏘아주는 동료라는 점입니다. 그런데 삶의 전쟁터에서 피치 못하게 생의 의지 때문에 자신이 살려고 타자를 죽이려고 하는 존재, 즉 상처를 입히고 부상을 당하게 만드는 사람이 있다는 사실입니다. 따라서 타자가 나를 적으로 간주하고 도저히 회복하지 못할 치명상을 입히는 경우에는 타자와 내가 서 있는 삶의 장과 배경 하에서 판단을 해야 할 필요가 있습니다. 그러면 이해하기가 좀 더 쉬워질 수 있습니다.

모두가 하나님의 범주와 영역 안에 있는 존재들입니다. 인간은 하나님의 시선 속에 있는 사람들입니다. 그분의 시선 속에는 모든 존재자들이 다 동일한 시야 속으로 들어올 것입니다. 누구도 배제되거나 소외되는 일이 없이 모든 인간이 당신의 망막에 맺힙니다. 그런데 우리는 생활세계에서 벌어지는 현실적인 문제로 나를 아프게 한다고 해서 다른 시선으로 그를 바라보려고 합니다. 사실 그 시선은 나의 상대적 시선일 뿐이지 절대적인 시선이 될 수가 없습니다. 그 절대적인 시선은 하나님만이 가지고 있기 때문입니다. 내가 타자를 용서할 것인지 말 것인지에 대한 잣대는 나의 이성적이고 감정적인 잣대가 아니라 하나님의 잣대여야 합니다. 그만큼 우리의 용서라는 행위가 쉽지 않다는 것을 반증하는 것이기도 합니다. 하지만 역으로 생각해보면 용서의 비책은 하나님이 가지고 있습니다. 그의 시선과 영성적 사유를 끊임없이 유지하려고 한다면 하나님처럼 용서가 가능해집니다. 용서의 유일한 단 한권의 책은 하나님의 성품에 있다는 것을 알게 된다면 말입니다. 하나님은 인간이 저지른 온갖 실수와 죄책에 대해서 완전히 무화시켰기 때문에, 그것을 생각하고 믿는다면 우리의 용서도 그에 준하는 행위가 되지 않으면 안 됩니다. 관계적 사랑을 위해서 관계가 맺고 있는 적대적 감정을 없앤다는 것이 얼마나 어려운가는 잘 알 것입니다. 그 적대적 감정 때문에 삶과 생명에 제동이 걸린 인간을 구제하신 이가 하나님이라는 사실을 기억한다면, 용서는 타자를 살리는 길인 동시에 내가 사는 길임을 깨닫게 됩니다. 나와 타자의 죄책, 실수, 감정적 골 등으로 인해서 생긴 속수무책의 관계는 역설적이게도 다시 속수무책의 사랑과 관대함으로 타자를 포용하고 더불어 자신을 사랑하는 것이 용서의 비책이요 방책입니다. 그것은 나 자신에 대한 사랑과 신뢰에서 비롯됩니다. 에리히 프롬이 적시한 것도 바로 이 점입니다. "우리는 자신을 이해하고 사랑하고 인식할 수 있을 때에만 타인을 인식하고 이해하고 사랑할 수 있다." 내가 나 자신을 사랑하지 않고 신뢰하지 못한다는 것은 타자를 사랑하지 못하고 신뢰하지 못한다는 의미입니다.

시인은 마지막에 이렇게 말합니다.

> 찌그러진 양철시계엔/ 바늘 대신/ 나의 시간, 다 타들어간 꽁초들/ 언제나 재로 만든 구두를 신고 나는 바다절벽에 가지/ 대체 무슨 대책을 세우며 사느냐 묻는다면/ 독서 중입니다. 속수무책"시집, 『오르간, 파이프, 선인장』, 창비에서

타자를 용서할 때는 기계적인 생각, 수치적 판단을 내려놔야 합니다. 용서란

내가 이만큼 양보하며 이해하고 용서했으니까 너도 그만큼 해야 한다, 하는 식이 아닙니다. 혹은 반대로 네가 나를 이만큼 양보, 이해, 용서했으니까 나도 그만큼 하면 되지 않겠느냐, 하는 것이 아닙니다. 하나님이 수직적 관계와 수평적 관계에서의 용서를 무한성에 둔 것은 결코 용서를 숫자적으로 계량·계측하듯이 판단하지 말라는 것입니다. 우리가 타자를 무조건 용서하려고 한다면 용서를 기계적 관계가 아니라 사랑의 시간의 관계에서 생각해야 합니다. 하나님의 시간은 아슬아슬하고 약한 것 같은 절벽의 시간, 혹은 절벽의 자리를 가리키는 것 같지만, 그것은 인간이 생각하는 양적, 기계적 시간과는 다르다는 어떤 절박함과 무상함^{재로 만든 구두}을 깨닫는 말인 듯합니다. 인생은 늘 어떤 절박함과 무상함의 파도를 타면서 힘들어 합니다. 그래서 타자를 바라보는 것조차도 멀미가 납니다. 나 자신이 인생의 파도와 절벽을 앞에 둔 언덕에 서 있는데, 타자가 나를 애성이 나게 하면 정말 견딜 수가 없습니다. 그때는 나도 타자를 질적 대상으로 바라볼 여유가 없습니다. 질적 존재로서 더불어 절벽으로 떨어질 위기를 함께 모면하고 재로 만든 구두를 신고 가는 무상한 인생이라도 같이 견뎌내야 한다는 생각을 하지 못하는 것입니다. 그러니 거기에 사랑은 고사하고 용서는 정말 고상하고 낭만적인 언어처럼 들리는 것이 당연합니다.

하지만 인생은 계속 배워나가는 삶의 연속일 수밖에 없습니다. 삶을 읽으면서, 타자를 읽으면서, 하나님의 마음을 읽으면서 가야 그래도 덜 실수하고 덜 상처를 주고 덜 아프게 하면서 살아갈 수 있습니다. 작가가 말한 속수무책이라는 책은 삶과 타자, 그리고 하나님이라는 관계에서 통용이 되는 말입니다. 앞에서 말한 것처럼, 우리를 절벽이나 벼랑으로 이끄는 삶의 환경을 꼼짝 못하게 하고, 타자와 나의 아픔과 고통, 그리고 증오를 무화시키도록 서로의 감정을 멀리 아득하게 만드는 것이 필요합니다. 그 감정을 가능하게 만든 처음은 우리를 속수무책으로 만드시고 변명거리가 아예 없게 하신 하나님이, 당신의 완전한 용서로 죄의 무화를 선언하신 것에서 발생한 것입니다. 그러므로 이제 삶의 무상함을 깨닫고 우리의 저변에 흐르고 있는 하나님의 용서와 그 정신을 삶으로 옮기기 위해서 삶과 인간, 그리고 세계를 하나님의 시선에서 읽어보려는 인고의 노력이 필요합니다. 우리가 걸어온 길에서 마지막 종착지를 맞이하기 전에 단 한번이라도 타자를 용서하기 위해서라도 말입니다.

양적 가치의 잔상를 초월한 하늘 나라

마태복음 20:1-16

　자본주의 사회에서 양적 가치나 경제학적 수치에 익숙한 사람들에게는 예수의 하늘 나라 입성계산법은 도저히 이해할 수가 없을 것입니다. 일반적인 사람들은 오전에 일터에 와서 일을 한 사람이나 늦은 오후에 일터에 와서 일을 한 사람이나 동일한 품삯을 준다는 것은 매우 낯설고 불공평한 처우라고 생각할 것입니다. 그렇다면 이런 궁금증이 생깁니다. 적어도 고용을 원하는 모든 사람들은 지위고하, 남녀노소를 막론하고 하늘 나라에 들어갈 자격이 있다는 말인가. 대답은 그렇다는 것입니다. 예수가 보았을 때, 하늘 나라를 들어가게 만드는 별도의 자격조건은 없습니다. 아니 정확하게 명시하지 않습니다. 텍스트를 보면 하늘 나라를 들어가게 만드는 주체는 물론 고용주이신 하나님의 결정에 따른 것입니다. 하나님의 판단에 의해서 하늘 나라에 들어가고 못 들어가고가 결정됩니다. 통념적으로 인간의 어떤 행위에 의해서 하늘 나라에 들어간다고 믿었던 것과는 달리 예수는 그와 같은 조건 자체를 거론하지 않습니다. 그저 하늘 나라에 들어가고자 하는 '의지'가 선택을 받는 관건이 되는 듯이 보입니다. 그래서 하늘 나라는 빨리 들어가든 늦게 들어가든 상관이 없습니다. 그리고 얼마만큼 무슨 행위를 했느냐에도 초점이 맞춰져 있지도 않습니다. 하늘 나라는 양적 가치나 경제적 가치가 지배하는 곳이 아니기 때문입니다.

하늘 나라는 자비입니다. 하나님의 자비에 의해서 사람들이 하늘 나라에 들어
가고 못 들어가고가 결정이 됩니다. 하늘 나라는 자비의 장소가 머무는 곳이기에
오직 하나님의 자비에 몸을 맡긴 사람만이 자유롭게 받아들일 수 있습니다. 타
자를 신경 쓸 것도 없습니다. 내가 하늘 나라에 들어간다는 것 자체가 중요한 것
이지, 누가 하늘 나라에 들어가는가에 대한 판단은 나의 소관이 아닙니다. 그런
데도 우리는 하늘 나라에는 이러저러한 사람들이 들어가겠거니 하고 생각합니
다. 마치 자기 자신이 하나님이나 된 듯이 말입니다. 하지만 예수가 생각해볼 때,
하늘 나라에 들어가는 조건을 내세우는 하나님의 잣대는 우리의 상식을 초월하
고 상상을 불허합니다. 하늘 나라는 하나님의 전적인 권한의 장소, 하나님의 절
대적인 마음의 장소이기 때문입니다. 우리가 할 수 있는 것은 하나님의 자비에
기대는 것뿐입니다. 우리가 아무리 이 세계에서 나눔과 사랑, 돌봄과 섬김, 봉헌
과 선교를 잘 했다고 하더라도 그것은 나의 잣대나 제도적 교회의 생각에 지나지
않을 수 있습니다.

정진규의 「손을 잡는 게 내 일인데」라는 시를 소개하겠습니다.

손을 잡는 게 내 일인데 사람이 되었건 나무가 되었건 연장이 되었건
그게 줄창 내 일인데 이번엔 다르다 쥐는 게 다르다 새로 손을 잡기 시
작하면서 또 어떻게 놓아야 할까 어떻게 놓칠까 또 언제 놓는 날의 슬
픔에 젖을까 그 무게에 짓밟히고 있다.

하늘 나라도 이와 다르지 않은 것 같습니다. 하늘 나라는 대자대비하신 하나
님께서 사람들의 손을 잡는 일입니다. 그것을 우리는 구원이라고 말합니다. 당
신은 매번 사람들의 손을 잡는 일에 익숙하십니다. 그게 당신의 일입니다. 사람
의 손을 잡고 놓지 않으려고 하십니다. 그분이 생각하는 하늘 나라의 입성조건

은 하나님 자신의 손을 어떻게 붙잡고 있는가, 하는 것입니다. 손을 잡는 것은 횟수나 수치나 양의 크기가 아닙니다. 그것은 질적 관계입니다. 하나님의 눈에 띠고 마음에 들어 자신의 영역 안에 두고자 하는 의지가 넘치고 있는가, 하는 잣대가 중요합니다. 하나님과 사람의 질적 관계는 서로 손을 잡으려고 하는 의지, 욕망, 방향성입니다. 아무리 사람들이 신을 위해서, 이 세계를 위해서 양적 가치와 경제적 가치로서 헌신을 하였다 하더라도, 당신의 손을 잡지 않고 자신의 손을 가지고만 했다면 그것은 이미 방향성을 상실한 것입니다. 하나님의 손을 의식하지 못하고 자신의 손의 존재와 방향성만을 바라보고 있었던 것입니다.

그러므로 하늘 나라에 들어가고자 했던 사람들조차, 다시 말해서 이미 간택을 받았다고 자부하는 사람들마저도 불평이 터져 나옵니다. 하늘 나라에 들어가기 위해서, 하나님의 존재 영역 안에 들어가기 위해서 얼마나 많은 양적 가치로 내가 표현해냈는지 모르냐는 것입니다. 하지만 그것은 하나님의 방식이나 하나님이 생각한 하늘 나라의 입성산출기준근거가 아닙니다. 사람의 양적 기준은 자신이 세운 기준이지 하나님의 기준은 따로 있었습니다. 달리 말하면 하나님의 자비의 손을 의식하지 못하고 오직 자신의 손의 움직임만을 바라보고 있었던 것입니다. 그와 같은 순간에는 하나님의 손을 보지 못하는 게 당연합니다. 손을 내밀어 나는 너와 손을 붙잡고 싶고, 그 손을 영원히 놓고 싶지 않구나, 하는 의지를 읽지 못한 것입니다. 그럴 경우에 하나님께서도 손을 놓고 싶은 욕망에 사로잡히게 됩니다. 손을 잡고 싶음과 손을 놓고 싶음 사이의 갈등을 유발하는 것은 사람의 행위입니다. 하나님의 구원 의지에 흠집을 내는 것은 사람의 손을 쥐는 게 매번 낯설게 느껴지게 만드는 행위입니다. 그것은 앞에서 말한 바와 같이 양적 가치나 경제적 가치로 하나님을 생각하고 하늘 나라의 입성조건을 따지는 것을 의미합니다. 분명한 것은 하나님의 판단은 사람이 생각하는 것과 완전히 다르다는 것입니다. 그가 품삯을 산출하는 방식은 거꾸로 입니다. 전혀 예상하지 못한 사람, 아마도 그는 처음부터 경제적 가치나 양적 가치를 생각하지도 못했을 것입니다. 맨 마지막에 하늘 나라의 영역에 입성을 했거나 하나님을 알아차린 지 얼마 되지 않는다고 생각하여 미리 양적 가치나 경제적 가치를 비운 사람들이 하나님의 눈에 먼저 들어옵니다. 오직 주인, 즉 하나님의 관대한 대우만을 기억하고 있었습니다. 어쩌면 그들은 끝까지 하나님의 자비의 손을 떠올리면서 그 손을 놓지 않으려고 했을 것입니다. 그렇게 오로지 하나님의 자비만을 생각하는 사람들이 그분의 손을 꼭 잡으려고 하는 것이며, 하나님 또한 자신의 영역에는 자비의 마음으로 일관하는 이들의 손을 잡으려고 한다는 것을 기억해야 합니다.

시인의 마지막 변을 읽어보겠습니다.

> 목이 메이는 슬픔의 강물이 넘쳤다 갇혀버렸다 외로움의 복병이 나를 압도했다 율려律呂 운영이, 세상 손을 잡는 일이 이번엔 다르다 쥐는 게 다르다 어디까지 가려나 맨날 데이고 있다 속도가 있다 맨날 화상을 입고 있다 연비[필자주: 불제자로서 계를 받을 때 참회와 맹세의 의식으로 팔을 태움] 자죽이 매일 덧나고 있다 금강金剛이 있다"시집 『모르는 귀』, 세상의모든 시집에서

이 세계와 하늘 나라를 연결 짓는 행위가, 예수에게 있어 민중들의 손을 잡는 일이었을 것입니다. 그런데 그가 손을 잡을 때는 늘 사달이 났습니다. 그는 하나님의 마음을 읽고 민중들이 손을 잡아 하늘 나라로 인도하기를 바랐지만, 기득권층은 그것을 원하지 않았습니다. 하늘 나라는 전체 조화를 이룬 곳, 다시 말해서 양과 음[동양의 12음률 중 양의 소리는 율, 음의 소리는 려], 부와 빈, 빠름과 느림, 지배와 피지배자, 정상과 비정상, 타자 돌봄과 자기 배려 등을 막론하고 자비의 은총에서 배제되는 사람이 없는 곳입니다. 그런 세상을 만들자고 예수는 '온갖 번뇌를 다 깨뜨려버리고 마음이 단단해져서 그 어떤 번뇌에도 흔들리지 않도록'[금강] 민중

들을 계도하려고 하였습니다. 사람들의 마음은 늘 변하고 무상한 세상을 경험하면서 길고 짧음, 많고 적음, 크고 작음, 아름답고 추함, 깨끗하고 더러움 등에 걸려 넘어져서 그 현상계 너머에 있는 분별이 없는 자비심의 나라인 하늘 나라를 보지 못합니다. 예수는 그 경계를 넘어가지 못하는 사람들을 하늘 나라로 인도하고 연결해주는 역할을 합니다. 손을 잡는 일은 항상 상처를 남깁니다. 손을 잡을수록 사람들은 양적 가치, 경제적 가치, 이윤의 가치를 생각하기 때문입니다. 그것을 없애자고 하는 것이었고 결코 하늘 나라는 그러한 가치와는 전혀 상관이 없다고 강조했는데도 사람들은 알아듣지 못하고 그 손이 아닌 다른 손을 잡으려고 합니다. 애성이가 납니다. 그럼에도 잡고 또 잡으려고 합니다. 자비의 손은 그렇게 상처의 손이기도 하기 때문입니다.

구원이 쉬울 것 같으면 모두가 다 성자가 되었을 것입니다. 그리고 각자가 손을 내밀어 따뜻한 기운을 나누었을 것이고 사랑의 포옹을 하며 연대하였을 것입니다. 현실은 그렇지 않습니다. 늘 질적 가치보다 양적 가치입니다. 눈에 보이는 것은 숫자가 빠릅니다. 이름은 잘 기억나지 않고 타자의 마음은 잘 읽히지 않습니다. 아니 느껴지지 않습니다. 우리는 아픈 감정이나 기쁜 감정마저 수치화하려고 합니다. 신앙감정은 말할 것도 없습니다. 얼마나 많이 기쁜가, 얼마나 감격이 큰가보다 더 중요한 진짜배기 신앙의 마음은 표현하지 못합니다. 다만 하늘 나라의 자비심만을 배우고 익힌 대로 살 뿐입니다. 세상에서 하늘 나라로의 방향성이 가리키는 것은 하나님의 자비라고 생각하기 때문입니다. 우리는 그것을 예수를 통해서 따라갈 뿐입니다. 이제 남은 것은 금강, 즉 하늘 나라에 대한 양적 가치를 깨고 흔들리지 않는 마음을 갖는 일입니다. 하늘 나라의 질적 가치는 숫자로 계산하지 않고 하나님의 손에서 느껴지는 공감적 구원sympathetic salvation을 하염없이 받아들이는 것입니다.

그림자와 같은 권위

마태복음 21:23-32

요즈음처럼 권위exousia를 들먹이는 세상이 있었나 싶습니다. 가르칠 때나 요리를 할 때나 상품을 소비할 때나 지식을 습득할 때나 말을 통한 주장을 내세울 때도 권위를 묻습니다. 어디에 근거하여, 어디로부터 연원해서 그와 같이 하느냐는 것입니다. 권위는 결국 자기 자신으로부터 오면 안 된다는 것을 의미합니다. 자기 자신이 권위가 되려면 그보다 더 높은 권위가 그 어떤 본질이나 존재로부터 와야 합니다. 권위의 권위를 의심하는 것입니다. 그럴 때는 예수와 같은 반문이 필요합니다. 되레 너희들의 권위는 어디서부터 오는 것이냐, 하는 질문입니다. 너희의 삶을 익숙하고 편하게 만들었던 그 근원은 누구이냐를 묻는다면 권위의 권위를 지시하는 바가 무엇을 의미하는지 깨닫게 됩니다.

권대웅의 「땅거미가 질 무렵」이라는 시를 보겠습니다.

> 어둑어둑해지는 저녁 길을 걷다보면/ 풍경 속에 또다른 풍경이 들어
> 있는 것 같다/ 어디선가 본 것 같은/ 언젠가 만난 것만 같은.

초반부의 느낌은 낭만적이기도 하고 야릇한 향수를 불러일으킬 것 같은 시각적, 후각적 표현들이 등장합니다. 낯선 것 같은데 전혀 낯설지 않아서 익숙한 삶의 단면들이 감각적으로 경험될 때가 있습니다. 낯설기 때문에 그것이 갖고 있는

삶의 아우라가 우리의 삶을 지배하고 있는 것일까요? 아니면 익숙하기 때문에 그것이 우리의 경험을 해석하는 장치가 있어서 삶을 편하게 받아들일 수 있는 것일까요? 권위란 낯섦과 익숙함의 어느 지점인 것 같은데, 익숙한 삶을 전혀 낯선 것으로 해석해 주어야 하기 때문에 그것이 갖고 있는 묘한 중첩성을 배제할 수 없는 듯합니다. 사람들은 어디서 듣고 어디서 본 듯하여 익숙하면, 그것을 권위로 인식합니다. 한 사람의 권위, 그것도 가르치는 권위가 자신들에게 익숙하지 않은 형식과 질료로 다가올 때 불편하게 생각합니다. 권위란 그 사람이 갖고 있는 무게라고 볼 수 있는데, 그것은 그 자체로서 존재이거나 본질ousia이 될 수 있는 그 고유성과도 같습니다. 그러니 수많은 사람들이 지금까지 경험했던 보편적이거나 획일적인 권위와는 다를 수밖에 없습니다.

우리가 자칫 잘못을 범할 수 있는 것이, 권위란 부여되는 것, 부여받는 것이라고 생각한다는 점입니다. 권위는 전승되는 것도, 전통으로 이어져 오는 것도 아닙니다. 전승이나 전통이 되려면 그것을 받아들이는 사람이 그 존재와 본질로부터 연원하는 능력이 전제되어야 합니다. 그것이 되지 않고서 역사성과 전통과 전승을 운운한다면 권위는 폭력과 지배, 그리고 군림으로 작용하고 맙니다. 전통적인 골수 유대인에게 있어 권위는 하늘로부터 온다는 사실을 모르지 않았습니다. 진리에 대한 감각과 언어는 하늘로부터 와야 한다, 누군가를 계도한다는 것도 하늘로부터 와야 한다는 것을 잘 아는 사람들이었습니다. 권위는 하늘로부터 와야 합니다. 동시에 많은 사람들로부터 인정을 받아야 합니다. 이 권위의 이중성을 충족시키지 못한다면 종교적 권위는 헛것이요 다른 사람들을 억압하기 위한 수단에 불과한 것입니다. 낯섦, 곧 숭고미 같은 것은 그 사람에게서 풍겨야 한다는 것이요, 사람들에게 접근 가능한 인공미와도 같은 익숙함도 함께 가지고 있어야 한다는 것입니다. 그렇지 않으면 권위를 권위로 여기기 어렵습니다. 종교적 권위를 휘두르는 사람들을 보면 무조건 하늘로부터 왔다고 주장합니다. 그런데 그에게 낯섦이라는 것이 존재하지 않습니다. 그저 평범함, 인위적인 몸짓만이 권위를 행사하는 것처럼 보일 뿐입니다. 종교적 권위는 위압적이지도 않아야 하고, 그렇다고 평범하지도 말아야 합니다. 그 경계선을 적절하게 지켜나갈 때 종교적인 목소리를 통하여 종교의 행위 교정의 설득력을 확보할 수 있기 때문입니다.

시인은 이렇게 말합니다.

> 어스름녘/ 젖은 하늘의 눈망울/ 물끄러미 등뒤에 서서/ 기억나지 않
> 는 어젯밤의 꿈과/ 까마득하게 잊었던 시간들/ 생각날 듯 달아나버리
> 는 생의 비밀들이/ 그림자에 어른거리다 사라진다.

삶을 지배하는 시간성은 우리를 기다려주지 않는 듯합니다. 어쩌면 삶을 지배하는 것은 시간인지도 모릅니다. 아침의 밝음, 그리고 저녁의 어두움의 연속이 시간성을 나타내는 삶의 단순한 사태를 일컫는 것이라면, 언젠가 완전한 어둠이 존재하는 나를 맞이할 것입니다. 그런데 삶의 밝음과 어두움의 순간순간마다 과거의 어스름한 기억들을 마주하는 것은 인간을 겸허하게 만드는 삶이 가진 권위인 듯합니다. 시간은 삶의 권위입니다. 그것을 자주 깨달으면서도 여전히 어떤 권위에 의지하여 삶을 겸허하게 생각하지 않고 인생을 살아가는 사람들이 많이 있습니다. 종교적 권위는 그렇게 시간의 권위에 의존하여, 더 정확하게는 시간과 함께 세계를 창조하신 하나님의 권위를 생각하며 살라는 것입니다. 기껏해야 밝음과 어두움의 연속선상에서 살고 있는 인간이, "당신이 가진 종교적 권위는 우리를 지배할 수 없다는 것, 우리를 계도할 수 없다"는 건방을 떱니다. 그것이 이른바 종교를 가지고 있는 사람들의 태도입니다. 권위의 본질이 하나님으로부터 왔다고 하면서 권위를 가진 존재자나 권위를 받아들이는 종교인조차도 권위에 대한 겸허한 생각을 하지 않는 것입니다. 삶의 비밀을 간직한 시간들 자체가 이미 권위입니다. 동시에 시간과 더불어, 시간을 넘어서 존재하신 하나님의 권위입니다. 그러

므로 유대인처럼 한 사람의 종교적 권위에 대한 물음을 던진다는 것은 신앙적 목소리를 내는 사람의 내면에 있는 하나님의 권위에 대한 불신이나 다름이 없습니다. 곧 예수가 저지당했던 권위에 대한 권위적인 거부입니다. 물론 하나님의 권위인가 아닌가에 대한 분명한 식별은 필요하지만, 그 본질과 존재가 명확함에도 불구하고 맞서는 반권위적인 태도는 비권위적인 작태라고 봐야 할 것입니다.

시인은 마지막에 이렇게 글을 매듭짓습니다.

> 잡히지 않으며 존재하는 것/ 만져지지 않으며 살고 있는 것들이/ 불쑥불쑥 잘못 튀어나왔다가/ 제자리로 되돌아가는 시간/ 그 밝음과 어둠이 섞이는 삼투압 때문에/ 뼈가 쑤시는/ 땅거미가 질 무렵"시집, 「나는 누가 살다 간 여름일까」, 문학동네에서

화학적으로 삼투압이라는 것은 생물체 내의 체액 농도를 일정하게 유지하는 작용이며, 삼투渗透 osmosis는 물 또는 다른 용매가 반투과성 막용매는 통과하고 용질은 통과할 수 없는 막을 통해 자발적으로 확산되는 현상이라고 합니다. 다시 말해서 용기에 용매는 통과하지만 용질은 통과하지 못하는 반투막을 설치하고, 한쪽에는 용액을 넣고, 다른 쪽에는 순수한 용매를 넣고 일정 시간 동안 그대로 두면, 순용매 쪽의 용매 일정량이 용액 쪽으로 이동하여 평형 상태에 이르게 됩니다. 이때 반투막을 사이에 두고 양쪽에서 압력에 차이가 생기는데, 이 압력 차이를 삼투압이라고 합니다daum 백과 참조. 이렇듯 신앙에서도 삼투압이라는 것이 발생합니다. 반투막이라 할 수 있는 교회를 두고 죄인과 의인 사이의 평형상태와 긴장이 존재한다는 말입니다. 죄인이라고 고백하고 인정하는 사람들과 죄인임에도 불구하고 그렇지 않게 생각하는 사람들 사이에 삼투압의 명암이 존재합니다. 우리가 사는 세상, 그리고 교회는 죄인과 의인이 섞이며 살아갑니다. 어스름한 저녁에 발생하는 밝음과 어두움 사이를 틈타고 끝내는 자신이 의인이라고 주장하며 살기

를 바라는 사람들이 있습니다. 그런데 실질적으로 자신이 의인이라고 자부하는 사람이 어둠에 머물고 있는 것을 인식하지 못합니다. 반대로 어둠 속에서 살고 있다고 생각하고 자신을 드러내놓고 살지 못하는 사람이 있습니다. 그런 사람은 오히려 매도를 당하기 십상입니다. 밝음과 어둠을 나누는 권위자는 모든 것을 제자리로 돌려놓는 사람입니다. 모든 것의 구분을 모호하게 할 뿐만 아니라 실제로 그러한 구분이 필요 없다는 것입니다. 누가 봐도 해질 무렵이 되면 모든 것이 그저 멈추고 숨죽이며 하루를 마감하는 무가 되기 때문입니다. 따라서 스스로 밝음에 있다고 말하는 권위자의 권위나 어둠에 있다고 말하는 존재자도 똑같은 무형의 그림자와 같은 권위를 가지고 있을 뿐이라는 것입니다.

종교적 권위라는 것이 자기가 내세운다고 해서 가질 수 있는 것도 아니고, 그렇다고 영원한 권위가 될 수 있는 것도 아닙니다. 한동안만, 잠시 동안만 해가 비추는 밝은 대낮에 마치 권위가 있는 듯이 생각될 뿐입니다. 권위는 하나님의 권위만 있을 뿐입니다. 그렇게 인식되거나 전통에 의해서 부여받은 권위를 그림자처럼 미처 사라지기 전에 겸허하게 사용할 뿐입니다. 사회적 약자가 아무런 권위가 없다는 듯이 대하는 오류를 범하지 말아야 할 이유이기도 합니다. 언젠가 나도 해질 무렵 어둠 속으로 사라질 존재이기 때문입니다. 하나님의 약자에 대한 우선적 선택과 고려는 그의 권위가 먼저 그들에게 있다는 것을 반증하는 것임을 기억해야 합니다. 신앙의 삼투압은 언제든 역전될 신앙의 화학적 성질을 내포하고 있습니다. 그러나 그 무엇보다도 땅거미가 질 무렵에 서쪽 하늘을 쳐다보면 모든 삶과 사람의 권위가 부질없다고 깨닫게 될 것입니다. 시인 원재훈은 이렇게 노래합니다.

> 빛남과 어둠은 본래 같은 것이었네. 어리석은 것들이 그것을 갈라놓
> 았을 뿐 … 우리의 몸은 빛과 어둠이라네. 우리의 몸은 바로 진실이
> 라네. 바로 생명이라네.

존재의 목소리가 현실이 될 때까지

마태복음 21:33-46

교회는 예언자의 말을 거의 동일한 패턴과 내용으로 무시로 반복합니다. 예수 이후에 교회가 생긴 이래로 단 한 번도 말을 끊어본 적이 없습니다. 교회가 생기는 곳곳마다 복음은 낭독이 되었고, 그 말이 현실이 되기를 바랐을 것입니다. 아니 신자들은 현실이 될 것이라고 굳게 믿었습니다. 그 현실이라고 하는 것이 지금 여기에서 울려퍼지는 예수의 말씀이라고 생각을 했습니다. 자신들의 귀에, 그리고 지금의 우리들의 귀에 들려주시는 목소리라고 믿었습니다. 실제로 최진영 작가의 글에서 등장하는 말처럼, 목소리가 말을 합니다. 마찬가지로 복음서가 말을 한다는 것은, 예수가 말하는 것입니다. 교회는 그렇게 믿습니다. 믿음에는 반드시 그와 같은 행위가 수반되는 것이 맞습니다. 믿음과 행위는 별개가 아니라 같은 신앙의 표현입니다. 종교는 그래야 발전이 있습니다. 그런데 그리스도교를 비롯하여 많은 종교들의 창교자가 말을 했지만, 말이 현실이 된 적이 거의 없었습니다. 우리가 그렇게 하지 못하기 때문입니다. 말이 현실이 되려면 목소리를 듣는 우리가 그렇게 따라주어야만 합니다. 목소리는 그냥 소리가 아니라 말하는 사람의 의중이 전달되어 듣는 사람이 행동을 해주어야 진정한 말이 됩니다. 특히 그리스도교에서 예수의 말씀은 우리의 고백의 언어이자 삶의 언어이기 때문에 그냥 문자나 소리로만 그쳐서는 안 됩니다. 자꾸 목소리를 반복할 때마다 행위를 해주어야 그 말씀이 살아납니다. 그리스도인의 행위를 통해서 말입니다. 그리스도인은 행위를 한다, 라는 것은 곧 목소리를 현실화한다는 뜻과 같은 것입니다.

이원의 「당신이라니까」라는 시가 이를 반영하는 듯합니다.

> 동그란 눈알과 동그란 입술이/ 나란히 벌어질 때까지/ 작은 것 속에서 큰 것이 튀어나올 때까지/ 뺨이 번질 때까지/ 휘파람이 될 때까지/ 숲에서 바람이 새지 않을 때까지/ 구역을 잃어버릴 때까지/ 허공을 건너는/ 긴팔원숭이가 되어/ 떨어지는 꽃잎들을 받아먹을 것/ 꽃나무 옆에 게워낼 것/ 토사물의 울음소리가 될 것/ 0이 될 때까지 셀 것
> 시집, 『사랑은 탄생하라』, 문학과지성사에서

몸과 세계가 같이 울리고 나의 몸이 곧 세계가 될 때까지 그렇게 꽃잎이 내 것이 되었으면 좋겠습니다. 그래서 내 속에 있는 꽃잎들이 도저히 견디기 어려워서 토사가 되고 목소리가 될 때까지 입을 벌려봤으면 하는 생각을 해보게 됩니다. 예언자의 말이 내 마음이 될 때까지도 어렵습니다. 그런데 그 말이 다시 토해내야 할 정도로 넘치는 소리가 될 때까지는 적어도 나는 종교인이라고 말하기 어려울 듯합니다. 소리가 나오려면, 목에서 울림이 나오려면 성대만 있어서는 안 됩니다. 내가 받아먹은 꽃잎과도 같은 말씀이 있어야 합니다. 그 말이 그리울 정도로 내 알속이 되고 마음과 하나처럼 움직이는 소리 행위가 나와야 합니다. 목소리의 넘침이 몸의 울림으로 나와야 종교인입니다.

하나님은 자신의 말을 지켜주기를 바라는 마음에 수많은 사람들에게 울림을 주었습니다. 그리고 한참 전에 이미 초월자는 예수라는 존재의 목소리의 울림과

몸죽음의 울림을 통하여 사람들이 자신의 신앙적 울림을 반드시 지키고 또 지키기를 바랐습니다. 그 목소리는 반드시 신앙적 결과를 요구하는 울림이었습니다. 목소리의 지주와 그 목소리를 받아들여서 일정한 생산물을 내놓아야 하는 소작인의 관계가 그것입니다. 숱하게 목소리를 전달하고 그처럼 맡겨진 자신의 영역에서 목소리의 소출을 내야 하는 성스러운 존재의 목소리를 받아든 소작인은 아무런 토사물의 그림자조차도 보여주지 못하는 현실입니다. 외려 존재의 목소리에 반하는 행위만을 할 뿐입니다. 예수의 목소리에 흠집을 내고 짓밟고 외마디 소리를 내지도 못하도록 하고 있습니다. 하나님은 존재의 목소리가 흘러나오는 장소입니다. 목소리 그 자체입니다. 성스러운 목소리라고 해야 할 것입니다. 그 목소리를 예수를 통해서 현실화했습니다. 그것을 존재의 목소리의 현현이라고 불러도 좋습니다. 존재의 목소리가 예수를 통해서 나타난 것은 인간이 거룩하고 해방된 삶을 살도록 하기 위함이었습니다. 그리고 그런 삶을 살 때는 동일한 목소리를 발언하는 존재자가 되라는 요구사항도 덧붙였습니다.

이제 하나님은 존재의 목소리를 들은 이들이 어떤 결과물을 내놓을 것인가를 기대하며 기다리고 있습니다. 거기에 대해서 스위스 작가 페터 빅셀Peter Bichsel이 말한 것처럼, "기다림의 기다림을 기다리기"하고 있는지 모릅니다. 안 올 것을 알면서도 기다리는 사람의 심정이란 기다림을 끊임없이 학습해 온 경험 때문일 것입니다. 하나님은 그렇게 우리를 통한 당신의 목소리의 현실화를 기다리고 있습니다. 목소리가 곳곳에서 울려 퍼지기를 바라는 것은, 비단 페터 빅셀이 말한 "일요일의 의례"ritual를 통해서만을 의미하지 않습니다. 그는 이렇게 말합니다. "교회는 무관심뿐만 아니라, 무엇보다도 우리가 '탈脫의례적'으로 살기 때문에 비어 있다. … 의례가 필요한 곳은 공동사회뿐인데, 이 공동사회는 이제 사적私的으로 변했다. 시간이 지날수록 우리 모두는 게토에 살게 된다. 호화스러울 때도 있긴 하지만, 탈의례화된 게토에." 하나님의 목소리를 현실화한다는 것은 그리스도인이 일요일, 즉 주일에만 의례화하는 것을 의미하지 않습니다. 그날만 존재의 목소리를 의례화한다면 아무런 의미가 없습니다. 그날만 존재의 목소리를 의례화해서는 목소리가 현실이 될 수 없기 때문입니다. 존재의 목소리가 교회의 공동체 안에서 울릴 때, 그 목소리는 우리가 살고 있는 공동사회 전체에 행위의 울림으로 나타나야 합니다. 그래서 존재의 목소리를 우리가 살 때 공동사회의 구성원들은 그 울림을 통하여 하나님을 알아보게 됩니다. 만일 공동사회에 울림을 주지 못한다면, 그리스도인의 목소리는 오히려 침묵만 못한 것입니다. 그렇게 되면 교회도, 그리스도인도 게토가 됩니다. 일요일의 의례가 연속적으로 공동사회 안에서 존재의 목소리의 현존으로 이어지도록 살지 못하기 때문입니다. 사람들은 자신들이 더 이상 종교의 의례와는 상관없이 산다고 생각하고 있습니다. 실상 의례는 사람들의 여기저기에 산재하면서 다른 형태로 나타나고 있을 뿐인데도, 종교 의례는 존재하지도 않은 듯이 살아갑니다. 그러므로 존재의 목소리를 현실로 살아낸다면 사람들은 여전히 자신의 삶 속에 침투되어 있는 하나님의 현존을 느끼게 될 것입니다.

일요일의 의례가 따로 있으며 평일의 의례가 따로 있는 것이 아닙니다. 예언자이신 예수가 그리스도인으로 하여금 존재의 목소리를 살라고 하는 것은 그와 같은 연속선상에 있어야 한다는 것을 상기시킨 것입니다. 존재의 목소리를 살게 되면 그것이 결과로 나타날 것입니다. 당당하게 하나님께 내어 보일 당신의 목소리의 현실을 드릴 수 있을 것입니다.

더 이상 의례를 치르지 않게 되자 나는 해방됐다고 느꼈다. 이제 자유를 누리긴 하는데, 일요일은 더 이상 일요일이 아니다. 그럼에도 불구하고 나는 오늘이 일요일이라는 걸 알고 있다. 왠지 모르게 일주일 내내 일요일을 기다린다. 금요일이나 토요일에는 일요일을 기대하며 장을 본다.

　페터 빅셀의 『나는 시간이 아주 많은 어른이 되고 싶었다』에서 나오는 글입니다. 그리스도인에게 있어 주일을 기다린다는 것은 존재의 목소리에 대한 기대감, 낭랑하게 울려 퍼지는 존재의 목소리의 반복성에 대한 흥분, 존재의 목소리를 듣고 난 이후에 허기를 채우는 식사의례와 목소리의 나눔이 부담감으로 작용할 수 있습니다. 존재의 목소리를 현실로 살고자 하는 사람은 사실 거룩한 부담감을 느낄 수밖에 없습니다. 그 거룩한 부담감은 존재의 목소리를 살면서 하나님께 드려야 할 부채감 같은 것입니다. 그와 같은 부채감조차도 없이 그리스도인이 산다면, 전혀 존재의 목소리를 의식하지 않는다는 것을 의미합니다.

　지금부터라도 우리가 존재의 목소리를 지속적으로 듣고 있는가, 하는 반성을 해야 합니다. 존재의 목소리를 들을 때까지, 존재의 목소리가 내 삶을 통해서 현존할 때까지, 존재의 목소리를 직간접적으로 살면서 결과물을 내놓을 때까지, 존재의 목소리에 대한 갈망은 끝이 없어야 합니다. 존재의 백성들은 존재의 목소리를 듣기를 염원할 뿐만 아니라 그 결과물을 하나님의 곁에 드리기를 반기기 때문에 결국에는 하나님 나라의 진정한 백성이 될 수 있습니다. 따라서 그리스도인은 존재의 목소리를 살 것이냐 말 것이냐의 문제가 아니라 그에 합당한 결과물을 보일 수 있느냐 없느냐 하는 것입니다. 하나님은 예언자 예수를 통해서 우리가 존재의 목소리를 살고 있는가를 깨닫게 하셨습니다. 또한 그분의 말씀과 삶을 통해서 존재의 목소리를 들은 그리스도인이 어떤 결과물을 내놓아야 하는가를 알게 하셨습니다. 존재의 목소리를 꽃잎과도 같은 아름다운 울림은 아니더라도 토사물이라는 울림으로라도 파장을 불러일으키고 있는지 우리 자신을 눈살펴야 합니다. 존재의 목소리를 동일한 울림의 파장으로 사는 모습을 보여주면 우리의 이웃도 그 울림의 파장을 신비스럽게 여기고 신뢰할 수 있는 현존의 실루엣으로 알아차릴 것입니다. 그럴 때 이웃도 그 존재의 목소리를 확인하고 싶어 하고 똑같이 그 울림을 드러내고 싶은 욕망을 가질 것입니다. 그때까지는 우리가 존재의 꽃잎을 먹었다고, 존재의 목소리를 살았다고 감히 말하지 못할 것입니다. 나의 몸과 세계가 존재의 목소리로 울릴 때까지는.

하늘 나라에 앞서

마태복음 22:1-14

논어에 '불분불계불비불발'不憤不啟不非不發이라는 말이 있습니다. 이해하려고 몹시 고민하지 않으면 이끌어 가르칠 수 없다는 뜻입니다. 하늘 나라 이야기가 바로 공자의 말씀과 같은 의미가 아닐까 생각해 봅니다. 키르케고르가 신을 '궁극적 가능성'이라고 불렀습니다. 인간이 절망에 빠져서 헤어 나오지 못할 때, 하나의 가능성, 가능성만이 구원이라고 보았습니다. 가능성만을 발견하여도 죽음에 이르는 절망에서 벗어날 수 있다는 것입니다. 국가나 사회는 우리보고 무엇이 되라고become/ing 말합니다. 무엇이어야be/ing 한다는 말은 잘 안 합니다. 종교도 예외는 아닙니다. 어떤 있음의 상태로 살아야 하느냐보다는 어떤 위치, 명예, 권력, 부를 걸머쥔 존재가 되어야 할 것인가를 가르칩니다. 그것이 행복이고 삶의 궁극적인 성취이자 목표라고 주입합니다. 그러다보면 절망에 빠집니다. 그러한 기준에 자신이 미달될 뿐만 아니라 영원히 이룰 수 없는 목표라고 생각하기 때문입니다. 그러므로 에리히 프롬은 인간의 삶을 존재지향적 삶과 소유지향적 삶으로 나누고 전자를 추구해야 한다고 주장합니다.

그럼에도 나이 마흔을 넘어서면 점점 기력도 빠지고 지금까지 달려왔던 것들이 하나둘씩 축적이 되면서 후반은 자연스럽게 그 동력으로 그나마 편안하게 살 수 있어야 하는데, 역시 아무것도 이룬 것이 없다는 절망감에 빠질 때가 있습니다. 시인 박성우는 그 심정을 이렇게 표현합니다.

> 거울을 본다 거울을 보다가 거울 속으로 들어가 거울을 보고 있는 사내를 본다 광대뼈가 불거져나온/ 마흔의 사내여, 너는 산다 죽을 둥 살 둥 살고 죽을 똥 살 똥 산다 죽을 똥을 싸면서도 죽자 사자 산다 죽자 사자 살아왔으니 살고 하루하루 죽은 목숨이라 여기고 산다 죽으나 사나 산다 죽기보다 싫어도 살고 죽을 고생을 해도 죽은 듯이 산다 풀이 죽어도 살고 기가 죽어도 살고 어깨가 축축 늘어져도 산다 성질머리도 자존심도 눌러 죽이고 산다 죽기 살기로 너를 짓눌러 죽이고 산다 수백번도 넘게 죽었으나 죽은 줄도 모르고/ 늦은 밤 거울 앞에 앉은 사내여, 왜 웃느냐 너는 대체 왜 웃는 연습을 하느냐 시집 『웃는 연습』, 창비에서

인생에서 마흔의 기다림과 준비는 끝이 없습니다. 매일 거울을 보면 주름은 늘어가고 생의 마침표는 점점 더 또렷해져 옵니다. 그럴 때 무엇을 준비하고 이루었는가를 돌이켜보면 정말 죽을 힘을 다해 살아왔다는 것밖에는 아무 생각이 들지 않습니다. 절망감이 생깁니다. 그럴 때 슬그머니 본전 생각도 납니다. 우리가 기대해야 할 것은 키르케고르가 이야기한 것처럼, 쾌락적인 심미적 삶도, 그렇다고 지나치게 윤리적인 삶도 아닙니다. 도약입니다. 궁극적 가능성인 하나님을 향해 도약하는 종교적 삶의 실존이 필요합니다. 그것을 우리는 하늘 나라고 말합니다. 하늘 나라는 죽을 둥 살 둥하면서 이루어야 하는 것은 아닙니다. 잔치입니다. 잔치는 초청을 받은 누구나 참여할 자격이 있습니다. 심지어 인심 좋은 주인을 만나기라도 하면 초청을 받지 않은 나그네와 거지도 한 자리를 차지하고 잔치상을 받을 수 있습니다. 우리는 그 흥겨운 자리에 초청을 받은 사람들입

니다. 부름을 받은 사람들이 준비를 해야 하는 것은 죽으나 사나 들어가야 하는 것은 아닙니다.

부름을 부름답게 여기고 삶의 온갖 질곡을 뒤로 하고 그 주인의 뜻에 따라주는 것이 중요합니다. 그런데 저마다의 뜻과 의지에 따라서 그저 다른 방향에서 죽을 힘을 다해 살고 있을 뿐입니다. 다른 장소, 다른 시간, 다른 목적, 다른 목표를 가지고 살아가기에 바쁩니다. 하늘 나라를 향한 부르심은 그곳을 향한 목적 의식을 가지고 살아달라고 하는 것인데, 인간은 그러지 않습니다. 일상의 삶, 현실적인 삶, 아직 오지 않은 미래의 두려움, 산술적인 가치와 계산하는 관계적 삶은 하늘 나라를 지향하는 마음을 빼앗습니다. 소소한 일상의 삶도 소중한데 그것을 간단하게 폄하하자고 하는 것이 아닙니다. 다만 간과하지 말아야 할 것은 우리가 하늘 나라에 초청을 받았다는 사실입니다. 초청을 받은 사람의 태도는 예의를 갖추어 그에 맞게 처신하는 것이 올바른 삶의 모습입니다. 그런데 외면을 합니다. 초청을 한 사람의 뜻을 가볍게 여깁니다. 하찮게 여깁니다. 죽자사자 매달려야 하는 인생 마흔은 신앙 마흔의 열정과도 같아야 합니다. 그리스도인이라면 신앙 마흔의 마음이 때가 묻고 세속화되어 더 이상 하늘 나라의 의미가 뿌리내리기 어려운 상태가 되면 안 됩니다. 거울 속에 비친 자신의 모습이 정말 자격 조건에 부합하는지도 따져 물어야 할 시기입니다. 거울 속에 비친 자신의 모습이 하늘 나라를 위해서 죽을 둥 살 둥 진력해 왔나를 자문해야 합니다. 자격도 없으면서 자격이 있는 척, 오히려 초청을 받은 사람들의 부름을 가볍게 여기고 자신은 여전히 그 초청을 거부하겠다는 자세를 취하는 그리스도인이라면 이미 자격을 논하기 전에 생을 걸만큼의 가치가 없는 사람이 아니겠는지요.

하늘 나라는 사람들을 받을 만한 준비가 되어 있고 그에 따라서 초청을 한 사람들은 많습니다. 그에 반해 초청에 부합하는 사람은 매우 적습니다. 그리스도인이 많다고 해서 하늘 나라에 입성하는 사람이 많다고 볼 수 없습니다. 마흔의 삶처럼 죽을 둥 살 둥, 이미 우리는 살아도 산 목숨이 아니라고 생각할 만큼 하늘 나라에 대한 갈급한 신앙과 삶이 수반되어야 합니다. 그러지 않으면 하나님은 다른 존재자들에게 시선을 돌린다는 것을 기억해야 합니다. 한동안 그분의 시선은 그리스도인에게 향할 것이고, 마흔의 삶처럼 처참하게 무너져도 최선을 다해 하늘 나라의 가치에 힘을 쏟는 사람들을 찾을 것입니다. 부름의 특별한 의미와 시선은 자기 자신의 내면을 어떻게 바라보느냐, 하는 것과 밀접한 연관이 있습니다. 내면을 들여다보지 못한 사람이 자기 삶의 깊이를 관조한다는 것, 그리고 세계와의 관계성을 통찰한다는 것은 어불성설입니다. 하늘 나라를 들어가려면 거울을 통한 자신의 모습이 어떤지 봐야 합니다. 거울을 통한 마흔의 모습이 처절한 삶의 극단을 오가면서 산다는 것을 깨달았듯이, 하나님의 빛과 이성의 조명으로 자신의 내면을 관조하는 사람은 하늘 나라라는 본질적이면서 궁극적인 목적을 어떻게 구현하려고 했는가를 알게 됩니다.

하늘 나라에로의 초청은 단순히 부르심이 아닙니다. 자신이 마흔의 삶의 고비를 어떻게 살고 있는가, 그리고 그로 인해 내가 어떻게 죽어 있는가를 객관화하면서 바라보는 사람이어야 하늘 나라에 대한 사유와 실천이 가능해집니다. 나의 객관화, 나의 신앙의 객관화가 선행되지 않고는 부르심에 내가 응답하지 못합니다. 그럴 자격이 없기 때문입니다. 많은 사람들이 하늘 나라에 초청을 받았다고 생각합니다. 그러나 일상적 삶에 매몰되어 그 초청을 무시합니다. 일상과 축제는 좀 다릅니다. 일상을 멈추어야 축제가 의미가 있고, 일상이 달라집니다. 매일이 축제일 수는 없습니다. 하지만 축제는 일상을 일상답게 만들어줍니다. 논밭을 일구고 공장에 나가며 회사에 출근하는 일상을 돕는 것이 축제, 곧 잔치의 중요한 시간적 단절입니다. 잠깐의 단절로 일상은 새로운 활력이 넘칩니다. 하늘 나라를 잔치로 비유한 이유도 하늘 나라가 멀리 있는 것이 아니라 일상적 삶의 세계와 같은 공간에 있지만, 적어도 그 새로운 세계를 맛보려면 일상적 삶의 세계, 정확하게 말하면 일상적 삶의 시간으로부터 빠져나와야 합니다. 마흔의 삶이 무척 고통스럽고 힘겹다는 사실은 잘 압니다. 마흔의 죽음, 마흔의 삶, 마흔의 자존심, 마흔의 육체와 정신은 정말 죽기보다 싫어서 살만큼 구겨지고 억압을 당했습니다. 그러한 마흔의 삶 대신에 이제는 잔치에 초청을 받은 자신을 거울을 통해서 바라보라고 권고하고 있는지도 모릅니다. 하늘 나라는 옆에 있습니다. 아니 이미 와 있습니다. 시선을 돌리고 빠른 삶의 걸음을 멈추면 우리의 하늘 나라 입성을 위한 화려한 옷이 준비가 될 텐데, 시선을 돌리고 삶의 속도를 줄이기가 어렵습니다.

그러니 하나님은 아예 다른 시간을 살고 있는 사람, 다른 공간을 살고 있는 사람을 원하는 것입니다. 그 시공간에 살고 있는 사람들의 속성은 웃음입니다. 웃음은 해학이요 웃음은 낙관이요 웃음은 초월입니다. 웃음을 짓는다는 것은 기분이 좋아서기도 하지만, 삶을 관조하는 사람들의 관점 바꿈, 태도 변경입니다. 마흔의 삶과 신앙은 분명 엄청난 에너지를 쏟아야 하지만, 가장 힘을 안 들이고 할 수 있는 하늘 나라의 지향의식과 몸짓은 웃음입니다. 웃음이 안 되면 웃는 연습이라도 해야 합니다. 웃을 수 있다는 것은 지금 여기의 일상을 잠시 떠나도록 만드는 의식의 초월이요 감정의 상승이요 관계의 조율과 긴장의 완화입니다. 하늘 나라는 긴장과 갈등, 번민과 심적 이중성이 아니라 그것을 풀어내는 사람에게 주어지는 마음의 상태를 일컫는 것입니다. 일상 속에 있으나 일상을 벗어난 하늘 나라, 그 축제를 왜 마다하십니까? 그 축제로의 초청을.

종교도 삶도 둥그렇게

마태복음 22:15-22

인생도 사람도 가족도 종교도 다 둥그렇게 살면 얼마나 좋을까요? 모가 나면 서로 모가 난 대로 서로 맞지 않아서 부딪히고 아파합니다. 세모는 세모대로 네모는 네모대로 마름모는 마름모대로 서로 자기식대로 맞추려고 하다보면 각이나 면이 잘 안 맞습니다. 인생이나 사람도 또 같이 사는 가족도 그렇습니다. 심지어 종교, 같은 종교 안에서도 둥그렇게 살지 못합니다. 예수의 인생을 보면, 비록 길지는 않았지만 내내 같은 유대인들로부터 심하게 삐뚤어진 각으로 찔림을 당한 것을 알 수 있습니다. 자신들의 내면이나 종교성, 그리고 신앙심이 삐죽한 각으로 되어 있으니 타자에게 상처를 입히거나 죽음으로 몰고 가게 되는 것입니다. 수학시간이나 기술시간에 사용하던 각도기를 보면 둥근면도 있는데, 유독 각을 많이 사용하게 됩니다. 사람이 사는 것도, 종교생활을 하는 것도 둥글둥글하기 보다는 각을 세우는 경우가 많이 있습니다. 그러니 종교와 종교 사이도, 종교 내의 신자 사이도 자꾸 갈등이 생기는 법입니다.

안도현의 「장날」이라는 시를 한 번 보겠습니다.

장꾼들이/ 점심때 좌판 옆에/ 둘러앉아 밥을 먹으니/ 그 주변이 둥그

장날처럼 서로 낯선 사람들이 둘러 앉아 두런두런 애기꽃을 피우며 시장기를 달래는 모습은 허물이 될 것도 하나 없습니다. 따뜻한 일상입니다. 모가 날 이유도 없습니다. 욕심을 부릴 일도 없습니다. 나의 물건을 사람들이 사도 그만 안 사도 그만, 다음 장날을 기약하면 되니까요. 장돌뱅이들은 그런 삶이 당연하다고 생각하는지 모르겠습니다. 이 시골 저 시골을 돌아다니면서 그저 둥그렇게 한 세상을 살다가는 게 인생이라는 것을 깨우쳐 주고 있는 듯이 말입니다. 종교도 그렇습니다. 트집을 잡아서 내가 옳으니 네가 그르니 싸우려고 할 게 아니라, 서로 둥그렇게 보듬어 주려고 하는 게 종교의 도리가 아닐까요? 예수와 기득권자들인 바리사이파 사람들은 그런 관계가 아니었습니다. 바리사이파 사람들은 날카로운 각을 세우고 예수를 늘 죽일 생각만 하고 있었습니다. 그래서 그 죽일 명분을 만들기 위해 율법시비와 신학적인 논쟁을 불러일으켜 함정에 빠뜨리려고 부단 애를 씁니다.

안도현의 짧은 시 안에는 종교도 논쟁하고 갈등하고 죽이는 게 능사가 아니라는 진리를 알려주고 있습니다. 기득권자라고 하더라도 서로 자리를 내줄 수 있어야 둘러앉을 수가 있습니다. 누구라도 끼어들 새라 틈을 내주지 않고 자신들만 밥을 먹겠다고 하는 욕망은 매우 뒤틀린 심사를 반영합니다. 밥은 서로 나누어 먹어야 합니다. 종교도 밥처럼 하나님의 마음을 나누어 먹어야 합니다. 하나님을 독점할 수 없습니다. 바리사이파는 하나님의 마음과 정신을 나누는 법을 몰랐습니다. 그저 자신들이 믿고 알고 있는 하나님의 범주만을 수호하려고 하느라, 타자와 하나님의 마음을 나눌 여유조차 없었습니다. 하나님과 돈, 종교와 정치를 이분법적인 잣대를 들이밀고 어느 쪽에 무게 중심이 있는지, 그 무게 중심을 잘못 옮기면 양도논법dilemma에 빠져서 기어코 헤어 나오지 못하게 할 심산이었습니다. 삶과 신앙이 나누어질 수 없듯이, 하나님의 영역은 온갖 곳에 다 미치는 법인데, 신앙을 이분법적인 논리도 가른다는 것 자체가 어불성설입니다. 하나님의 관심은 미치지 않은 곳이 없기 때문입니다. 그래서 하나님의 관심과 사랑은 둥그렇습니다. 모든 것을 포용합니다. 세상의 경제활동에서 쓰는 화폐도 둥그렇게 생겼는데, 그래서 돈은 돌고 도는 법인데 그 돈을 가지고 각을 세워 약자를 괴롭히는 사람들이 많이 있습니다. 하나님과 돈의 공통점은 어느 누구도 독점할 수 없다는 데 있습니다. 둘 다 둥그렇다는 것입니다. 그래서 그것을 소유한 사람들은 따뜻해집니다. 하나님의 마음을 가진 사람이 자신과 동시에 타자와 함께 따뜻한 삶을 사는 것처럼, 돈도 적재적소에 분배되어 가져야만 하는 사람이 갖고 나누면 세상은 따뜻해질 수 있습니다.

물론 예수의 논리는 매우 현명한 대답이었습니다. 세상의 세금은 당연히 속지주의에 입각해서 바쳐야 하지만, 신앙은 속지주의가 아니라 범세계적인 것이니 하나님의 것은 당연히 하나님의 소유가 되어야 한다는 명쾌한 답변이었습니다. 헤르만 헤세H. Hesse는 『방랑』*Wanderung*이라는 알프스 여행기에서 이렇게 고백합니다. "나 한창 때는 신학을 얼마나 비웃고 조롱하였던가! 오늘에 와서 보면 그것을 우아하고 매력에 가득 찬 학문이다. 그것은 시학詩學의 법칙과 같은 쓸데없는 것들과는 상관도 없고, 또 끊임없이 싸우고 함성을 올리고, 속이는 것으로 가득 찬 그 지저분한 세계사와도 상관이 없는 것이다. 그것은 깊고 사랑스럽고 행복한 일들을, 은총과 구제를, 천사와 성찬들을 부드럽게 섬세하게 다루고 있는 것이다." 그러면서 이런 말을 덧붙입니다. "그는 나처럼 정주자나 주인의 역할 대신 정직하고 성실하게 이 지상의 손님 역할을 맡은 순례자이니까." 아무리 하나님이 인간에게 주고 반드시 지키라고 한 율법이라 해도 그 율법적인 눈시각 자체를 가진 인간의 한계가 있는 것이 아니겠습니까? 율법을 배우고 가르치는 권위자도 자신을 율법의 시선으로 바라보지 못한다면 아무 소용이 없을 것입니다. 실상 헤세가 말한 것처럼 신을 담론으로 삼고 잘 섬기면서 그분을 따르고자 하는 신자들을 잘 계도해야 하는 성직자의 전공인 신학이 사랑과 행복, 은총과 구제, 부드럽고 섬세함을 의미한다면, 신자의 삶을 둥글둥글하게 만들어줘야 합니다. 그뿐만 아니라 자신도 이 지상의 손님이요 순례자라는 생각을 가지고 타자를 너무 가볍게 판단을 하거나 신앙과 관계조차도 계산하지 말고, 둥글둥글하면서 따뜻한 마음을 가지고 신자를 섬기며 살아야 합니다. 실상은 저도 잘 못합니다.

시 하나를 더 언급하겠습니다. 이영주의 「물고기가 된다는 것」이라는 시입니다.

> 학교를 가려고/ 시체가 떠내려 온 천변을 지날 때마다/ 다리가 점점 투명해졌다/ 나는 매일 거슬러 오르느라/ 나를 알아보지 못했다/ 천변의 하류 쪽에 아버지는 집을 지었다/ 비가 오면/ 발바닥에서/ 두꺼운 지느러미가 자라났다『언니에게』, 민음사

여기에서 주목할 만한 시구가 "나는 매일 거슬러 오르느라 나를 알아보지 못했다"라는 문장입니다. 인생에서 배경도 좋고 목표도 다 좋지만 정작 목표를 중심으로 살다보면 자기 자신을 모르면서 살게 되더라는 것입니다. 아니 죽을 때조차도 자기 자신이 누구인지도 모르면서 생을 마감합니다. 율법도, 세금도, 정치도, 종교도 결국 나를 알아야 처신할 수 있는 것입니다. 자기 인식도 안 되어 있는 존재가 무슨 율법과 종교를 운운하면서 종교와 정치 중에 하나를 고르라고 강요할 수 있으며, 나의 종교적 신념과 부합하는지 안 하는지를 따질 수 있겠습니까? 철학적인 자기 인식, 혹은 종교적인 자기 인식이 되지 않는 사람이 자신의 종교나 종교적 신념을 흠집을 낸다고 나무라는 것은 무지의 소치입니다. 인생이나 사람의 관계, 그리고 종교는 자기 자신을 잘 알게 될 때에야 둥글둥글하고 따뜻한 존재가 될 수 있습니다.

성서를 앞세워서, 율법을 들이밀면서, 종교적 권위를 빌미 삼아서 삶을 파편화시키기 보다는 종합하고 통합하면서 부드럽고 원만한 관계를 만들어 가야 합니다. 종교는 분열이나 구별, 차별이 아니라 포용, 관용, 이해, 사랑입니다. 아무리 달라도 그것을 모토로 하지 않는 종교는 사실상 종교라고 보기 어렵습니다. 그리고 그 속에 속한 신자들의 삶 또한 그에 기반하여 살아가지 않는다면, 사안마다 서로 나뉘고 분열을 밥 먹듯 할 것입니다. 예수의 재치 있는 답변도 중요하지만, 성聖과 속俗, 속과 성은 반드시 구분해야 한다는 것을 말한 것이 아님을 알아야 합니다. 흔히 예수가 성과 속을 구분한 것처럼 해석하지만, 그게 아니라 모가 나고 각이 진 마음, 종교와 율법을 통해 타자를 공격하려는 마음 너머에 있는 성과 속의 평등성을 설파한 것이 아닌가 하는 생각을 합니다. 율법종교을 소중하게 여기는 사람의 마음, 세상의 삶을 더 중요하게 생각하는 사람의 마음 중 어느 것도 폄훼하려는 의도가 반영되어 있지 않습니다. 다만 차이일 뿐입니다. 예수는 차이의 정치학, 차이의 종교학를 말하고 있는지도 모릅니다. 종교와 정치, 둘의 관계는 각을 세워 서로 공격하고 찌르는 것이 아니라 둥그렇게 모여서 따뜻하게 보듬는 삶의 수단임을 말하고 있는 것은 아닐는지요. 그런 의미에서 모든 사람과 제도, 심지어 종교는 하나님 앞에서 불편부당해야 합니다. 그것이 예수가 지닌 종교적 감각의 탁월함입니다.

고통, 그것은 사랑

마태복음 22:34-40

영국의 작가 버지니아 울프V. Woolf는 「사랑이란」이란 시에서 사랑을 이렇게 풀어 말합니다.

> 사랑이란 생각이다/ 사랑이란 기다림이다/ 사랑은 기쁨이다/ 사랑은 슬픔이다/ 사랑은 벌이다/ 사랑은 고통이다/ 홀로 있기에 가슴 저려오는 고독/ 사랑은 고통을 즐긴다/ 그대의 머릿결/ 그대의 눈/ 그대의 손/ 그대의 미소는/ 누군가의 마음을 불태워/ 온몸을 흔들리게 한다/ 꿈을 꾸듯 생각에 빠지고/ 그대들은/ 그대들의 육체에 영혼에/ 삶에/ 그대들의 목숨까지 바친다/ 둘이 다시 하나가 될 때/ 아, 그대들은/ 한쌍의 새처럼 노래한다"박은서 엮음, 『마음에 시 한편』, 주변인의길, 2002

사실 사랑하면 온통 사랑의 객관으로서의 타자에 대한 생각으로 가득할 뿐입니다. 사랑에 빠지면 자기 자신보다 타자에 대한 생각을 더 많이 하게 됩니다. 타자를 생각함, 다시 말해서 사랑하는 이를 생각함은 어떠한 문자와 한계, 시공간도 넘어섭니다. 그런데 왜 우리는 그리스도인으로서 타자를 사랑하지 않는 것일까요? 왜 우리는 타자를 사랑하지 못하는 것일까요? 생각이 출발입니다. 타자를 생각하면 문자가 주는 한계와 법과 인간이 만들어 놓은 잣대를 극복할 수 있습니다. 생각은 타자를 향한 마음을 열어두는 것입니다. 타자가 처한 상황과 마음을 헤아리려고 나의 마음이 그리로 향하는 순간, 나의 처지나 입장보다는 타자의 생각을 읽으려고 하기 때문입니다.

종교를 가진 사람들일수록 계명이 무엇이니, 율법에 저촉이 된다느니, 성서의 말씀에 근거해야 한다느니, 하는 말들을 많이 합니다. 그것 역시도 생각에서 비롯된 판단들입니다. 생각이 없는 사람들은 없습니다. 그런데 어떤 생각을 하느냐가 중요합니다. 아무 생각을 한다고 해서 생각이 될 수는 없습니다. 종교 공동체에서 생각한다는 것은 타자를 하나님의 눈으로 바라보는 것이 제대로 된 생각입니다. 성서보다 우선해야 하고, 설교보다 우선해야 하는 것이 하나님의 생각을 읽으려고 하는 태도입니다. 성서를 읽는 것도, 강론을 듣는 것도, 경전을 공부하는 것도 모두 절대타자로서의 신의 생각을 읽고 듣겠다는 의지와 연관되어 있습니다. 만일 바리사이파 사람들이나 사두가이파 사람들이 사랑을 타자를 향한 근본적인 생각으로 보았다면, 타자를 하나님의 보편적인 사랑으로 바라보았다면, 사랑을 시험하지 않았을 것입니다. 이미 예수를 시험했다는 것 자체가 사랑은 아닙니다. 그들이 진정한 사랑의 본질을 알았더라면, 예수가 계명에 대해서, 사랑에 대해서 어떤 태도를 취하고 어떤 견해를 가지고 있는가를 궁금히 여기기보다 그 자체로 하나님을 사랑하는 마음, 사람들을 사랑하는 마음을 먼저 간파했을 것입니다. 사랑은 그 자체로 인정이고 사랑하는 그 내용과 방식이 독특할지라도다를지라도 타자를 용인하는 것이기 때문에, 하나님을 사랑하는 사람들의 사랑 방식을 비판하려고 하지 않을 것입니다.

예수가 제시한 하나님 사랑법은 마음, 목숨, 뜻을 다하라는 것입니다. 총체적으로 혼신의 힘을 다해서 사랑하라는 것으로 알아들을 수 있습니다. 문자와 법과 규칙, 인간의 복잡한 잣대보다도 일단 사랑은 그 모든 것을 뛰어넘은 간단명료한 마음과 행위입니다. 우리가 언제 하나님을 사랑하는데 기쁨, 고통, 벌, 슬픔처럼 아린 가슴으로 대한 적이 있습니까? 하나님을 사랑하는 데도 무슨 법칙을 따지고 상황을 고려하는 우리 모습에서는 사랑보다 우선하는 인간적인 계산법이 있다고 하는 사실입니다. 하나님을 사랑하다보면 기쁨도, 슬픔도, 고통도 뒤따를 뿐만 아니라 심지어 사랑이 징벌처럼 느껴질 때도 있습니다. 하나님을 짐스러운 것처럼 사랑합니다. 보이지 않는 존재를 보이듯이 사랑한다는 것은 쉬운 일은 아닙니다. 그래서 기쁨과 고통과 슬픔과 벌이라는 감정이 교차하는 것입니다. 예수도 그것을 모르는 바 아니었습니다. 문자를 가시적인 하나님으로 풀어내고자 한다면, 그것은 사랑이라는 추상적인 언어일 수밖에 없었습니다. 하나님도 비가시적인 존재인데, 사랑이라는 것도 추상명사입니다. 그 사랑을 보통명사화 한 것이 바로 인간에 대한 사랑, 즉 이웃사랑, 타자에 대한 사랑입니다.

버지니아 울프가 후반의 여러 행들을 통해서 말한 다음과 같은 것이 타자에 대한 사랑의 표상일 수 있습니다.

> 홀로 있기에 가슴 저려오는 고독/ 사랑은 고통을 즐긴다/ 그대의 머릿결/ 그대의 눈/ 그대의 손/ 그대의 미소는/ 누군가의 마음을 불태워/ 온몸을 흔들리게 한다.

예수가 말한 이웃은 홀로 있는 존재입니다. 물론 나 역시 하나님 앞에서 홀로 있는 존재입니다. 외톨이, 곧 단독자는 자신의 고독으로 가슴이 아려옵니다. 자신의 고독처럼 타자의 고독 또한 그렇다는 사실을 동감하고 아파합니다. 고통이 절로 느껴지는 것입니다. 단독자로서의 나는 이웃의 일거수일투족을 사랑으로 감싸 안습니다. 이웃의 눈짓, 손짓, 발짓, 미소를 통해서 전하는 사랑은 나로 하여금 그를 더 사랑하도록 만듭니다. 사랑의 구체적인 대상인 이웃이 보내오는 신호들은 나를 고독에 빠지지 않게 하고, 나를 고통으로 몰아넣지 않게 합니다. 하지만 그 신호를 통해서 나는 역설적으로 고통 속으로 빠져듭니다. 왜냐하면 내가 고통스러워하는 만큼 이웃도 자신의 고독으로 인해서 고통스러워할 것이라는 것을 너무나도 잘 알기 때문입니다. 그래서 이웃을 대하면서 그를 사랑한다는 것은 고통을 감내해야 한다는 것을 뜻합니다. 사랑이 달콤하고 낭만적이고 열정적이라고 생각하는 경향성이 있습니다. 누구나 그런 부드러운 사랑을 꿈꾸기 때문입니다. 그러나 감미로운 사랑도 타자의 고독을 끌어안고 고통을 공감하지 않으면 허상에 불과합니다. 그와 같은 빈 사랑을 하나님의 사랑이라고 말하기가 어렵습니다. 그런 사랑이라면 사랑을 사랑이라고 말하지 않았을지도 모르거니와 사랑이라는 말이 사라졌을 것입니다. 라이너 마리아 릴케는 이렇게 읊습니다.

> 그대를 사랑하지 않는다면/ 어떻게 나를 사랑할 수 있을까요?/ 오직
> 그대를 사랑하는 내 마음은/ 영원히 변하지 않을 것입니다.

"네 이웃을 네 몸같이 사랑하여라"라는 말을 감히 하나님 사랑과 거의 등가물로 여길 수 있는 것은 비가시적 존재에 대한 가시적 사랑을 어떻게 표현해 내야 하는가를 덧붙인 것이라고 볼 수 있습니다. 성서를 대변하는 가장 핵심적인 인간의 감정과 행위를 탁월하게 요약하고 해석한 예수는 사랑하면 너의 신앙과 행위를 다 드러내는 것이고, 성서의 문자를 다 이해한 것이나 다름이 없다는 파격입니다. 그러니 율법에 해박한 유대인들이 혀를 내두를 수밖에 없었을 것입니다. 믿는다는 말, 그리고 신뢰라는 좋은 관계적 행위는 사랑이라는 구체성을 띠어야만 합니다. 버지니아 울프가 말한 것처럼, 사람들이 서로 사랑하면 육체, 영혼, 삶, 목숨을 다 소중하게 여깁니다. 서로를 위해서 바치는 행위가 사랑입니다. 몽땅 이웃을 위해서 나의 것을 내던질 수 있는 것이 사랑이라고 말하는 것입니다. 이웃을 사랑하면 더 이상 사랑 안에 속한 것들은 내 것이 아닙니다. 이웃의 것입

니다. 이웃에게 양도해야 하고 그들을 위해서 목숨까지도 내려놔야 합니다. 사랑을 반드시 남녀관계에서 이루어지는 격정적인 것만을 의미하지 않습니다. 설령 그렇다고 하더라도 그 사랑조차도 당분간은 타자를 위해서 전부 바치고 공명共鳴, resonance하게 됩니다. 하물며 그리스도교에서 말하는 하나님 사랑과 이웃 사랑이라는 것도 공명이어야 합니다. 상호 헌신적 공명이라는 말이 맞을 것입니다. 절대 타자를 위해서, 일반적 타자를 위해서 내 전체를 양도하는 것이고, 타자의 처분에 맡기는 것이라고 볼 수 있습니다.

종국에는 사랑은 타자와 내가 하나가 되는 것입니다. 하나님에 대해서는 "마음, 목숨, 뜻" 그리고 이웃에 대해서는 "내 몸같이"라는 말은 나의 소유, 생각, 의지를 넘어섭니다. 사랑하는 순간, 몸과 마음, 목숨은 서로에게 울림이 되어 존재를 확인하게 됩니다. 상호 증여, 혹은 이웃을 위한 일방적 증여라 할지라도 그것은 타자가 하나님의 화신化身이라는 확신이 서지 않는다면 어렵습니다. 증여를 하는 순간, 나는 존재하지 않고 오직 타자만이 존재합니다. 그러나 타자가 존재하면 나 또한 존재하게 됩니다. 타자를 향한 나의 증여는 내가 하나님 앞에서 단독자요, 타자와 함께 실존적인 고독을 견뎌내야 하는 존재 의식에서 출발합니다. 그렇기 때문에 증여는 차라리 고통이 될지언정 결국 내 존재의 확인이요 하나님의 사람이라는 무한한 의식을 가진 존재의 확인임을 더 명확하게 인식하는 것입니다. 더군다나 우리는 너무나 잘 압니다. 타자에 대한 나의 무한한 증여와 헌신은 타자와의 일치요 그 자체가 사랑이라는 것을 말입니다. 그러므로 우리는 사랑하지 않고서는 하나님을 알 수 없고, 성서를 이해할 수도 없다는 것을 알아야 합니다. 하나님과 성서가 움직이는 말행동하는 언어로 나타난 것이 사랑이기 때문입니다.

신앙현실의 구토증과 비극적인 스승

마태복음 23:1-12

비극의 흰얼굴을 뵈인 적이 있느냐?/ 그 손님의 얼굴은 실로 미美하
니라/ 검은 옷에 가리워 오는 이 고귀한 심방에 사람들은 부질없이 당
황한다/ 실상 그가 남기고 간 자취가 얼마나 향그럽기에/ 오랜 후일
에야 평화와 슬픔과 사랑의 선물을 두고 간 줄을 알았다/ 그의 발옮김
이 또한 표범의 뒤를 따르듯 조심스럽게/ 가리어 듣는 귀가 오직 그의
노크를 한다/ 묵墨이 말러 시가 써지지 아니하는 이 밤에도/ 나는 맞
이할 예비가 있다/ 일즉이 나의 딸하나와 아들하나를 드린 일이 있기
에/ 혹은 이밤에 그가 예의를 갖추지 않고 오량이면/ 문밖에서 가벼
히 사양하겠다! 정지용, 『향수·그곳이 차마 꿈엔들 잊힐리야』, 도서출판 깊은샘에서

"향수"라는 노랫말로 우리에게 매우 잘 알려진 정지용 시인의 "비극"이라는
시입니다. 대부분의 사람들은 비극을 선호하지 않습니다. 슬프고 고통스러운 삶
을 감내하기가 어렵기 때문입니다. 인생이 늘 희극적인 요소가 있었으면 하고 바
라는 것은 그만큼 인간이란 웃으며 행복하게 살기를 바라는 욕망이 있다는 것을
의미합니다. 정지용은 비극을 선호합니다. 아니 긍정적으로 바라봅니다. 오히

려 비극은 희다, 그리고 흰 얼굴을 가진 비극적인 사람은 아름답다고 말하는 것이니, 비극미의 극치를 달린다고 할 것입니다.

비극과 희극이 나뉘는 그 배경에는 배움의 실천적 과정에서 드러납니다. 비극미는 희극이 가지고 있는 삶의 가벼움과 단조로움을 넘어섭니다. 그래서 스승은 비극미를 드러내는 존재입니다. 비극은 자취와 흔적을 남깁니다. 희극보다 비극이 더 자극적이고 그로인해 더 닮으려고 하는 이유기도 합니다. 웃음을 자아내고 해학적인 희극이 인간의 삶을 더 긍정적으로 승화시켜준다고 볼 수 있는데, 이것은 삶이 가리켜주는 무게감을 덜어주는 대가로 생각하면 될 것입니다. 희극적 스승은 깊은 마음을 울리기에는 부족합니다. 그의 삶을 따르는 이들이 많지 않습니다. 모방의 모방이 되지 않습니다. 반면에 비극은 모방의 모방입니다. 그것을 실천으로 옮긴다는 것이 지난한 과정이요 체득의 시간이 길기 때문에 진정성이 배어 있는 신앙인을 키워내기가 어렵습니다. 하지만 스승의 가르침 안에는 너무 깊은 슬픔과 고통이 호소력과 동감으로 남아 있습니다. 희극적 스승은 사람들에게 부담을 주지 않습니다. 굳이 그 즐거움을 따라하지 않아도 일상을 쉽게 풀어내는 능력이 있습니다. 자신을 닮기 위해 공부를 하는 제자들에게 그 모습은 따라야 할 가치라기보다 즐거움과 기쁨, 그리고 보수가 늘 수반되는 것이기에 너무 쉽게 존재가 드러나 보이기 때문입니다.

자신의 노출은 반드시 진정성과 성숙한 모습으로 나타나야 합니다. 단순히 희극적인 요소를 타자에게 전달한다고 해서 그것을 도구화하고 삶의 구체적인 실천으로 삼기가 어렵습니다. 누구든 희극은 추구하는 바이기 때문에 비극은 더 외면을 하는 게 인지상정입니다. 삶의 이중성이 묘하게 중첩되는 지점은 위험합니다. 하지만 굳이 선택을 해야 한다면 삶을 무게감이 있도록 지도하는 비극적인 스승, 비극을 끌어안은 스승이 더 좋습니다. 그와 같은 스승을 모시고 있다는 것이 위협과 위험이라고 하더라도 상관없습니다. 삶의 진리는 거기에 있기 때문입니다. 하지만 희극적인 신앙은 삶을 가볍게 흔들고 다시 일상으로 복귀하도록 하기도 합니다. 언행일치적인 삶은 누구에게나 개방되어 있는 희극적인 스승의 삶으로부터 영향을 받는 것입니다. 그렇지만 그러한 평범성으로 인해서 외형적이고 형식적인 스승의 모습은 평균적이거나 평균을 밑돈다고 생각할 수 있습니다. 희극적인 스승은 타자를 배려하기보다는 웃음의 대상으로 전락시키기 때문입니다. 선하게 행위한다고 해서 희극적인 사회가 확산되지도 않습니다. 말과 행위의 우스꽝스러움이 사람들에게 호소력과 사유를 가져다주지 않습니다. 삶이 고통스러워지면 그에 상응하는 삶과 철학, 그리고 종교의 스승을 만나기는 해도 늘 그러한 공동체에서 추구하는 삶의 가벼움에 빠져서 진지함과 성숙되는 과정을 적이 놀라워하지 않습니다.

스승을 비극이라고 말한 것이 낯설 수 있습니다. 스승이라면 기쁨을 안겨 주고 삶의 좌표를 제시해 주는 인물이기에 더없이 좋은 사람이라고 평할 수 있는데, 왜 하필 스승이 비극이어야 하는가, 하는 것입니다. 스승은 멀고도 가까운 사람입니다. 일치하는 순간 스승은 스승일 수 없고, 일치하지 않는 순간 여전히 스승과 제자의 굴레에서 벗어날 수 없기 때문입니다. 그러니 예의를 차리며 따르는 것, 그리고 정말 신중하게 스승의 발자취를 따라야 그와의 근접성이 강해지게 됩니다. 그래서 스승은 비극에 가깝습니다. 슬픈 존재입니다. 제자라도 그를 가까이 할 수 없고 그렇다고 멀리 할 수 없으니, 스승이 스승으로 존재하는 한 비극적 신분은 여전히 남아 있게 됩니다. 그리스도교에서 예수를 스승으로 모시고 따른다는 것은 그런 의미입니다. 너무 가까우면 스승을 망각하고, 너무 멀리하면 우리가 닮아야 하는 사표가 사라집니다. 하지만 궁극적으로 스승은 사라져야 할 존재입니다. 사라져야 스승의 유지는 남아 그것의 진리를 전하려고 하는 비극적인 제자가 살게 될 테니 말입니다. 그리스도교가 이렇게까지 존재할 수 있었던 것은 스승의 유지를 받들기 위해서 부단히 애를 써왔고 그 유지대로 살려고 했기 때문입니다. 모두가 형제가 되기 위해서 스승을 표상 삼아 그 유지를 제대로 살아내려고 했던 그리스도인이 많았습니다.

하지만 지금은 그 유지를 찾기 어렵습니다. 형제자매가 아닌 모두가 스승이 되고 싶어합니다. 가르치려고 하고 사표가 되려고 하고 지시하려고 하고 군림하려고 합니다. 예수는 권위의 기본이 되는 지상의 아버지상에 대해서조차도 타파하라고 외칩니다. 하늘에 계신 아버지밖에는 호명할 존재가 없다고 말합니다. 지상의 아버지를 아버지라고만 여기는 것은 아버지의 여러 사표의 다양성 안에 있는 보편적인 하나님상을 발견하기 어렵기 때문은 아닐는지요. 그리스도인이라고 하더라도 그저 아버지, 그 권위적인 아버지라는 말을 듣고서는 아버지다움에 대한 태도를 취하기 때문에 그것의 이름을 넘어서려고 새로운 이름, 하늘에 계신 아버지를 지향하도록 하게 합니다. 이 또한 비극입니다. 끊임없이 아니라고 부정하는 마음悲이 진보하지 않고 다시 고뇌와 슬픔, 좌절, 인간의 한계를 경험하게 할 것입니다. 그러나 그러는 중에 인간의 본래성에 대해서 다시 한 번 성찰하게 만듭니다. 비극적인 아버지, 비극적인 스승, 비극적인 지도자라는 것은 결국 부정의 부정입니다. 부정을 해야만 비로소 그 본래의 정체성을 파악할 수 있는 것을 의미합니다. 부정은 나쁜 것이 아닙니다. 부정은 원래의 모습을 찾기 위한 철학적이고 신앙적인 몸부림입니다. 하지만 종교는 그 부정을 거부하려고 합니다. 거부는 체제의 거부로 이어지고 조직의 거부로 나타나며 종국에는 자신마저도 흔들거리게 만들기 때문입니다. 감내할 수 없는 것이 부정입니다. 인간의 극한, 신앙의 극한이 부정입니다. 예수는 그 부정을 보여주었습니다. 세상에 대한 부정, 제도에 대한 부정, 의식에 대한 부정, 고착화된 규범에 대한 부정을 통하여 원래 종교가 가지고 있어야 하는 본질, 본래의 지향성, 신앙의 무전제성을 향해 몸을 던졌습니다.

비극적인 스승의 단적인 실례는 섬김입니다. 우리는 스승이라고 하면 권위와 높은 학식과 인격을 떠올립니다. 하지만 스승은 섬김입니다. 섬김으로 자기 자신을 부정해야 그것으로써 진정한 가르침이 성립합니다. 섬김으로 자신을 부정해야 비로소 제자들의 평등성이 확보됩니다. 아무도 스승이라고 일컫지 않고 오직 섬김만이 있을 때 스승을 스승으로 알아보게 됩니다. 역설적으로 섬김 뒤편으로 스승이 사라져야 스승이 무엇인지, 스승이 누구인지를 깨닫게 되는 것입니다. 우리는 정지용의 시에서 왜 비극이 희다고 말했는가를 이제야 이해할 수 있을 것 같습니다. 비극을 검정색이나 빨강색으로 말하는 것은 그 자체를 이미 강하게 거부한정하는 것이나 다름이 없습니다. 하지만 비극이 흰색이 되면 그것은 어떠한 가능성을 다 가지고 있는 처지가 됩니다. 구태여 비극이 무엇이라고 규정할 것도 없습니다. 비극은 마음 부정을 통하여 타자에게 드리는 것이며, 내가 스승이 되려고 하는 것을 거부하면서 드리고 또 드리면서 문 안이 아니라 문밖에서 사양지심으로 지금 아닌 마음, 아직 아닌 마음, 이미 아닌 마음 모두를 덜어낼 때까지 평등한 마음을 기다릴 뿐입니다.

비극적인 스승이 필요한 이 시기에 그리스도인 일반은 결코 권위적인 지도자가 아니라 그저 그리스도를 사표로 삼은 평등한 마음의 형제입니다. 그러기 위해서는 마음을 드리고 뜻을 드리고 생각을 드리면서 타자를 높여야 합니다. 높이는 그 자신 뒤에, 그리고 높임을 받는 그 타자 뒤에 나타나는 것은 그토록 거부했던 비극적인 스승이 나타납니다. 낮추는 것은 부정이고 비극입니다. 그러나 비극은 섬김이고 위대한 의례이자 다시 인간에게로의 복귀입니다. 원래 비극tragedy은 tragodiatragos 염소 aoidia노래의 합성어로서 죄의 용서를 비는 내용을 담아 신에게 부르던 종교적 합창이었습니다. 극한 상황과 시련, 심지어 죽음의 처지에서도 다시 삶의 재생을 생각하고 신을 지향하는 것은 무엇이 되고자 하는 욕망, 스승, 지도자, 아버지, 하나님 등 거부와 부정의 강한 의식을 통해 우리의 신앙과 삶을 다시 정화시키고 새롭게 탄생하도록 하는 것입니다. 그것이 비극적 신앙이 우리에게 주는 교훈일 것입니다. 철학자 보부아르는 말합니다. "나는 스스로를 배반하고 자기를 상실해 가고 있었던 것이다. 나는 이것을 비극이라고 여겼다." 우리 모두가 생각해 봐야 할 고백입니다.

마치 이미 온 것처럼

마태복음 25:1-13

현실과 미래의 가능성 사이에서 종교인들은 지금 여기보다 미래의 상상력을 더 중요하게 생각합니다. 애초에 종교가 존재하는 목적이 내세에 대한 염원이 강한 인간들을 위한 것이 아닐까 할 정도로 사람들은 죽고 난 이후의 삶에 대해 몹시 궁금하게 여깁니다. 세월은 쏜살 같이 지나가고 몸 또한 쇠약해질수록 자신이 영원히 살지 못할 것이라는 인간의 불안감은 증폭됩니다. 그럴 때 인간은 안정을 주는 무엇인가를 잡고 싶어 하고 죽고 난 이후에도 계속적으로 '나'라는 존재가 살아 있기를 바라는 마음이 커지기 마련입니다. 사람들은 자연스럽게 종교적 삶이 그 해답을 가져다 줄 것이라고 믿습니다. 그러나 종말을 말하는 예수의 초점은 미래의 어느 날에 온 천지가 개벽을 하고 새로운 세상이 열릴 것이니, 그 미래에 촉각을 곤두세워 살아라, 라는 것이 아닙니다. 오히려 예수는 현재에 관심이 많습니다. 설령 종말이 오면 인간은 어느 장소에 가게 된다는 관념이 지배적이라고 하더라도 결코 간다고 하지 않고, 온다고 말을 합니다. 종말론적인 하늘 나라는 오는 것입니다. 그리고 그 하늘 나라는 현재에 내가 어떤 삶을 사느냐에 따라서 입성 여부 혹은 수용 선택의 가능이 달라집니다.

그러기 위해서는 우선 실존적으로 그 종말에 대한 기분, 느낌, 사유를 달리해야 합니다. 지금 온 것처럼, 아니 최소한 지금 오고 있는 것처럼 급박하면서도 정신을 바짝 차리는 삶을 살아야 합니다. 그런 깨어있는 의식과 인식이 없다면 종말이 온다고 한들, 시간 속으로 들어온다고 하더라도 전혀 알지 못하게 됩니다. 그래서 스스로 자신의 종말론적 인식을 다르게 하자고 하는 것입니다. 한국현의 「첼로처럼」이라는 시를 읊어보겠습니다.

> 풍경을 버리고 떠나서/ 머뭇대다/ 마침내 구부러지는 길처럼/ 저마다의 생각에만/ 골똘히 빠져 있는/ 도로 표지판처럼/ 문 닫은 겨울의 해수욕장/ 뒤늦게 떠오르는 생각에/ 이마 찡그리는 낮달처럼/ 더듬더듬 몇 마디 말마저도 삼켜버리는/ 흐린 밤의 별들처럼/ 차창 가에서 서성대다, 두드리다/ 울다가 돌아서는 비처럼/ 가슴 안 컴컴하게 고여 오는 말들이 긁어대는/ 절망에서 노래 사이/ 아슬아슬 걸쳐 있는/ 너라는 이름의 현鉉들처럼"시집, 『바다철도999』, 세상의모든시집에서

복음서는 죄인의 범주를 말할 때 세리, 여인, 이방인, 어린이 등을 언급합니다. 이런 시각에서 보면 결혼을 위해서 준비를 하고 부산하게 움직여서 신랑을 맞이해야 하는 여자의 운명이란 참으로 얄궂어 보입니다. 슬기로운 처녀와 어리석은 처녀의 이분법적인 구분 혹은 차별이란 실제로 그런 여인이 있다는 것을 의미하지 않습니다. 다만 슬기로운 처녀의 삶을 통해 '지금 여기'에 '마치 이미 온 듯이' 살라는 것을 교훈 삼아 이야기를 하고 있는 것입니다. 종말은 지금 여기에 마치 예수가 이미 온 듯이 살라는 것인데, 사람들의 생각은 그보다 훨씬 보수적인 것 같습니다. 종말은 아무도 맞이한 적이 없습니다. 타자의 죽음을 통해서 우리가 경험한 것은 영원히 살 수 없다는 매우 간단한 이치를 종종 경험하게 된다는 사실입니다. 그럴수록 머뭇거리지 말고 자기의 주체적 의식과 인격을 고양해야 합니다. 단순히 종말을 이분법적인 잣대를 들이댄다고 해서 될 문제는 아니지

만, 하늘 나라는 좋은 이미지와 개념을 가지고 있지만, 종말은 전혀 어떤 의지를 부여하고 있지 않기 때문입니다. 종말은 생이 다하고 천국이냐 아니면 지옥이냐 라는 기로에 서서 대기해야 할 것 같은 그런 위협적인 것이라고 생각하는 사람들이 있습니다. 하지만 종말은 지금 여기에서의 준비입니다. 마치 온 것처럼, 마치 오고 있는 것처럼 내내 준비를 해야 한다는 것입니다.

시인이 말하듯이 도로 표지판의 사물성처럼 우두커니 서 있으라는 말이 아닙니다. 종말을 말하자면 저마다의 이해와 해석이 다를 것입니다. 각 개인이 저마다의 생각을 가지고 종말을 그려나가는 삶은 결국 마치 지금 온 것처럼이라는 아예 선험적인 결정론으로 단정 짓습니다. 종말을 단정 지을 때 정신이 환하게 밝아옵니다. 종말을 지금 여기, 항상 지금 여기의 사건으로 인식하게 되면 삶의 태도와 마음은 긴장의 연속으로 살게 됩니다. 종말을 지금 여기에 온 것처럼 생각을 바꾸게 될 때, 삶과 신앙을 느슨하게 할 수 없습니다. 삶과 신앙은 팽팽한 긴장감과 반성으로 살아가게 됩니다. 그 긴장감과 반성은 후회가 아닙니다. 후회는 늦습니다. 지금 여기에서의 실존적 반성은 오고 있는 그 순간에 내 신앙과 생각을 고쳐먹는 것입니다. 다시 말해서 고쳐먹고 또 고쳐먹으면서 그 종말의 오는 그 때와 정확하게 일치할 때 종말은 저마다의 종말이 아닌 우리 모두의 종말, 나의 종말이 됩니다. 사람이 어떻게 그런 팽팽한 긴장감의 연속으로 살아갑니까? 하고 반문할 수 있습니다. 뉴욕의 뉴스쿨의 철학 교수인 사이먼 크리츨리S. Critchley는 니체의 초인극복인, overman을 언급하면서 데이비드 보위음악가가 말한 니체의 물음을 재해석합니다. "니체의 초인, 인간 조건을 등지고 떠난 이 존재는 누구인가? 천국에서 멀리 떨어져 에덴의 동쪽으로 가면서, 이들이 살아가는 것은 그저 이런 삶이다. 비극적인 끝없는 삶, 근엄하고 뻬딱한 평정 속에 한숨조차 내쉴까, 삶에 묶인 경이로운 존재들. 인간을 넘어선 초인의 영원한 삶은 잔인한 고문이다. 초인이 간절히 바랄 것은 죽을 기회뿐이다... 인간 조건의 극복은 재앙이며,

그럼에도 인간은 여전히 장애물이다."

　단언컨대 인간은 장애물입니다. 그래서 넘어서야 할 존재입니다. 넘어서기 위해서는 지금의 삶이 영원할 것이라는 신념을 단절시켜주는 사건이 필요합니다. 그것은 이른바 종말입니다. 그리고 그 종말을 통한 새로운 삶을 지향하고 꿈꿀 수 있는 자유입니다. 지금 우리는 뭔가가 오고 있다는 사실을 잘 모르는 듯합니다. 문화이든 경제이든 환경이든, 인간은 삶을 영위하면서 생겨난 부산물의 틈 속으로 파고드는 종말의 냄새를 잘 맡지 못합니다. 아니 외면하고 있는지도 모릅니다. 이러한 상황에서 우리는 '처럼'이 갖는 조사어가 왜 이렇게 부담스러운 것일까요? 처럼의 사전적인 의미로는 "모양이 서로 비슷하거나 같음을 나타내는 격 조사"입니다. 처럼이라도 되어야 원본에 거의 가깝게 행동을 할 수 있습니다. 종말이 온 것처럼, 하나님이 지금 온 것처럼의 인식이라도 갖고 있어야 적어도 그리스도인 '척'하면서 살 수 있는 것은 아닐까요? 종말이 오고 있는 것처럼, 하나님의 때가 오고 있는 것처럼 위기감이라도 느껴야 혼미해진 신앙을 바로 잡고 겸손은 물론 비우며 사는 그리스도인이 되지 않을까요? 가장 극미한 정도라도 처럼의 언어와 행위의 부재 현상은 결국 신의 죽음을 자초합니다. 사이먼 크리츨리는 이렇게 말합니다. "우리가 신을 죽었다고 선언하고 스스로 신의 자리에 오른 것은 더 잘 죽이기 위해서, 더 효율적으로 몰살하기 위해서일 뿐이다." 사이먼 크리츨리의 이 말은 단순히 한 철학자 개인의 말이 아닌 것입니다. 종말을 지금 여기에서 일어나는 사건으로 받아들이지 않는다면, 그리고 그 종말의 주도적 힘이 곧 하나님에 의해서 이루어지는 것임을 고백하지 않는다면 우리는 게오르그 뷔히너G. Büchner의 희곡 「당통의 죽음」Dantons Tod에 나오는 이 한마디의 충격을 고스란히 받아들일 수밖에 없을 것입니다.

　　모든 것이 꽉꽉 차고 떼지어 다닌다. 무는 스스로를 죽였다. das Nichts

hat sich ermordert 온 세상은 그 상처다. 우리는 그 핏방울들이며, 세계는

죽은 무가 썩는 무덤이다.

　당통이 말한, 아니 뷔히너가 말한 절망감, 무기력, 허무주의는 지금 때를 가리지 않고 우리를 엄습하고 있습니다. 한국현의 시에서 느껴지는 종말의 냉소적인 분위기가 보입니다. 문 닫은 겨울 해수욕장의 을씨년스러움, 뒷북치는 아차, 하는 생각, 낮빛에 가려 아예 인식되지 않는 생뚱맞은 달, 더듬거리며 겨우 꺼낸 말은 시큰둥한 반응도 이끌어내지 못하는 관계들, 별은 보고 싶은데 흐린 밤하늘만 쳐다보며 한숨으로 자신을 지워버리는 허망함, 비는 내리지만 아무도 주목하지 않는 물방울과 짓밟혀 버리는 천덕꾸러기 빗물의 무덤들, 절망의 처절한 어느 상황, 마음 한 구속에서 끌어 올라오는 자신의 빈 정체감과 존재감의 상실처럼 비춰지는 구차한 이름.

　아무리 허무하고 절망에 빠져서 무기력한 존재가 된다고 하더라도 종말의 때를 함부로 가늠할 수는 없습니다. 그저 주문할 수 있는 것은 세계가 상처투성이이고, 세계가 무Nichts조차 썩어 문드러지는 무덤이 될지언정 그 속에서도 결코 자신의 내면에 들어오는 희미한 그리스도의 빛에 의해서 깨어 있어야 한다는 사실입니다. 종말은 깨어 있는 자에게 찾아오는 것이지 자고 있는 자에게는 아무런 의미가 없습니다. 오는지 가는지 알 수 없을 뿐입니다. 종말은 깨어서 오는 것을 지각하고 식별하는 사람에게만 의미가 있습니다. 그런 사람만이 그리스도의 재현재再現在를 볼 수 있기 때문입니다. 지금은 그것을 볼 수 있기 위한 순수한 신앙적 시선, 명민한 신앙적 자각, 영민한 신앙적 지각이 우리들에게 요청되고 있습니다. 그분은 오늘도 여전히 우리에게 오고 계시기에 말입니다.

모두가 먹기 좋은 맛을 우려내는 사람들

마태복음 24:14-30

사람들은 자신이 이 세상에 태어난 이유나 목적이 반드시 있을 것이라고 생각합니다. 아니 그렇게 가정한다고 하는 편이 맞을는지 모르겠습니다. 그러면서 태어난 후에 이 세상에서 무언가를 하다가 가야 한다거나, 무엇이 되어서 적어도 이름 석 자를 남기고 가야 한다는 강박관념이 있는 듯합니다. 뜻밖에 복음서에서도 최소한 신앙인이라면 뭔가 잉여적 생산물을 만들어 내야 한다는 얘기를 합니다. 신자로서 살아가는 것도 버거운데 잉여적 가치나 잉여적 삶의 결과물을 산출해야 한다는 것은 부담이 될 수밖에 없습니다. 아닌 게 아니라 가만히 텍스트를 눈여겨보니 하늘 나라의 백성이라면 잉여적 신앙의 생산품을 내놓아야 한다고 말을 하는 듯합니다. 이럴 때 하늘 나라의 백성이 되기 위해서는 손해 보는 장사를 하면 안 된다는 저의가 깔린 것은 아닐까, 하는 의구심도 드는 게 사실입니다. 과연 그런 것일까요? 하늘 나라는 그만큼의 책임감이 없이는 이루어지거나 성취될 수 없다는 것으로 해석할 수 있습니다. 하나님은 우리에게 해야 할 일을 맡기셨다고 하는데, 그에 부합하는 신앙적 삶을 살지 못한다면 주인이신 하나님께 신앙의 잉여적 가치를 내보일 수 없다는 것은 자명합니다.

이병률의 「11월의 마지막에는」이라는 시를 감상해보겠습니다.

국을 끓여야겠다 싶을 때 국을 끓인다/ 국으로 삶을 조금 적셔놓아야
겠다 싶을 때도/ 국 속에 첨벙하고 빠뜨릴 것이 있을 때도/ 살아야겠
을 때 국을 끓인다/ 세상의 막내가 될 때까지 국을 끓인다/ 누군가에
게 목을 졸리지 않은 사람은/ 그 국을 마실 수 없으며/ 누군가에게 미
행당하지 않은 사람은/ 그 국에 밥을 말 수 없게/ 세상에 없는 맛으로
끓인다/ 뜨겁지 않은 것을 서늘히 옹호해야겠는 날에/ 뭐라도 끓여야
겠다 싶을 때 물을 받는다 시집 『바다는 잘 있습니다』, 문학과지성사에서

국이라는 소재가 지극히 평범한 것이지만, 우리나라의 대표적인 먹거리라고
볼 수 있습니다. 그 평범함 안에 담겨진 맛과 삶, 그리고 세상이 어우러진 복합적
인 의미는 끊임없이 끓여내지 않으면 지속하기 어려운 음식이라는 것을 알게 해
줍니다. 국은 끓여야 합니다. 그리고 식으면 국은 식탁의 음식으로의 기능을 상
실합니다. 식은 국을 먹어 본 사람은 잘 압니다. 더욱이 국은 국물을 우려내는 매
개체가 존재하지 않으면 맹탕이라 맛을 유지하기 어렵습니다. 그러므로 남는 국
물과 남게 하는 국 속의 건더기라는 관계성은 매우 중요할 수밖에 없습니다.

나아가 국은 나누기에 적당한 음식입니다. 국은 공동체성을 상징하는 음식입
니다. 숫자가 많은 집단에서는 국 만큼 용이한 것이 없습니다. 계속 우려내어 퍼
줄 수 있는 국물만 소진되지 않으면 말입니다. 그러려면 국물은 누구나 먹기 좋
게 우려내야 합니다. 하늘 나라도 비슷한 성격을 갖고 있습니다. 소외되지 않고
모두가 나누어 먹을 음식처럼 하늘 나라도 남아돌아야 합니다. 남아돌지 않으면
서로 빼앗아 먹을 테니 하늘 나라에 속한 사람들은 자신의 것들을 남기기 위해서
부단히 노력을 해야 합니다. 그런데 남기기 위해서 타자의 것을 빼앗을 수는 없
는 노릇입니다. 그러자고 하늘 나라의 백성이 되었던 것은 아닙니다. 애초부터
하늘 나라의 백성은 누군가의 것을 갈취하는 자에게 자격이 주어지지 않습니다.
그는 영역 밖의 존재이기 때문입니다. 하늘 나라의 사람으로 살아가기 위해서는

신앙의 참맛을 우려내어 그 맛을 함께 나눌 수 있어야 합니다. 예수는 하늘 나라에 속하기 위해서는, 그리고 하늘 나라의 맛을 보기 위해서는 사람들이 그 특별한 맛을 내는 무엇인가를 하나쯤 가지고 있다고 생각했던 것 같습니다. 개별적인 인간에게 부여한 삶의 맛, 신앙의 맛, 인격의 맛, 관계의 맛, 사랑의 맛, 긍휼의 맛, 비움의 맛, 양보의 맛, 배려의 맛 등 수많은 하늘 나라에서 필요로 하는 맛을 부여받았다는 것입니다. 그러므로 그 맛으로 함께 나눌 수 있는 잉여의 미味/美, taste; Geschmack가 필요하다고 역설을 합니다. 공교롭게도 칸트의 취미판단에서 아름다움을 판단한다는 개념으로 맛을 본다는 의미의 taste독일어 Geschmack를 쓴다는 것은 흥미로운 일입니다. 하늘 나라의 사람이 되기 위해서, 그리고 하늘 나라의 사람이라도 타자를 위해서 맛을 낸다는 것은 신앙의 아름다움이 무엇인가를 끊임없이 물어야 하며, 그 아름다운 신앙인으로 살기 위해서 개별적으로 맛을 내야만 모두가 하늘 나라의 백성으로 살 수 있습니다.

작가의 상상력은 평범한 소재 안에 깃들인 의미를 녹여내는 시적 전환과 시적 발상입니다. 살다보면 부글부글 끓어야 할 국 안에 삶을 넣고 또 어쩌면 속끓이는 마음까지도 그 안에 담아 증기로 아니면 완전히 혼합되고 분해된 물질을 만들어내고 싶은 심정이 있을 것입니다. 삶이란 원래 부글부글 끓을 일이 많으니까 말입니다. 중요한 것은 작가가 말한 세상에 없는 맛은 필자가 보기에 이중적인 의미를 가진다고 봅니다. 하나는 정말 맛이 있는 음식이라고 평가할 때 그렇게 말하는 경우이고, 또 다른 하나는 그 맛은 세상에 없으니 어떤 사람도 그 음식에 대해서 맛을 느끼지 못하기에 음식으로서의 가치를 상실하여 결단코 나눌 수 없는 경우를 일컬을 수 있습니다. 마찬가지로 하나님이 인간에게 주신 맛이라는 것이 공유/공통의 먹거리가 될 때 그 맛을 나눌 수 있습니다. 나만의 것, 나만의 맛이라고 우겨댈 때는 아무리 좋은 음식이라 할지라도 그저 그림의 떡일 뿐입니다. 따라서 하늘 나라를 지속적인 공동체요 하나의 현상으로 하늘 나라의 사람인 우리가 구현해 내야 하는 어떤 실제의 세계라면, 우선은 우리 각자가 가진 맛이 무엇인지 판별해야 합니다. 그런 다음 그 맛을 잉여의 맛이 되도록 삶으로 끓여내고, 신앙으로 끓여내고, 그 맛의 풍미와 별미를 위해서 자꾸 자신의 속마음과 겉마음을 끓여내야 합니다. 그래서 그 맛을 공동의 식구들, 공통의 사람들이 함께 먹을 수 있는지 없는지를 시험대에 올려놓아야 합니다.

만일 함께 맛을 내지 못하고 또 맛을 나누지 못한다면 하늘 나라는 무너지고 말 것입니다. 그중에서도 그리스도인에게 있어 신앙의 맛이란 우리 자신에게 각자 맡겨진 재산과도 같습니다. 아마도 신앙을 재산이라고 여긴다면 누구나 소중하게 생각할 것입니다. 그러면서 재산과도 같은 신앙의 맛을 부풀리고 잉여의 생산물로 만들어 내려고 많은 노력을 할 것입니다. 신앙의 맛은 매우 포괄적인 삶을 내포합니다. 삶을 우려내어 그 삶이 정말 건강한 신앙인의 소유, 신앙인 자신만의 사유물인지 사람들이 맛을 보고자 합니다. 또한 그 맛을 보고 하늘 나라의 일원이 되어 함께 자신이 가진 삶의 맛을 끓여서 나누기를 바랄 것입니다. 결국 먹기 위해서 끓인 국물은 나만의 것이 아니라 모두가 공동으로 나누기 위해서임을 알게 됩니다. 달란트라는 말은 화폐의 단위이기도 하지만 재능이나 능력을 말하기도 합니다. 무엇이 되었든 그 해석학적 의미는 각기 개별적인 인간이 가진 근본적인 소유물과 독특한 불변자본이라는 말이 됩니다. 자본가는 자신이 가진 자본에서 발생된, 노동자에 의해서 발생된 잉여가치를 착취하려고 하지만, 신앙인은 자신이 가진 능력과 재능이라는 자본으로 잉여가치가 축적되면 나누려고 해야 합니다.

자신의 달란트를 묻어버리거나 숨기지 말고 끓이고 또 끓여서 온전히 우려낸 국물이 되도록 해야 합니다. 함께 나누는 국물, 모두가 먹을 수 있는 국물이 되지 않는다면 자신이 가진 고유의 맛조차도 상실하고 말 것입니다. 주인이 종에게 재산을 맡길 때 가장 훌륭한 종으로 평가받을 수 있는 것은 잉여가치를 얼마나 축적하였는가일 것입니다. 그것은 고유한 자신의 상품가치를 얼마나 잘 드러내었는가와 연관이 있습니다. 경제는 이윤을 추구한다는 명제는 맞는 말입니다. 그래서 이윤 추구의 사회에서는 남의 것을 빼앗아야 내 것이 많아지게 됩니다. 그러다 보면 자신의 소유도 대자본가에게 빼앗기게 마련입니다. 그러나 진정한 의미에서의 경제학은 잉여가치를 통한 나눔에 있습니다. "누구든지 있는 사람은 더 받아 넉넉해지고 없는 사람은 있는 것마저 빼앗길 것이다"라는 말이 폭력으로 들릴 수 있을지 모르나, 역설적으로 자신의 신앙의 덕과 맛을 남기지 못해서 타자와 나눔이 없는 삶을 산다면, 그 삶의 가치마저도 용인되기 어렵다는 말입니다. 타자에게 좋은 신앙의 맛이라고 평가받지 못하는 삶은 그리스도인에게 의미가 없기 때문입니다. 그러니 이제부터라도 자신의 속마음을 타자를 위해서 깊이 끓여내어 더불어 나눌 수 있도록 삶과 진실, 따뜻함에다 신앙의 양념을 더하여 그리스도인으로서의 독특한 맛을 내는 건더기혹은 신앙의 건덕가 있음을 증명해내야 할 것입니다. 신앙의 맛이 개인을 넘어서 공동의 멋이 되기 위해서라도 말입니다.

종말의 삶, 배려와 연민

마태복음 25:31-46

종말에 대한 관심이 시들어 가고 있습니다. 좀 더 정확하게 말한다면 신화적 종말의 인식이 막을 내리고 새로운 차원의 종말이 예견되고 있다고 봐야 할 것입니다. 성서가 씌어지게 된 시대적 배경과 세계에 대한 이해는 현재와 미래의 그것들과는 확연하게 다르기 때문입니다. 그에 비해 오늘날의 종말에 대한 생각은 매우 극적이고 심각한 사태까지도 내다보는 시대가 되었습니다. 환경문제, 수퍼 바이러스의 전염, 핵전쟁, 식량위기, 지진 등은 충분히 종말의 징후로 해석될 수 있는 것들입니다. 그러나 중요한 것은 어떤 속절없는 사태에 따른 죽음과 그 이후의 세계에 대한 염려가 아닙니다. 그리스도인들의 실존적 삶의 가치를 통해 세계가 우리에게 요청하는 바에 어떻게 응답할 것인가, 하는 것이 신앙인의 종말론적 태도요 자세입니다. 그때그때의 긴박한 상황들, 그리고 현실은 그리스도인으로 하여금 끊임없이 말을 걸어오고 그에 상응하는 답변을 요구합니다. 그런데 자칫하면 그 목소리를 듣지 못하거나 아예 외면할 수 있습니다. 게다가 보이지도 않을 수 있습니다.

바로 내 옆의 타자가 어떠한 처지에 놓여 있는가. 그와 내가 어떻게 함께 공존재적인 삶을 살아야 하는가를 고민하는 신앙인은 언제든 타자들 속에서 예수를 보는 사람입니다.

씨를 뿌리면 묶인다.

이희중의 「인연」이라는 시에 나오는 첫 문장입니다. 씨라는 매개체를 사이에다 두고 씨를 뿌리는 존재와 땅은 서로 만나면서 연결되는 생명적 관계입니다. 이것은 씨가 땅에 온전히 속하도록 하며 땅에서 생명적 자양분을 얻을 수 있다는 경험론적 확신에서 비롯됩니다. 땅 속에서 생명을 보고, 땅 위에서 씨가 자라서 열매를 맺는 것을 상상한다는 것은 이미 땅에서 생명현상이 이루어진다는 것을 믿었기 때문일 것입니다. 생명적인 인연이 그리 할진대 하물며 사람과 사람 사이의 관계도 인연이라는 끈끈한 관계─맺음 안에서 예수의 현존을 보게 된다고 생각합니다. 그렇게 상호 연결, 상호 묶임, 상호 연대, 상호 연민 등으로 예수의 현존을 알게 됩니다. 지속적으로 약자와 관계─맺음은 곧 예수의 뜻 현존이요 예수의 정신을 사심 없이 펼치는 것이라 볼 수 있습니다. 그러나 그렇게 할 수 있는 것은 약자, 병자, 빈자, 억울한 자 곁에 머물러 계심을 감각적인 신앙으로 깨어 알아차리기 때문입니다. 물론 그들 안에 있는 예수 때문에 신앙적인 인연이 성립되는 것은 아닙니다. 신앙의 눈으로 보니 그들과 함께, 그들 안에 예수가 함께 고통을 당하고 있다는 것을 깨달아 사랑으로 섬기려는 의지가 생기는 것입니다. 그리스도인과 사회적 약자 사이에 예수가 매개되는 것 같지만, 실상은 약자에 대한 자비와 연민이 없다면 의지적 행위는 불가능합니다. 의지적 행위의 근원적 발현은 보이는 예수인 약자에서 비롯됩니다.

시의 2연에서 4연은 이렇습니다.

땅을 놓아두면/ 바람 속에 살던 풀씨들이 내려와서/ 제 마음대로 자란다/ 땅을 만지고 내 씨를 뿌리면/ 자꾸 그 자리를 쳐다보게 된다/

싹이 텄는지, 가물지는 않은지/ 바람이 불면 어떻게 흔들리는지/ 누가 갉아먹지는 않는지/ 거름 없이 어떻게 자랄지/ 걱정이 새끼를 치면서 슬슬 더 단단히 묶인다.

땅과 씨앗 사이에 수많은 우연적 사건이 존재합니다. 그에 따라서 씨앗은 땅에 안착을 하고 그에 걸맞은 열매를 맺을 수 있는가 없는가가 결정이 됩니다. 그러니 그 우연적 사건을 가능한 한 예측 가능한 사건으로 바꾸어 땅으로부터의 소출이 실망스럽지 않기를 바라는 게 농부의 마음일 것입니다. 예측 가능성, 혹은 나의 노력에 의해서 필연적인 결과를 낳을 수 있는 여지가 있다면 세상은 그런대로 살만할 것 같습니다. 그렇지만 인간관계란 그렇지가 못한 것이 사실입니다. 그래서 예수는 약자와 자신의 관계를 우연적인 관계가 아니라 필연적이고, 그들에 대한 돌봄은 결국 하늘 나라 입성을 위한 예측 가능한 전망이 된다는 것을 명확히 합니다. 다시 말해서 하늘 나라의 입성은 장래의 일이 아닙니다. 더군다나 하늘 나라는 죽어서 가는 곳도 아닙니다. 하늘 나라는 우연적 관계, 우발적이고 예측 불가능한 땅과 씨앗의 관계처럼 우연적 인간관계를 노심초사 현재의 노력으로도 열려 있다는 사실입니다.

우연적으로 마주치는 타자가 어떤 처지에 있는지 우리는 잘 모릅니다. 아무리 SNS나 인터넷이 발달되었다고 하더라도 약자나 억압과 탄압을 받는 이웃들은 실제로 그런 매체에 올라올 수가 없습니다. 약자나 억압당하는 자를 상품화시킬 수 없기 때문입니다. 그러나 타자의 마음과 행위를 본질직관하려는 노력을 게을리 한다면, 우리 주위에 있는 약자들은 예수와 동일시된다는 것을 전혀 깨닫지 못할 것입니다. 단언컨대 안다고 하더라도 피상적으로 알 뿐입니다. 약자들 속에서, 곁에서 그들의 고통스러운 눈빛과 대면하지 않으면 그들과 함께 있는, 그들 안에 있는 예수를 느끼지 못할 것입니다. 삶에 묶여 있고 감옥에 묶여 있고 질병에 묶여 있고 굶주림에 묶여 있고 추위에 묶여 있는 그들을 해방시키지 못한다면 그 속에서 함께 고통당하고 있는 예수를 필연적으로 만날 수 없습니다. 필연적으로 그들 속에 있을 수밖에 없다는 인식을 그리스도인이 갖지 않는다면 하늘 나라의 입성을 위한 공동 행동은 무산이 되고 마는 것입니다. 여기에서 공동 행동이라 함은 그들을 돌봄으로써 그들과 더불어 이 땅에서 하늘 나라를 일구는 것을 뜻하는 것이며, 동시에 그들과 함께 하늘 나라의 백성이 되는 것을 말하는 것입니다.

하늘 나라의 백성이 된다는 것은 나 홀로 백성이 되는 것이 아니라 더불어 백성이 되어야 마땅한 일이기 때문입니다. 그러기 위해서는 약자들이 어떻게 무슨 이유로 묶여 있는가를 살필 수 있어야 하며, 그 속에 반드시 예수가 현존한다는 의식을 가져야 합니다. 보잘 것 없는 존재라고 생각한 사람에게서 예수를 보고 듣고 느끼는 신앙인이어야 공동 행동, 공동 연대, 공동 구원이 가능합니다. 아마도 예수는 그것을 원했는지도 모릅니다. 우리의 타자에 대한 예민한 신앙 감각과 의식을 말입니다. 약하디 약한 타자를 향한 감각과 의식을 견지하지 않고 오로지 자신의 삶과 신앙만이 중요하며, 자신의 구원과 하늘 나라 입성만이 최고의 관심으로 놓고 신앙생활을 하면 안 된다는 엄중한 경고를 하고 있는 것입니다. 하지만 그럼에도 그와 같은 여지가 없는 듯한 예수의 말씀 속에는 반대로 무한한 가능성, 구원의 가능성이 열려 있음을 간파하게 됩니다. 그것은 나의 신앙적 행동의 대상으로서의 약자는 무한히 내게 다가오고 있다는 사실입니다. 무한히 다가오는 약자는 구원의 무한한 동경만큼이나 강한 윤리적, 환대적 의무를 시행하도록 만듭니다. 그렇게 하도록 추동하는 말씀은 어느 누구도 구원의 가능성, 혹은 구원의 영역에서 제외되어서는 안 된다는 예수의 긍휼이 짙게 깔려 있음을 알아차려야 합니다.

시인은 마지막에 이렇게 말합니다.

그러므로 씨를 뿌리기 전에/ 오래 생각해보아야 한다시집『나는 나를 간질

일 수 없다』, 문학동네에서

　　하늘과 땅 사이의 수많은 우연적 요소와 사건들로 인해서 씨는 발화할 수도
또 발화하지 못할 수도 있습니다. 좀 더 생동감 있는 표현으로 죽을 수도 살 수도
있습니다. 그것이 살 수 있으려면 적어도 인간의 필연적 행동, 씨앗에 대한 사랑
이 절실히 요구된다고 봅니다. 물론 자연적으로 땅에 떨어져 강한 생명력으로 자
신의 존재감을 과시하는 씨앗도 있을 것입니다. 적어도 씨앗에 그러한 욕구와 욕
망이 존재한다는 전제 하에서 보면 타당합니다. 모름지기 그것을 우리가 인정해
야 합니다. 각각의 작은 씨앗들은 살려는 욕구와 욕망이 선천적으로 내재되어 있
다는 것을 말입니다. 그러니까 씨앗을 뿌리기 전에, 씨앗이 생명을 잉태하고 있
다는 것을 깊이 생각하고 또 생각해야 하는 것이 마땅한 일입니다. 그래야 그 생
각이 담겨 씨앗이 건강한 생명력으로 펼쳐내는 원동력이 될 것입니다. 마찬가지
로 무한히 우리에게 다가오는 세계 내 약자들에 대해서 예수는 모든 사람들과 동
일하게 살려고 하고 살아야만 하는 존재들이라는 것을 깨우쳐 주고 있습니다.
예수 자신의 의지가 거기에 있다는 것을 알지 못한다면 언감생심 구원과 하늘 나
라 백성의 자격취득은 꿈도 꾸지 말아라, 하는 것입니다. 구원은 나 홀로 구원이
아니라 공동 구원이며 나 홀로 생명이 아니라 공동 생명이라는 것이라는 것을 암
묵적으로 말하고 있는 것입니다. 그러므로 약자를 볼 때 예수를 보듯이 하고, 약
자와 말을 할 때 예수와 말하듯이 하고, 약자가 굶주리고 있을 때 예수가 굶주리
고 있다고 생각하고, 약자가 병들어 있을 때 예수가 병들어 고통스러워하고 있다
고 느껴야 하고 약자가 감옥에 갇혔을 때 예수가 갇혀 있다고 걱정해야 합니다.
이 모든 것들이 하늘과 땅 사이에 수많은 약자들이 묶여 있는 것으로부터 해방시
키고 자유를 주기 위한 예수의 깊은 신앙적 인식에서 비롯된다는 것을 잘 알아야

할 것입니다. 보잘 것 없다고 낙인찍힌 존재들에 대한 신앙적 생각과 염려가 그 속에서 그들과 함께 묶여있는–전통적인 그리스도교적 교의로 필자의 표현을 오해하지 않는다면–궁극적으로는 예수마저 구원할 것입니다. 그들 속에 있는 예수를 말입니다.

소란스러운 세계와 오시는/오신 하나님

마가복음 13:24-37

예수의 묵시적 사유가 의미하는 바는 무엇일까요? 필자는 그것을 시대적 징표를 통해서 신앙인의 감각을 놓치지 말고 살라는 충언으로 들립니다. 흔히 생각하듯이 종말론은 사람들에 대한 협박이나 응보가 아니라, 시대적 변화와 세계의 불가항력적인 현상들과 마주할 때에 분명한 신앙의식을 가지고 살아야 한다는 것입니다. 현재의 안정된 삶이나 세계에 반하는 듯하지 않은 불행과 자초하지 않은 자연의 변화를 보고서 불안과 공포로 반응하는 것은 원시부족사회나 현대사회가 거의 다르지 않습니다. 인간이 어찌하지 못하는 것이니 결국 포기하고 또 다른 삶의 세계를 상정하는 수밖에요. 그리고는 초월자에게 자신의 삶의 안녕을 다시 한 번 의탁하는 것입니다. 그리되면 모든 삶의 문제가 답을 찾은 듯 보일지 모르나, 자칫 신앙인은 직무유기를 할 수 있습니다. 자신이 이 세상에서 해야 할 신앙적 삶과 실천을 다하지 않은 채 선과 악, 인과응보, 천국과 지옥 등의 등식으로 계산해버리면 간단하기 때문입니다. 자신은 신앙적 삶을 충실하게 살았다고 자부하니 두려울 것이 없으며, 확신하건대 하늘 나라의 백성이 될 것이라고 믿어 의심치 않습니다. 하지만 정작 그것으로 사회적 책무, 인간으로서 인류를 위해서 해야 할 신앙적 행동은 등한히 할 수 있다는 것입니다. 물론 신앙인은 그 신앙적 행동을 종말론적 선교에다 초점을 둘지 모릅니다. 예수가 강조하는 것이 과연 그것일까요? 왜 복음서에서는 그토록 깨어 있으라는 말이 많이 등장하는 것일까요?

여기 장인수의 「아버지의 밭」이라는 시가 있습니다.

> 아버지가 건강한 밭이라면/ 실뿌리 주변마다/ 꿈틀거리는 지렁이들
> 이 살고/ 지렁이를 잡아먹는 두더지가 살고/ 아랫도리로 독사가 스슥
> 스슥 지나가고/ 성질 사나운 불개미들이/ 생사를 건 사투를 벌일 게
> 다/ 아버지가 건강한 감자밭이라면/ 아버지의 푸른 팔뚝에서/ 사마
> 귀가 사마귀를/ 잎사귀처럼 뜯어먹을 것이다/ 아버지가 건강한 풀밭
> 이라면/ 아버지를 뜯어먹는 것들과의/ 야생의 동거는/ 조용한 날이
> 없을 게다" 시집 『적열에 앉다』, 문학세계사에서

종말의 때에는 세상이라는 밭에서 서로 물어뜯는 사투를 벌이는 날이 잦을는지도 모릅니다. 역설적이게도 그 사투의 현장이 아버지의 밭이라는 점입니다. 세상이 아버지의 밭임에도 불구하고 공존과 공생의 삶을 추구하기 보다는 아귀다툼으로 스스로 종말을 만들어 가고 있는 것입니다. 아버지의 밭은 누구나 와서 먹고 배를 채울 수 있는 곳이어야 합니다. 그럼에도 서로 자신의 밭이라고 사적 소유를 주장하고 어느 누구도 그 밭에 손을 대서는 안 된다고 말합니다. 아버지의 밭을 뜯어 먹고 사는 주제에 내 것이니 아무도 건드려서는 안 된다는 욕심은 예측하지 못한 자연현상, 인간을 공포로 몰아넣는 자연 앞에 무너지고 맙니다. 그럼으로써 인간은 다시 종말이라고 말하고, 아니 자연을 탓하고 심지어 하늘에다 삿대질까지 합니다.

비록 무지막지한 자연이라 하더라도 그것은 하나님의 밭입니다. 하나님의 밭에서 일어나는 일은 곧 하나님의 마음과 부합하는 것이어야 합니다. 하나님의 밭은 모두가 공존하고 공생하며 사랑하는 곳입니다. 만일 그곳에서 하나님의 뜻대

로 살지 않는다면 그것이 다름 아닌 종말입니다. 자연의 불가항력적인 힘은 과거에도 있었던 일입니다. 다만 그러한 힘을 보고 신앙인이 하나님의 밭에서 발생하는 그분의 마음을 어떻게 읽었는가가 더 중요합니다. 1세기 그리스도인은 바로 묵시적인 현상을 보게 되면 하나님의 아들이 올 때가 되었다고 믿었습니다. 아니 그분이 오고 있다고 믿었습니다. 바로 하나님의 밭에서 신앙인이 얼마나 깨어 있는지, 얼마나 정신을 바짝 차리고 있는지를 보시겠다는 의지라고 생각합니다. 자연 현상이나 하나님의 밭에서 일어나는 사건들보다 더 중요한 것은 그것을 보고 하나님의 아들이 오고 계심을 자각하면서 어떻게 신앙생활을 할 것인가를 점검하고 반성해야 합니다.

하나님의 밭을 건강하게 하는 것이 종말론적 신앙을 가진 신자들이 해야 할 일입니다. 하나님이 깃들고 하나님의 정신이 살아 숨 쉬는 공간과 장소가 되도록 노력해야 합니다. 나아가 하나님의 밭은 누구나 경작할 수 있도록 열려 있어야 합니다. 하나님의 밭은 하나님의 것이지 결코 인간의 것이 아니기 때문입니다. 종말론적으로, 묵시적으로 깨어 있다고 하는 것은 어떤 치명적이고 고통스러운 사건이 발생할 때마다 하나님의 밭은 인간이 점유하는 곳이 아님을 깨닫는 것을 의미합니다. 하나님의 밭은 하나님의 거주지입니다. 그 거주의 영원성은 인간이 아니라 하나님만이 보장될 수 있는 것입니다. 그런데 마치 하나님의 밭을 인간의 거주지로 착각하는 경우가 있습니다. 그래서 하나님의 밭으로 그분이 오심은 당연한 것이고, 기뻐해야 할 일인데도 불구하고 달갑지 않은 사건으로 인식되는 경우가 있습니다. 왜냐하면 나의 거주지요 점유지로 삼았던 하나님의 밭을 더 이상 소유할 수 없는 불안정한 상태가 초래되기 때문입니다.

깨어 있으라고 하는 것은 하나님의 마음으로 늘 인식하는 충만의 상태에 있어야 한다는 것을 뜻합니다. 하나님의 밭이 나의 것이 아니라 하나님의 것이라는 생각에 충일하면 적어도 하나님의 밭은 하나님의 무한한 영역, 경계 없음의 장이 된다는 것을 알게 됩니다. 하나님의 밭에서 살게 된다고 하더라도 내 것이라고 주장할 아무런 근거가 없습니다. 깨어 있음은 당신에 대한 사유, 당신이 이 땅의 주인임을 잊지 않음, 나의 시간조차도 조금도 나의 것이 아니라는 것을 아는 것입니다. 하나님에 대한 사유, 기억, 그리고 시공간의 성스러움을 늘 염두에 둔다는 것은 쉬운 일은 아닙니다. 하지만 그와 같은 인식을 하지 않고 지금 이 순간도 나의 시공간적인 것으로 간주하고 향유하는 것으로 그친다면, 나의 사적 시공간의 의식으로 인해서 많은 존재자들이 힘들고 어려운 삶을 살 수 있다는 것을 외면하는 것이 됩니다. 시인이 말한 것처럼, 아버지의 밭은 단순히 생존경쟁이나 적자생존의 원리만이 난무하지 않습니다. 반대로 생각해보면 아버지의 밭의 생태계가 그만큼 건강하다는 증거이기도 합니다. 밭이 건강하지 못하면 생태계가 무너지는 것이고, 그만큼 경작하기도 어려워지는 것이 당연한 이치입니다. 그러므로 다양한 존재자들이 하나님의 밭에 거주하도록 해야 합니다. 그 공간이 신의 텃밭처럼 인식이 되려면 그 밭은 사랑하는 사람들의 마음의 총합으로 이루어졌다는, 이른바 생생하게 살아 있는 의식이 있어야 합니다.

하나님의 밭은 단지 신앙인에게 위임되어 있을 뿐, 내 것이 아니라 모든 사람의 사랑의 총합으로 유지되고 있는 시공간임을 알게 될 때, 하나님의 밭에서 나는 온갖 다양한 목소리를 들을 수 있습니다. 하나님의 밭을 향해 오시는 아들은 당신의 밭에서 들려오는 특별한 소리만 들으시는 분이 아니라 미세하고 여린 소리에만 반응하시며 구원하러 오신다는 것을 알아야 합니다. 따라서 하나님의 밭에서 나오는 다양한 목소리는 조화와 균형, 배려와 사랑, 양보와 순수, 계산하지 않음과 관대함 등으로 이루어진 건강한 욕구들이 모인 목소리의 집합체이기도 합니다. 거기에서 계산을 통해 하나님의 밭을 정량적·산술적인 가치로 매기는 것도 위험하지만, 그 사적 소유로서의 가치를 영원히 존속하기 위해서 아들이 오는 시간까지도 산술적으로 따지려는 자세 또한 위험천만한 일입니다. 그것은 아버지의 소관입니다. 하나님의 밭을 돌보시고 그 밭의 소출을 기대하시는 하나님이 자신의 아들을 보내시는 것은 전적으로 당신의 의지에 달려 있습니다. 그것까지도 인간이 계산하여 인위적으로 조작하려고 하고 거짓으로 꾸미려고 하는 것은 하나님의 밭에 대한 불경입니다.

그렇다면 신앙인이 해야 할 일이란 도대체 무엇이 있을까요? 오롯이 깨어 있음입니다. 하나님의 밭에 소유권을 주장하고, 직접적으로 모든 시공간을 자신의 것으로 되돌리시겠다는 의지가 언제 나타날 것인지는 아무도 모릅니다. 그렇기 때문에 신앙인이 긴장을 할 수밖에 없습니다. 공간의 신적 소유뿐만 아니라 실상은 시간까지도 신적 소유로 환원이 될 날이 있을 것이기 때문입니다. 그때야 말로 신앙적 의식이 깨어 있지 못하고 여전히 눈만 껌벅거리면서 하나님의 밭을 자신의 밭인 양 착각한다면 그곳이 영원한 감옥이 될 수도 있습니다. 우리가 신앙의 의식이나 신앙의 자기 계몽을 멈추지 말아야 할 이유입니다. 더 심각한 문제는 우리에게 맡기신 하나님의 밭에서 과연 얼마나 신앙적, 관계적, 배려적, 절제적 소출이 있는가 하는 것입니다. 곧 그것을 따져 물을 때가 오고 있기 때문입니다. 그런데 우리가 잠자고 있을 때 이미 오셨다면 어떻게 되는 것일까요? 신앙인만은 모른 채 모든 사람은 벌써 알고 있는 것 같은데 말입니다. 그것이 사실이라면 큰일입니다. 그래서 이 삶의 생태계가 조용할 날이 없는 것은 아닐까요?

처음 자리의 부담감

마가복음 1:1-8

처음. 이 처음이라는 말이 가지는 다의성에도 불구하고 처음 혹은 첫 번째는 거의 대부분 호감을 갖거나 자리의 긍정성, 나아가 우위성을 나타내는 말처럼 들립니다. 다른 많은 사태들, 사건들, 다수의 무리들에 앞서서 뭔가 제일 먼저 우선하는 위치에 있는 듯, 점유를 한 듯이 보이기 때문입니다. 그러나 그에 못지않은 부담감 첫 번째, 처음은 항상 범형exemplum; exemplar이 없기 때문에 자기 자신이 스스로 창조해내지 않으면 안 되는 자리이기도 합니다. 여유나 모방, 혹은 곁눈질을 할 수 있는 시간적인 틈이 없습니다. 처음은 그토록 설렘도 있는 만큼 실패의 가능성도 높습니다. 처음이란 주인공의 자리가 될 수 있지만, 반면에 주인공을 위해서 상황을 연출하는 광대의 역할을 해야 하는 경우도 있습니다. 그래서 처음은 다의성, 모호성, 예측 불가능성, 위험성, 순수성, 동정과 연민 혹은 사랑 등의 수많은 테마의 이야기가 가능한지도 모르겠습니다. 소재호의 「민화 속으로」라는 시를 보겠습니다.

대밭 머리 위로/ 보름달 실하게 한 사발/ 호랭이 물어갈/ 이야기 한 섶/ 아버지의 저녁/ 마실길 한 바탕/ 쪼르르 서남간으로/ 은핫물 한

두름/ 소쩍새 울음은 아직 멀었고 시집, 『초승달 한 꼭지』, 인간과문학사에서

이 시에서도 숫자가 보입니다. 한 사발, 한 섶, 한 바탕, 한 두름. 한은 하나의 뜻도 있지만 크다는 뜻도 내포되어 있다는 사실은 상식으로 통합니다. 그래서인지 띄어쓰기를 통해서 명사와 구분짓고 있는 것을 볼 수 있지만, 시의 뉘앙스는 오히려 앞의 목적어와 같은 구실을 하는 시구가 더 강조되고 있는 느낌입니다. 마가복음사가도 자신의 글제목을 하나 붙였는데, "하나님의 아들 예수 그리스도에 관한 복음의 시작"이 그것입니다. 시작이라는 말의 그리스어는 아르케arche입니다. 시초, 혹은 처음이라는 뜻도 가지고 있습니다. 마가복음사가가 제일 먼저 등장시키는 인물이 바로 세례자 요한입니다. 처음을 가리키는 인물, 처음을 더 부각시키는 인물이 세례자 요한입니다. 본 무대의 막이 오르기 전에 그 무대를 더 빛나게 만드는 등장인물인 셈입니다. 그러나 그는 큰 인물입니다. 하나의 인물이기도 하지만 큰 인물입니다. 하나는 유일하다는 의미를 품고 있기에 더 크게 보입니다. 예수로 인해서 무대에서 가려보이고, 잠깐 복음의 역사에 등장하다가 금방 사라지는 것 같지만 여운이 많이 남는 인물입니다. 아니 왠지 아쉬움이 많은 인물입니다. 그도 그럴 수밖에 없는 것이 그는 보름달과 같은 인물입니다. 사람들이 예수를 알아보도록 가능한 한 온 세상을 밝게 비추어서 대낮처럼 유지시키는 역할을 합니다. 그가 없다면 어둠이 되는 것이고, 그가 없다면 복음의 이야기는 아예 서두나 도입조차 꾸며질 수 없는 것입니다.

그러기에 세례자 요한은 단순히 예수의 본무대를 위한 소모품과 같은 존재가 아닙니다. 오히려 그는 큰 이야기꾼입니다. 목소리를 드높여 이야기를 하면 호랑이도 무서워하고, 아니 호랑이의 입속으로 들어가는지도 모를 정도로 이야기의 이야기를 풀어내는 사람입니다. 그 이야기는 예수의 이야기입니다. 예수의 이야기의 핵심을 풀어내는 사람, 곧 세례자 요한이 말하는 회개, 죄와 용서는

사람들에게 신앙과 삶에서 필요한 큰 이야기로 들렸을 것입니다. 히브리인이어서가 아니라, 그리스도인이어서가 아니라 인간이 살아가면서 필요한 이야기라는 것을 사람들은 알았을 것입니다. 그러므로 적어도 복음으로 들어가기 위해서는, 복음적인 생활을 하기 위해서는 대낮처럼 밝히는 보름달을 머리에 이고 살아야 합니다. 어둔 밤길 인적 드문 곳에서 발을 헛디뎌 낙상과 치명상을 입지 않으려거든 실하디 실한 보름달의 정신, 보름달의 지침, 보름달의 영성적인 빛을 가슴에 품고 있어야 합니다. 그래야만 예수의 이야기, 예수의 정신이 나의 삶으로 인해서 끝없이 이어질 것입니다. 예수 이야기는 세상에 많으면 많을수록 좋습니다. 그렇다고 해서 다른 이야기들을 다 묵살하고 오로지 예수 이야기만 영원히 살아남아 인간의 삶에 영향을 끼쳐야 한다는 말이 아닙니다. 그저 예수 이야기를 살아내는 사람들이 많아지는 것을 뜻합니다. 처음부터 예수에 관해서 복선을 깔고 등장한 세례자 요한은 자신의 이야기를 통해서 예수의 이야기, 예수가 말하는 삶의 이야기, 예수가 말하는 하나님에 관한 사랑이야기를 많은 사람들이 삶으로 구현해야 한다고 말하고 있는 것입니다. '제발 처음이 되어 주십시오.' '제발 순수한 신앙인이 되어 주십시오.' '제발 타자에게 설렘의 기대감을 갖는 신앙인이 되어 주십시오.' '제발 위험하더라도 용기를 갖고 세계와 삶을 개혁해주십시오', 라고 외치는 그의 이야기는 보름달의 상징이며 한 보따리의 이야기입니다.

세례자 요한의 처음, 시작에 대한 부담감은 그뿐만이 아닙니다. 신앙적 행동에 대한 부담감입니다. 텍스트에서는 그가 매우 금욕적인 사람으로 묘사되고 있습니다. 메뚜기와 야생꿀을 먹고 살았다는 것도 행동의 반경이 넓디넓은 세계에 신앙과 삶 혹은 신앙생활이 어떠해야 하는가를 보여주는 대목입니다. 금욕이라는 말이 지나치고 극단적인 삶의 방식을 일컫는 말로 들릴지 모르나 현대사회에서는 세계적 공통관념이 되어야 할 필요가 있습니다. 이 마실 저 마실 할 것 없이 온 세상이 하나의 관념적, 실천적 바탕이 이루어져야 하는 어떤 실제적 삶의 범형을 세례자 요한이 알려 주고 있는 것입니다. 그런 의미에서 세례자 요한은 마실꾼입니다. 이 마을 저 마을을 돌아다니면서 자신의 삶의 방식으로 처음으로서의 삶의 자세, 신을 향한 순수한 삶의 태도를 행동으로 보인 것입니다. 세상이 그를 낯설게 여길 만합니다. 처음을 단지 우위를 독점하고 다른 어떤 인종보다도 신의 선택에서 먼저라고 생각했던 사람들은 구태여 금욕적인 삶의 방식을 택하지 않아도 상관없습니다. 하지만 처음의 자리를 부담으로 생각하고 그 자리에 대해서 심사숙고를 하려고 하는 사람들에게 세례자 요한의 삶의 방식은 경종으로 들렸을 것입니다. 처음의 원형대로 살려고 하고 그 처음에 대한 태곳적의 동경을 꿈꾸는 이들에게 있어 세례자 요한의 삶은 자신의 신앙을 다시 돌아보게 됩니다.

이미 시작arche이라는 말에는 마치 태초의 창조사건을 연상케 합니다. 따라서 처음이나 시작을 알린다는 것은 다시 세계를 새롭게 창조할 사건이 도래할 것이다. 그 사건을 가능케 하는 인물이 나타날 것이라는 암시를 해줍니다. 시작은 새로운 창조를 의미합니다. 예수는 바로 그 새로운 창조의 주인공이고, 그 주인공을 알리는 나팔수는 세례자 요한입니다. 하지만 한 사람은 의식이것을 ritual이라고 해도 좋고, consciousness라고 해도 좋습니다의 창조자이고, 또 다른 한 사람은 사건의 창조자입니다. 전자는 세례자 요한이고, 후자는 바로 예수입니다. 의식이 바뀌어야 세계를 변혁하고 사건 곧 매일 일어나는 일geschehen에 대한 변화들을 새로운 관점으로 바라볼 수 있습니다. 그래야만 그것이 새로운 역사Geschichte가 됩니다. 물로 인한 의식과 의례의 변화는 상황 전체를 바꿀 수 있을 정도로 상징적인 의미를 가져다주었을 것입니다. 회개개인이 사적이고 주관적인 관점으로부터 보편적인 관점으로 이행하는 것, 죄와 용서라는 예행 연습은 곧 들이닥칠 예수의 사건, 곧 정신의 혁명인 성령의 현존을 가능케 하는 역사를 일으키기에 충분하였습니다. 교회의 세례를 가볍게 여기지 말아야 할 이유가 여기에 있습니다. 물과 성령을 하나의 짝으로 놓고 볼 때 결단코 물세례를 베푸는 세례자 요한을 조연급으로, 성령세례를 가능케 하는 예수를 주연급으로 상정하는 것은 1세기 예수를 따르는 제자단과 세례자 요한을 따르는 제자단의 갈등 관계의 딜레마에 고스란히 빠지고 맙니다.

세례자 요한이 해야 하는 역할과 예수가 해야 하는 역할을 달리 보는 것이 좋은 해석일 것입니다. 오히려 복음의 시작이요 그리스도를 통한 세계 사건의 시작에서 등장하는 처음, 첫 번째라는 것은 두 사람 다 부담감일 수밖에 없습니다. 이스라엘의 정신적 개조와 변화가 절실히 요구되는 때에 거의 동시에 나타난 두 인물은 다른 시작, 다른 처음일 뿐입니다. 물이라는 매체를 통하여 사람의 마음을 두루두루만일 두름이란 단위가 두루두루라는 부사어와 일맥상통한다면 꿰었던 세례자 요한은 시인의 표현에서 나오는 은핫물은하수을 퍼다가 의식의 변화와 신앙 관념, 그리고 삶에 대한 자각을 불러일으킨 큰 인물임에 틀림이 없습니다. 말년에 그가 헤로데의 정치적 희생양이 된 까닭을 그것 말고는 해명할 길이 없습니다. 세례자 요한은 명실공히 혼미한 세상에서 갈피를 못 잡는 민중의 지도자였으니 말입니다. 그 다음에 나타날 또 다른 시작의 주인공 예수의 성령세례는 민중의 마음을 뜨겁게 할 매체였으며, 동시에 예수의 성령세례, 곧 처음 자리의 부담감은 모든 사람이 하나님을 향하도록 만드는 귀소본능의 사건이었기에 물세례와는 다른 귀소성을 가지고 있었다고 해야 할 것입니다. 그래도 굳이 두 사람의 시작, 시초, 그리고 창조적 사건은 다르다고 말을 해야 직성이 풀린다면, 세례자 요한은 민중의 구원을 위해서 날개를 필 준비를 한 알바트로스요, 예수는 날개를 피고 세차게 난 알바트로스라고 하면 어떨까요? 그러면 두 사람의 처음, 시작, 시초라는 굴레를 좀 가볍게 해주지 않을까요? 이쯤에서 사족 한 마디를 단다면, 사람의 진정한 자리역사적 자리이든 종교적 자리이든, 정치적 자리이든를 깨닫게 만들어 부담감을 느끼고 새로운 변혁을 하게 하는 것이 진짜 시작이 아닐까요?

누군가를 위해 멈출 수 있나요?

요한복음 1:6-8·19-28

살면서 누군가를 위해서 멈추어 서서 그 사람이 돋보이도록 한 적이 있습니까? 오늘날 사람들은 자기 자신을 타자보다 더 돋보이게 하기 위해서, 우위를 독점하기 위해서 안간힘을 씁니다. 공동체이니까 혹은, 같은 직종에 종사하면서 서로 돕고 살자 하고, 같은 반 학우가 되었으니 서로 가르쳐 주며 우정을 나누며 살자, 라고 말하지만 실상 그 마음은 온데간데없고 투쟁적·경쟁적 관계가 되어 버리는 게 현실입니다. 그러니 이 세상에서 타자를 더 두드러지게 하면서 자신은 그 타자가 좀 더 잘 된 환경을 조성할 때까지 멈출 수 있는 여유가 없습니다. 타자가 도드라지고 한 동안이라도 삶의 행복을 누리게 하려면, 그 사람을 위해서 여러 사람들이 경쟁에서 멈출 수 있어야 하고, 삶의 속도를 좀 더 늦출 수 있어야 합니다.

세례자 요한의 삶과 신앙을 보면, 우리가 어떤 신앙을 가져야 하는지, 그리고 어떤 삶의 태도와 인간관계를 설정해야 하는지를 알게 해줍니다. 세례자 요한은 스스로 타자를 돋보이게 하기 위해서 자신을 그림자로 보이도록 한 사람입니다. 타자가 빛이 되도록, 그래서 그 빛이 밝게 비추도록 그림자 배경이 되어 준 사람입니다. 자리를 선점하여 가능한 한 빨리, 삶의 우위를 점유할 수도 있지만, 세레자 요한은 스스로 타자를 위해서 길에서 물러난 사람입니다. 이처럼 우리의 삶에서도 타자를 위해서 자리를 내어 줄 수 있는 사람, 타자가 빛이 되도록 자신이 그 타자를 위해서 배경이 되어 줄 수 있는 사람이 필요합니다. 김명환 시인은 「이하역」에서 이렇게 목울대를 열고 있습니다.

> 이제 이곳에 기차는 서지 않는다/ 백 리 밖에서 완행열차를 타고/ 손두부를 사러 오던 점방은/ 안노인이 죽고 문을 닫았다/ 깨진 창 사이로 밀린 고지서/ 바람에 흔들릴 뿐 흔들려도/ 가지 못하는 괘종시계 저편/ 떠나간 사람들은/ 어느 구비 돌고 있을까/ 기적소리도 없이 열차는 달려가고/ 떠나갈 사람도 돌아올 사람도 없는/ 이제 이곳에 기차는 서지 않는다"시집, 『젊은 날의 시인에게』, 갈무리에서

속도를 중시하는 현대 사회에서 느릿느릿 가다가 잠시 들려야 하는 기차역은 중요하지 않습니다. 직선으로 난 도로나 기찻길 위에서 아무런 거리낌이 없이 달릴 수 있는 속도 위주의 가치가 훨씬 더 존중 받는 삶이 되었습니다. 잠깐 멈추도록 만드는 것, 잠깐 자신에게 멈추어서 사유하도록 만드는 곳이 기차역이라면, 삶과 신앙도 멈추어서 사태를 파악하게 만드는 시각을 길러주는 사람이 있는 법입니다. 멈춘다는 것이 부정적이고 쓸데없는 가치가 되어 버린 사회에서 살고 있지만, 그럴수록 멈춘 곳에서 멈추도록 만든 사람을 통해서 세상을 관조하도록 하는 것은 내가 어떤 삶을 살아야 하는가를 생각하도록 짬을 갖는다는 것입니다. 신앙적으로 내가 어떤 신앙적 태도를 견지하면서 신앙 실천을 해야 하는가를 가리켜 주는 사람, 멈추도록, 멈춘 장소와 시간, 멈춘 곳에서 시선을 던져 타자를 바라보도록 유도하는 사람이 있어야 합니다. 속도를 내야 할 곳에서 속도를 내지 못하는 것은 그곳에 사람이 있기 때문입니다. 그리고 반드시 쉬어야 하고 쉬는 곳에서 사람들의 삶을 모으고 다시 흩어지게 하기 위해서입니다. 모으고 흩

어지는 것, 다시 흩어지고 모이는 것, 그것이 교회ek-klesia/Kirche였다는 것을 떠올리린다면, 교회란 그렇게 사람들로 하여금 분주한 마음을 멈추게 하고, 하나님의 시선으로 자신과 세상을 바라보도록 하는 곳임을 세삼 알게 됩니다. 흩어진 마음을 모으고, 모았던 마음을 다시 흩어지게 하면서 타자와 나누는 삶이 느릿느릿 사는 삶이면서 동시에 빛이신 예수를 따라 사는 삶이라고 말할 수 있습니다. 독일어 Kirche키르헤는 "주에 속하는 것"이라는 뜻을 가진 그리스어 *to kyriakon*토 키리아콘에서 유래했습니다. 주 안에서 마음을 멈추고 내면을 비추어 주의 시선 안에 머물렀던 사람들은 다시 흩어져서 늘 하나님께 속한 사람의 마음을 가지고 신앙의 정거장에서 서행하면서 타자와 더불어 살아갑니다.

작가는 시 처음과 끝에 "이제 이곳에 기차는 서지 않는다", 라고 말합니다. 마치 더 이상 기능을 상실한 기차역을 연상케 하는 대목입니다. 올 사람도 없고 갈 사람도 없는 기차역, 떠나 갈 사람도 돌아올 사람도 없는 역은 왠지 쓸쓸한 적막감만이 감돕니다. 모이고 흩어지고, 다시 흩어지고 모이는 정거장, 그곳에는 사람이 있었습니다. 기차가 서야 할 곳에 서지 않으면서 사람들은 더 이상 모이지도 흩어지지도 않습니다. 멈추어야 사람이 모이고 흩어집니다. 다시 말해서 멈추는 곳이 있어야 사람이 있습니다. 세례자 요한은 사람들로 하여금 멈추도록 하는 장소였고, 동시에 멈추도록 하는 시선 역할을 했던 사람입니다. 그에게서 멈추는 사람은 당시 하나님의 백성들이 어떻게 살아야 하는가를 알 수 있었고, 시선을 달리한 사람들은 곧 예수 안에서 빛을 볼 수 있는 눈을 가질 수 있었습니다. 교회는, 아니 세상은 그렇게 시선을 멈추도록 하는 사람, 멈추어 선 그 지점에서 그 사람과 같은 공간 혹은 장소에 있도록 하는 사람이 요구되고 있습니다. 하지만 지금 세계와 종교는 멈추는 법을 모릅니다. 과도한 성장은 탐욕을 불러일으킬 뿐, 어느 한 곳에서 사유하고 관조하는 가시적 장소, 비가시적 인간 장소가 존재하지 않습니다. 관심을 기울이지 않으니 더 이상 떠나갈 사람도 돌아올 사람도 없습니다. 사람들은 아무런 목적 없이 그저 표류를 하고 있을 뿐입니다.

 길을 찾으면서 길을 묻는 사람이 없으며, 길을 묻는 방법도 모르는 사람들, 그리고 길이 길로서 존재하고 있건만 길을 보지 못하는 세상은 어두움에 머물러 있으면서 빛을 보지 못하고 있습니다. 사람들은 빛을 보고 싶어 해서 빛을 찾아서 헤매지만 정작 가상假象, Schein; '겉보기', 즉 ~로 보이나 실제로는 ~가 아닌/ 존재의 허무함; Nichtigkeit을 보고 정말 빛으로 착각하며 믿고 삽니다. 그러니 신앙의 실수나 함정에 빠질 수밖에 없습니다. 어느 누구라도 빛 그 자체가 될 수는 없습니다. 빛 그 자체는 오로지 예수 자신이기 때문입니다. 따라서 자신이 빛이라고 말한다면, 그는 분명히 가상입니다. 모든 사람들은 다만 빛 그 자체를 안내하고 그리고 인도하기 위해서 멈추도록 하고, 머물도록 하는 도구에 지나지 않습니다. 그 역할만이라도 충분합니다. 누구라도 삶의 무목적적인 속도, 욕망의 속도를 과속으로 질주하고 있을 때에, 세례자 요한과 같이 신앙의 정거장 역할을 하는 신앙인이 있어서 이정표가 되어 주어야 합니다. 그 안에서 멈추는 것을 배우고 멈추면서, 멈추어야 하는 이유를 깨닫고 멈춘 곳에서 신앙적 시선을 갖게 만드는 신앙인으로서의 장소, 그런 사람이 우리 시대에 많이 있었으면 좋겠습니다.

 설령 사람들이 구불구불 굽어진 도로를 천천히 돌아서 온다고 해도 반갑게 맞이해 줄 예수 앞에 있는 사람, 사람을 귀하게 여기고 그들이 무거운 삶의 짐들을 한 보따리 지고 올 때에 쉬어가라고 말할 수 있는 예수 앞에 있는 사람, 신앙을 말하지 않아도 잠시 멈춘 그곳에서 말을 나누면 마음을 함께 모으는 듯한 예수 앞에 있는 사람. 그 사람이 세례자 요한 같은 신앙인이 아닐는지요. "이제 이곳에 기차는 서지 않는다." 작가가 낙담하듯 말을 토했지만 다시 기차를 서게 하는 것도 사람이 할 일입니다. 사람이 다시 모이고 흩어지는 장소가 생긴다면 언젠가 기차는 느릿느릿 정거장에 들어설 날이 있을 것입니다. 마찬가지로 우리 각자가 신앙의 장소, 곧 신앙의 정거장이 되고 있는지 되돌아 봐야 합니다. 나에게서 사람들이 머무르고 싶어 하는지, 잠시 멈추어서 나의 신앙적 삶을 나누기를 원하는지 성찰해야 합니다. 만일 우리가 그러지 못한다면 신앙이 들고나는 플랫폼을 형성하기 어려울 것입니다. 나로 인해서 잠시 걸음을 멈추어서 내 뒤에 계시는 예수를 바라보려는 사람들은 원래 흩어졌던 사람들입니다. 흩어졌던 그 사람들이 다시 모이는 것은 내가 멈추어서 타자를 돋보이게 했기 때문입니다. 내가 멈추면 내가 멈춘 곳이 새로운 신앙의 정거장이 됩니다. 과속하려고 하는 신앙이 결코 좋은 것이 아닙니다. 그러한 신앙은 자기만 돋보이도록 하겠다는 욕심입니다. 타자, 즉 예수를 늘 돋보이도록, 나를 통해서 예수가 부각되고 진리의 길을 보이고 빛 그 자체를 발견하도록 하는 것은 내가 멈추어야 가능하다는 것을 알아야 합니다. 내가 멈추면 예수가 보입니다. 내가 멈추는 이유는 내 안에 있는, 우리 가운데 있는 예수를 보이게 하기 위해서입니다.

탄생, 시작의 시작

누가복음 1:26-38

예수의 탄생이 다른 성인들이나 범인凡人들의 탄생과 구별되는 이유가 무엇일까요? 신화나 건국설화를 보면 개국시조들은 하나 같이 범상치 않게 태어납니다. 범인들은 어머니의 자궁에서 산도를 통해 나오는데, 반하여 예수의 경우, 여인이 단성생식을 한 것도 아닌데 처녀를 통해서 탄생했다고 말합니다. 물론 탄생이라는 사건은, 비록 범인이라고 할지라도 예사롭지 않습니다. 단수로서의 개별적 존재의 탄생은 저마다 독특성과 특수성을 가진 사건입니다. 그 경험은 기억나거나 아득한 고통으로 떠올려지는 것은 아니지만 어느 누구도 대신하지 않은 유일한 경험입니다. 그렇다면 예수에게는 왜 그토록 처녀virgin, parthenos라는 것이 강조되어야 하는 것일까요? 처녀는 가능성입니다. 처녀는 처음의 사건이 가능케 하는 존재입니다. 처음을 여는 존재, 태초를 여는 존재가 처녀입니다. 처음archo의 경험은 개시하는 존재, 앞장을 서는 존재를 만드는 사건입니다. 그런데 더 중요한 것은 처음의 경험, 처녀의 잉태는 시작을 하도록 그것을 가능하게 하는 존재의 사건이라는 점입니다. 시작을, 처음을 만드는 것이 아닙니다. 이미 시작한 상태에서 그 시작이 가능하도록 주도하는 존재와 사건입니다. 다시 말해서 시작은 그가 있어야 시작이 될 수 있습니다.

구원의 사건에서 예수가 아르코archo가 될 수 있는 것도 시작을 가능케 한 여인이 있었기 때문입니다. 인간은 태어나면서도부터 저마다 시작을 하는 사람입니다. 각자의 어머니들은 그 시작을 가능케 하도록, 가능태가 현실태가 되도록 한 사람들입니다. 구원의 시작이 예수에게 있다고 하는 것이 그리스도교의 고백이라면, 그 시작을 이미 가능하게 만든 사건이 처녀 마리아의 잉태사건입니다. 그러므로 마리아는 시작 곧 처음 구원의 장소인지 모릅니다. 구원의 시작을 알리는 마리아의 잉태사건은 일대 그리스도교의 스캔들입니다. 생물학적 탄생도 모자라 처녀의 몸에서 구원자 예수가 탄생했다는 것을 어떻게 설명할 것인가는 그리스도교 역사에서 끊임없는 고민이었습니다. 그러나 가만히 생각해보면, 그것은 기호이며 은유일 뿐입니다. 달리 말하면 사실의 정보가 아니라 의미의 정보를 말하고 있다는 것입니다. 그것은 앞에서 말한 것처럼, 구원 사건의 시작의 시작을 알리는 사건이라는 것입니다. 여기 조향미 시인의 「이 가을」이라는 시가 있습니다.

> 마음이 쭈글쭈글해졌으면/ 나른하게 납작하게 시들어갔으면/ 꽃잎은 이우는데 낙엽도 지는데/ 시들지 않은 마음은 하염없이/ 뻗쳐오르고 시퍼레지고 벌게지며/ 이렇게 푸드덕거리며 기세등등할까/ 그만 고운 먼지에 싸여/ 하야니 핏기를 잃고/ 쭈글쭈글 주름이 잡혀서/ 더 이상 출렁대지 않고 들끓지 않고/ 조그맣고 동그랗게 여위어져서/ 소리도 없이 툭 떨어졌으면/ 이 무명 진토에서 다시 피어나지 말았으면
>
> 시집, 『꿈』, 산지니에서

시작의 시작은 기운이 쇠할 대로 쇠한 상태에서 위대한 존재에 의해서 일어납니다. 시작은 만들어지는 것이 아니라 존재to be하는 것입니다. 이미 존재했던 것을 잉태한 것뿐입니다. 그러므로 시작의 시작은 근원적으로 보면, 시작하려고

했던 존재가 먼저 있었기에 그 시작을 품었던 것뿐입니다. 인생을 놓고 보면 가을이란 중년쯤 정도일 것입니다. 낙엽이 하나둘씩 떨어지는 시기입니다. 그래서 가을은 가는 계절입니다. 완전히 종결되는 겨울이라는 계절의 어느 중간의 과정입니다. 시인이 온갖 형용사와 의태어를 통해서 말하고 있듯이 가을은 마음마저 시들어 가고 급기야 다시 태어나지 않기를 바라는 염세도 짙게 깔립니다. 존재는 그때 드러납니다. 색깔을 잃어 핏기도 없고 삶은 오류의 먼지로 가득하고 그저 설렐 것도 없는 인생, 피부는 생기를 잃고 개인의 역사는 시간 속에 묻혀 가는 듯한 삶. 1세기 유대인들의 운명이요 과거 우리나라의 위기와 굴욕, 참혹의 역사가 그랬습니다. 그런데 존재는 죽은 적이 없습니다. 존재의 발견을 게을리 했고 존재의 인식을 등한히 했고 존재의 삶을 태만하게 했을 뿐입니다.

존재의 잉태 사건은 분명히 시작을 알리기에 적당한 이야기입니다. 그 존재가 두드러지게 나타난 것은 시작을 가능하게 했던 어머니의 자각, 어머니의 인식, 어머니의 역사적 상황이라고 볼 수 있습니다. 우리가 존재가 정말 존재하는구나, 하는 것을 알게 되는 것은 다 썩어 문드러질 것 같은 역사적 현실과 절망이 짙게 드리울 때 더 그렇습니다. 그 핏빛 없는 현실을 살아갔던 어머니의 자궁이 존재를 열고 현실의 돌파구를 만들어 가고 구원의 역사를 새롭게 썼던 것입니다. 때로는 어머니의 얼굴과 자궁은 그 존재를 열기 위해서 헌신의 헌신을 다하다가 쭈글쭈글 인생의 황혼을 맞이합니다. 존재를 잉태하고 보일 수 있는 가능성이 사라지는 날이 오는 줄 알면서 세계의 어머니 마리아들은 많은 희생을 감내하는 게 현실이기도 합니다. 우리가 그녀, 곧 마리아를 시작을 가능케 하였던 여인이라고 칭송하는 것은 그 희생을 통한 존재의 생산이 있었기 때문입니다. 가을이 올 것을 알고, 그 가을로 인해서 몸살을 앓을 것을 뻔히 알면서도 존재를 선물로 받아들이기를 마다하지 않은 마리아는 오늘날 여성의 표상이라 해도 과언은 아닐 것입니다.

예수라는 존재의 수태는 그렇게 은총charis/ kecharitomene, 라틴어 gratia plena; "은총이 가득하신"이라고 말합니다. 만인을 구원하기 위해서 이미 존재했던 그를 세계의 현실태로 존재하도록 만들었던 여인이었기에 들었던 찬사입니다. 존재의 생산은 불가능한 가능성이었습니다. 정말 가을과도 같았던 여인 엘리사벳도 존재의 전령이 되는 존재를 수태하고 있었으며, 거의 같은 시기에 이미-있었던-자, 예수를 잉태할 것이라는 고지 역시 불가능한 가능성입니다. 처음이 마침내 처음이 되도록 하기 위해서 역사의 부엽토가 될지도 모르는 여인의 인생을 존재 생산을 통하여 처음을 열었던 것은 바로 하나님의 일이었습니다. 하나님은 존재의 생산을 통하여 어두운 곳에서 핏빛마저도 발한 인생, 쭈글쭈글 골곡이 진 삶, 외면당할 것만 같은 몸에서도 가능하다는 것을 증명한 셈입니다.

언제부터인가 우리는 존재 생산에 대한 이야기를 가볍게 흘러 듣기 시작했습니다. 시작의 종말이 온 것입니다. 항상 시작의 시작을 생각하는 이맘때가 되면, 그 구원의 시작, 개시자, 주도자, 선두자였던 예수의 사건을 떠올리곤 하였습니다. 하지만 우리의 삶은 아직 젊고 가능성이 있는데도 벌써 부엽토의 인생이 되었고 역사적 퇴보를 걷고 있는 듯이 보입니다. 내 안에서의 존재의 잉태는 말할 것도 없고 썩어서 다시는 태어나지 않았으면 좋겠다는 인생을 사는 인간의 몸속 생명도 더 이상 거룩한 아기의 후예로 생산하기를 멈추고 있는 실정입니다. 존재의 생산은 역사를 여는 시작과도 같은 것입니다. 결코 수단이나 자본의 목표가 되어서는 안 됩니다. 그것을 극복하기 위해서는 이미 비관으로 얼룩진 삶과 세계, 그리고 인간으로서의 궁극적인 가치를 어디에다 두어야 할 것인가를 생각해야 합니다. 마리아의 존재 생산은 하나님의 개입에 의한 은총이었습니다. 은총이 은총으로 여겨지려면 존재 생산이 시작의 시작이요 부엽토 속의 매화가 될 것이라는 분명하고도 확고한 믿음이 있어야 합니다. 적어도 마리아의 존재 생산은 받아들임, 존재 생산의 터라는 자부심, 세계 변혁을 위한 존재 생산의 봉사serve/

servant; 그리스어 doulos=라틴어 servus라는 확신이 없다면 불가능합니다.

하지만 언젠가 말은 이루어질 것입니다. 아니 말을 받아들임이 희망이 될 것입니다. 아무리 인생이 도저히 펼 수 없는 … 환경이라도, 화려하고 생기가 도는 현실이 아니라도, 추락하는 듯한 절벽에 서 있더라도, 야위다 못해 생명이 되려는 의지조차 발견하지 못한다 하더라도 하나님의 '말씀'을 현실화시키려고 하는 강한 신념이 있어야 합니다. 몸에도 마음에도 새기며 존재 생산의 가능성은 반드시 1세기 유대인의 희망만이 아니라 오늘을 우리가 살아가는 21세기에도 중요한 화두라는 사실을 잊어서는 안 될 것입니다. 말씀을 담으면 존재 생산의 의의를 알게 됩니다. 말씀을 내게 체화시키면 존재 생산도 희망의 결과요 하나님의 뜻을 이루는 것이라는 걸 말입니다. 존재sein; il y a의 재발견, 존재의 시작 사건을 다시 새긴다는 것은 오늘 우리가 어떤 실존existere; existentia으로 살아가야 하는가, 즉 어둠에서 밝은 대낮으로 나와야 한다는 것을 알게 해줍니다. 그런 예수의 사건가 어디나 존재해야 한다는 것을, 그래서 누구라도 새로운 상태, 새로운 사건을 성취할 수 있도록 해야 한다는 것을 수태고지는 말해주고 있습니다. 이 부엽토와 같은 세계를 향해서 말입니다.

과거옛날의 예수 아닌 항상 지금의 예수

요한복음 1:1-14

과거의 예수에 사로잡혀 있다면, 그 예수는 더 이상 예수가 아닙니다. 요한복음사가가 처음이라는 것을 강조하는 것은 어떤 시작점의 맨 처음을 상정한다고 볼 수 있습니다. 이른바 시간 이전에 존재하는 것은 물론이거니와 창조사건에 등장하는 하나님에게로까지 소급시켜 신의 지위를 부여하고 싶어 하는 것입니다. 그렇다고 해서 예수가 삼위일체의 제2격에 해당하는 성부 하나님이라는 교의의 반복적 선언은 의미가 없습니다. 지금 항상 처음으로 등장하는 예수가 중요합니다. 그 처음이라는 시간성 안에 있을 때 로고스이고 빛입니다. 처음은 말logos이 나타나고 사랑이 생겨나고 빛이 사방을 두루 비추는 시간입니다. 나타남, 발생함, 비추임은 그 시점, 그때, 바로 그 처음이라는 근원성, 시원성을 염두에 둔 것입니다. 예수는 삶의 시원적인 존재, 신앙의 시원적인 존재입니다. 그 시원을 발견해야만 예수가 오늘날 우리에게 현존하는 사람이 되는 것입니다. 박인식의 「펄펄」이라는 시를 눈여겨 보겠습니다.

> 끓는 쇠죽가마 위로 펄펄/ 함박눈 내려앉고 있었다/ 한겨울 고향집
> 마당 한 켠/ 뜨거운 펄펄과 차가운 펄펄이/ 덮혀주고 식혀주고 있었

다.

　의태어적 부사어가 이중성을 품고 있다는 사실을 한 편의 이미지처럼 녹여 내고 있는 시인의 글을 보면 서로의 시원성과 시원성이 어떻게 연결되고 있는지 알 수가 있습니다. 눈의 시원성과 쇠죽가마의 시원성은 서로 상쇄를 하고 있습니다. 마치 빛과 어둠이 서로 견주면서 앞서거니 뒤서거니 하면서 시원성, 곧 처음을 찾으려는 상호쟁투를 벌입니다. 처음은 항상 위험하지만 그 자리에 있어야만 하는 당위성이 있습니다. 처음은 생존이고 다툼이고 좌표이기 때문입니다. 처음이 아니라면, 처음과 같지 않으면 신이든, 신앙이든, 자본이든, 심지어 인간관계이든 오래 지속되기 어렵습니다. '항상' 지금 처음이라는 근원성에 바탕을 두지 않은 삶과 신앙이란 의미가 없습니다. 과거에 그랬던 것, 옛날에 예수가 현존했던 것이 중요한 것이 아니라 지금, 항상 여기에서 등장하는 예수가 중요합니다. 그래야 늘 처음일 수 있고, 그 처음의 시간성에서 삶과 신앙을 배태시킬 수 있기 때문입니다. 신앙은 그렇게 눈을 펼치듯이 펄펄 생존의 힘을 내비치듯이, 쇠죽가마가 끓으며 자신의 생의 의지를 드러내듯이 표출되어야 합니다. 그래서 처음이라는 시간성에서 영원한 말씀이 구체적인 몸이 되었듯이, 온전한 사람이 되었듯이 신앙의 시원성을 향해서 살아야 합니다. 예수가 추구했던 삶의 시원성, 민중과 함께 바라보았던 하나님의 시원성을 찾고 그곳에서 삶과 신앙을 조명하려는 것이 초월적인 빛의 발견입니다. 그 순간에 우리는 예수가 빛으로, 즉 시원적 존재로 나타났던 것처럼, 우리도 그 시원성을 공유하는 것입니다.

　예수가 민중과 자신의 삶을 통해서 하나님의 시간성, 처음의 시원성으로 향할 수 있도록 묶어준 것처럼 우리가 시원을 향해, 시원적 존재를 향해 가려고 몸부림을 치는 것은 최소한 신의 섭리에 따라 살겠다는 신앙의지입니다. 시원성에 대한 생각은 하나님, 예수, 그리고 우리 자신을 연결해줍니다. 동시에 사람과 사람을 신앙적으로 결합시켜 주면서, 초월적인 본질본성, essence에 입각하여 사유하도록 해줍니다. 그것은 우리가 삶을 살더라도 늘 하나님의 시간성 안에 있다는 것이고 하나님의 때와 때 사이에 있다는 것을 의미합니다. 하나님의 시간성은 의식의 시간이기도 한데, 나의 시원성을 사유할 때마다 나는 하나님의 존재 영역 안에 있다는 것을 의식하게 됩니다. 사람과 사람의 관계에도 이미 하나님의 공통된 시간성, 시원성 안에 있다는 것을 받아들이게 되면 나와 타자는 별개의 존재자가 아니라 신앙 안에서 일치된 존재라는 것을 깨닫게 됩니다. 다시 말해서 민중과 민중, 혹은 민중 자신에게 말씀이 되셨던 존재, 구체적인 몸이 되셨던 예수가 빛으로 다가올 때, 나—주체Ich-Subjekt로서 너—주체Du-Subjekt가 되어 동일한 하나님의 자녀임을 인식하게 됩니다.

하나님의 자녀는 결코 우월한 주체Subjekt가 있고, 반대로 열등한 객체대상, Objekt가 있지 않습니다. 예수를 맞아들이는para-lambano; 곁에/앞에서 취하다, 붙잡다 사람, 그리스어로 직역해보면 그분을 곁에서 취하는 사람, 곁에서 잡는 사람은 누구든지 하나님의 자녀가 될 수 있습니다. 예수를 곁에 두려는 사람, 예수를 멀리하지 않고 인정하고 반기는 사람은 하나님의 자녀가 될 수 있습니다. 오히려 시원적인 사유를 한다고 하면서 예수를 곁에 둔 사람처럼 살지 않는 사람이야말로 하나님의 자녀라고 말할 수가 없습니다. 시인의 시 중간연과 마지막연을 옮겨보겠습니다.

쇠죽가마처럼 들끓는 속초 앞바다/ 그날 같은 폭설 내려앉는다/ 내리는 펄펄과 몸부림치는 펄펄이/ 서로 파고들며 섞는다/ 하늘과 바다에/ 펄펄한 사랑이 있다 시집, 『겨울모기』, 여름언덕에서

생명적인 시원적 힘들은 서로 다투는 것 같지만 실상은 서로 상보적이고 하나의 생의 의지로 규결됩니다. 생존의 힘, 생의 의지, 우주의 온생명들은 가만히 있

지 않고 지속적으로 자신의 힘을 겨루기를 바라면서 다른 힘과 일치합니다. 우주의 시원성을 같이 하는 존재자들은 결국 하나가 되기 마련입니다. 분리와 배척, 구분과 차별이 존재하지 않는 것이 하나님의 본래적인 뜻입니다. 자기만 좋아하는 인간은 자녀라고 하고, 그렇지 않은 인간은 남의 자식 취급을 한다면, 우리가 믿는 신은 대범하지도 않고 대자대비하다고 말할 수 없습니다. 요한복음사가가 말하고 있듯이, 모든 것이 하나님으로부터 기원한 것이라면 어느 것도 나쁜 것이 없으며 어느 것도 나와 반한다고 해서 틀린 것이 아닙니다. 자녀라고 하더라도 차이가 나는 것은 당연합니다. 하물며 인간과 인간 사이가 신앙으로 묶여 있다고 해도 여전히 차이가 있을 수밖에 없습니다. 다만 모든 존재자들이 예수의 시원성과 공통분모를 가지고 있는가, 혹은 예수를 곁에 두기를 즐겨 하는가, 라는 간단한 척도만이 있을 뿐입니다. 그 척도조차도 하나님의 시선과 사랑으로 보면 사랑으로 통일되고 맙니다. 왜냐하면 모든 것들은 하나님에게서 발생된 것 gennao, 생산된 것이기 때문입니다. 이 언어가 시원성, 하나님의 창조성을 의미하는 개념입니다. 마치 genesis, 곧 탄생 혹은 창조사건의 발생학을 이야기하고 있는 듯합니다.

　하나님에 의해서 이루어진 시원적 사건들은 선한 것입니다. 선하게 창조된 존재자들입니다. 거기에 선의 반대 개념을 대칭시켜서 악을 이야기하려고 억지를 부리면 안 됩니다. 물론 선을 지나치게 강조하면 선이 아니라고 하는 존재자들은 악이 되어 버리는 이상한 논리가 성립됩니다. 하나님의 피조물이 선하다고 하는 것은 하나님의 존재성의 투영을 인간의 언어로 풀어서 해석과 의미를 부여한 것에 지나지 않습니다. 하나님의 피조물은 과거 시원에, 그의 시간성 안에서 온전한 상태로 창조되었으니 마땅히 사랑과 진리의 존재입니다. 하지만 세상이 그 시원성을 부정하는 듯합니다. 초월적인 실재의 말씀이 영원성을 담보하면 무엇하겠습니까? 사람들이 영원한 말씀에 대해서 시원성을 알아보지 못합니다. 시원성과 순수한 로고스를 사유하지 않기 때문입니다. 그저 표피성을 추구하는 어둠에 점점 더 빠져가고 있습니다. 그러기에 다시 시원성을 사유해야 합니다. 그런 의미에서 처음이라는 언어는 초월적인/ 원초적인 본질의 시간성과 함께 공간성까지도 인식하라고 요청합니다.

과정철학자 화이트헤드A. N. Whitehead에 의하면, '사건은 사건이 서로 관계 가운데 들어가 공동체를 서로 이루어 실현되는 과정process 혹은 진전ongoingness이자, 현실적인 것의 단위입니다.' 특히 그는 신을 '현실태와 가능태를 포괄하고 우주 질서의 근거이며 구체화의 원리'로 봅니다. 시원적 사건은 아직 끝난 것이 아닙니다. 끊임없이 하나님과 상호교감을 하면서 시원성을 향한 시선을 거두는 일이 없도록 해야 합니다. 사람과의 관계에서도 이미 그 속에 계시는 분이 통합과 사랑으로 이끌고 가려고 한다는 사실을 잊지 말아야 합니다. 우리 안에 비록 과거의 예수에만 고착화된 희미한 가능태만 있더라도 언젠가 그것은 하나님에 의해서 새롭게 태어나는 현실태가 되어 신앙의 힘, 삶의 힘과 의지로 나아가겠다는 각오가 있어야 합니다. 그 시원성을 깨닫지 못하는 이들에게 새로운 신앙의 의지의 사표가 되어 줌과 동시에 다시 시원적, 원초적 본질인 하나님에게로 귀속하기 위해서라도 말입니다.

우리 모두가 결핍된/욕망하는 사람들

누가복음 2:22-40

한 사람이 태어나면 그 아이는 세상에 속절없이 내던져진 상태라고 할 수 있습니다. 하이데거가 현존재를 피투된 존재Geworfenheit라고 말한 이유이기도 합니다. 물론 부모를 비롯하여 여러 친지들에게 돌봄을 받고 교육을 받으면서 세계의 훌륭한 한 인간으로 성장하지 않느냐, 하고 반문할 수도 있습니다. 틀린 말은 아닙니다. 하지만 엄마의 자궁 속에 있던 아이가 세계에 나올 때, 자신과 세계는 서로 낯선 존재를 맞닥뜨린 것이라 볼 수 있습니다. 세계가 그를 익숙하게 생각하고, 그가 세계를 신뢰의 공간이나 장소로 인식하려면 일정한 의례가 필요한 것 같습니다. 그것은 시간과 공간, 그리고 그가 발생한 관계들과의 첫 대면을 생소한 절차를 걸쳐, 그가 세계를, 세계가 그를 서로 친밀한 존재로 여기게 만드는 것입니다. 그게 이른바 정결례입니다. 정결례를 통해서 사람들이 세계의 헌신자요 세계와 상호성의 존재로 인식하게 됩니다. 루가복음사가는 예수가 바로 그러한 의례를 통해서 신에게 드려졌다고 말합니다. 사실 예수는 신에게 바쳐진 것뿐만 아니라 세계에 봉사자로서의 사명을 갖게 된 것이라고 해석할 수 있습니다.

예수가 그렇듯이 사람들도 태어나면서 세계와의 상호호혜적 존재요 헌신자로 첫발을 뗀 것입니다. 여기에서 문바우의 「배곱픈 아이」라는 시를 읽어보겠습니다.

> 나는 우리 집에서/ 암만 배가 곱파도/ 밥달라고 하면/ 왜 안 되나요/
> 아버지는 나의 손목만/ 거머쥐었다가 놓았다가/ 허공을 바라보고 서
> 서/ 대답이 없습니다/ 나는 우리 집에서/ 암만 배가 곱파도/ 내 손을
> 밥 찾아 먹으면/ 왜 도둑놈 새끼가 되나요"시집, 『그래도 사는 건 좋은 거라
> 고』, 펄북스에서

시에서 읽히는 뉘앙스는 결핍과 욕망의 극단적 좌절과 원망이 가득합니다. 배를 곯다 혹은 배가 고프다라는 표현을 묘하게 왜곡시켜서 배가 곱절로 고프다는 뜻의 "배곱프다"라고 의도적인 변형 어법을 사용한 듯합니다. 그렇게 함으로써 배고픔의 결핍이 더 사실적으로 와 닿도록 하는 것입니다. 아이가 세계에 대해 신뢰감을 갖게 하기 위해서는 배고픔의 결핍 상태를 기존의 세계의 존재자들이 해결해 주어야 합니다. 인간에게 배고픔이라는 문제가 원초적인 욕구인데, 이것이 결핍으로 나타나 욕망하려는 대상으로 전이되고 투사되면 "왜"라는 의문사를 수없이 던진다고 한들 분노와 욕망은 커져가기만 할 뿐입니다. 고프다 혹은 곯다가 갑자기 곱절이나 전혀 낯선 이질적인 생리, 병리로 나타난다면 세계를 불신의 장소나 공간으로 인식할 것입니다.

예수의 정결례는 이스라엘의 하나님에 대한 신뢰와 받침이요 세계에 대한 구원에 대한 열망 이전의 세계와의 맞닥뜨림, 세계에 드림입니다. 생리적 결핍을 넘어선 정신적 결핍, 영혼의 결핍과 맞서 싸우기 위해서 자신을 곱이 아닌 가장 평범한 형태로 신에게 드림으로써 적어도 분노와 좌절, 그리고 원망으로 표출되는 삶의 방식에 대해서 제동을 걸고 있습니다. 아니 오히려 가장 나약하고 보잘것 없는 정결례의 형태로 신에게 인사하고 이국적인 세계, 낯선 신앙을 익숙한 삶으로 변화시키고자 합니다. 자칫 소홀한 의례가 성전 안에서 자신을 더욱 초라

하고 보잘 것 없는 존재라고 생각하기 쉬운데, 예수의 의례는 성전을 결핍하도록 만든 중요한 사건이라는 점입니다. 자신의 결핍을 성전에서 의례를 통하여 채우는 것이 아니라, 반대로 성전의 결핍을 자신의 충만한 정신으로 메우는 것은 단순히 생리적 욕망을 넘어선 신앙의 도전이라 할 수 있습니다. 아무리 배가 고프다고 해도 그 생리적 욕구를 다 충족시키지 못할 것이라고 보는 아버지의 심정은 이루 말할 수 없이 비참합니다. 말하지 않음은 말할 수 없음, 아니 말로 다 설명할 수 없음이라는 의미가 내포되어 있습니다. 배가 고픈 것이 되레 약이 되고 배가 다 채워지는 것이 독이 될지는 아무도 모릅니다. 다만 눈만 껌벅이면서 아이의 손을 마지못해 쥐고서는 자신의 마음만이 전달되기를 바라는 슬픈 심정이 깔려 있습니다.

성전에서의 정결례는 그와 같은 아버지의 심경을 헤아리고 아버지 자신만으로 충만의 상태가 되어 영원히 결핍되지 말라는 부모님의 마음이 담겨 있습니다. 동시에 아이에게는 새로운 존재의 씨앗이 싹틀 거라는 희망이 담겨 있습니다. 시므온 송가에서도 나타난 바와 같이 예수는 구원의 씨앗을 잉태하고 있었습니다. 그는 길을 밝히는 빛이여 영광입니다. 그렇기 때문에 많은 권력자들에게는 걸림돌이 되었던 것입니다. 영국의 시인 윌리엄 블레이크W. Blake는 「순수를 꿈꾸며」 Auguries of Innocence에서 이렇게 노래합니다.

> 한 알의 모래 속에서 세계를 보고/ 한 송이 들꽃 속에서 천국을 본다/
> 손바닥 안에 무한을 거머쥐고/ 순간 속에서 영원을 붙잡는다
>
> To see a World in a grain of sand, And a Heaven in a wild flower, Hold Infinity in the palm of your hand, And Eternity in an hour…; 장영희,『축복』, 비채, 2006에서

한 사람의 몸에서 세계의 구원이 일어날 가능성을 본다는 것, 시므온은 예수의 몸을 통해서 내다보았습니다. 세계를 익숙하고 신뢰의 시공간과 장소로 인식하고 그렇게 만들 수 있는 사람은 흔하지 않습니다. 이는 시계를 만드는 사람, 건축을 하는 사람, 특별한 장소를 기획하는 사람을 말하는 것이 아닙니다. 적어도 삶을 배고프지 않도록 할 수 있는 사람, 정신이 텅 빈 채 살아가지 않도록 할 수 있는 사람, 순수한 신앙이 아니라 전혀 이질적이고 비본질적인 상태를 계몽시킬 수 있는 사람이 요구되는 것이고 또한 그와 같은 인물이 나타나기를 바라는 것입니다.

한 사람이 태어나자마자 우리는 그 아이의 재산 가치, 산술적 잉여 가치, 권력의 가치, 우위독점의 가능성의 가치, 소유의 가치, 가부장적 힘의 가치 등을 암암리에 산정하는 듯합니다. 개별 가정이 그러할진대 국가라는 체제는 그것을 더 부추기는 것 같습니다. 그러니 한 사람의 아이가 태어나면 그 안에서 세계 정신의 구원을 보는 것이 아니라, 그 아이 안에 있는 천국과 무한을 보는 것이 아니라 오로지 유한 세계에서의 경제적 눈금만이 아른 거릴 뿐입니다. 한 아이가 세계에 태어나는 것이 축복이 아니라 낯선 세계에 내던져진 것이라고 느끼는 것이 이 때문입니다. 시공간과 장소, 그리고 관계는 결핍된 존재들이 엮여 있는 병리적 세계나 다름이 없습니다. 아버지의 손을 붙잡고 배가 고프니 허기를 달래고 싶은 만큼의 밥을 달라고 하는 것이 아니라 곱절 이상을 달라는 사람들이 많이 생깁니다. 세계의 아버지들은 말이 없습니다. 안 된다고 말할 수 없으며, 된다고 말할 수 있는 것도 아닙니다. 아버지들은 세계가 그렇게 되면 절망과 원망, 분노와 원한만이 판을 치고 구원은 저만큼 사라질 것이라는 것을 잘 알기 때문입니다. 오늘날 우리가 사는 세계에서 설령 "왜" 그러하냐고 도발적이고 도전적으로 질문한다고 하더라도 거기에 답변을 해주어야 할 책임이 있습니다. 무엇보다도 그리스도인들에게는 말입니다. 더불어 다른 사람들이 순간을 사는 것처럼 살아도 그리스도인들은 영원을 사는 듯이 살아야 합니다.

상상하건대 예수가 성전에서 감각한 것은 수많은 결핍된 존재자들이 욕망하지 못한 것을 욕망하는 것이 아버지 하나님의 뜻이 아니라는 것이었습니다. 욕망하지 말아야 할 것을 욕망한다는 것이 얼마나 고통스러운가는 잘 아는 사실입니다. 다시 시인의 말을 되뇌어보면, 그것은 곱, 즉 이질적, 이물질적인 물질일 뿐입니다. 우리가 추구해야 하는 것은 전체의 구원입니다. 결핍이라면 구원에의 결핍이어야 하고, 욕망이라면 구원에의 욕망이어야 합니다. 완성하지 못할 구원의 단초를 태어난 아이에게서 발견하려고 한 부모와 예언자들의 눈은 수많은 사람들에게 영원한 구원을 안겨다 주는 아이를 하나님에게 바칠 수 있었습니다. 바칠 수 있음과 없음 사이에 거룩한 갈등이 존재하는 것이 사실입니다. 하지만 아이의 탄생은 신앙적인 의미에서 하나님께 드림이요 세계에의 헌신자로서의 삶을 향한 첫 걸음입니다. 바쳐진 존재는 기득권을 대변하는 사람이 되는 것이 아니라, 구원의 결핍자를 위해서 나란히 함께 가는 사람입니다. 이익이 있을 턱이 없습니다. 신에게 드려진 존재는 권력에 반대에 서서 곱의 곱, 그리고 이미 텅 빌대로 텅 빈 존재자들의 호소에 자발적으로 자신들의 구원을 성취할 수 있도록 돕는 사람입니다. 그렇게 맞서는 시공간과 장소, 그리고 관계가 반체제일지언정 아이 안에서 세계 구원을 보는 사람에게는 이미 구원의 현존을 기쁨으로 맞이하게 될 것입니다.